길에서 주운
漢字

일러두기

1. 계절에 의한 내용 분류는 편집의 편의를 위해 사용되었습니다. 간혹 계절과 맞지 않는 사진이나 내용이 있습니다.

2. 한 번에 여러 인터넷 사이트 내용을 활용한 경우에는 일일이 출처를 밝히지 않았습니다. 글쓴이들께 양해를 구합니다.

3. 사진이 다소 조악합니다. 찍는 솜씨도 부족하거니와 한자를 중심으로 찍다보니 생긴 결과입니다. 읽는 분들의 이해를 구합니다.

4. 사진의 주인공께 간혹 누가 되는 내용이 있을 수 있습니다. 고의성이 있는 것은 아니니 너른 이해를 부탁드립니다.

5. 한자 노출 방식이 일정하지 않습니다. 어떤 방식이 읽는 이에게 더 효과적인지 결론을 못내린 결과입니다.

길에서 주은 漢字

초판 1쇄 인쇄 2016년 5월 3일
지은이 김동돈
펴낸이 이승훈
펴낸곳 해드림출판사
주 소 서울 영등포구 경인로 82길 3-4(문래동1가 39)
센터플러스빌딩 1004호(우편 07371)
전 화 02-2612-5552
팩 스 02-2688-5568
E-mail jlee5059@hanmail.net

등록번호 제87-2007-000011호
등록일자 2007년 5월 4일

* 책값은 표지에 있습니다
* 잘못된 책은 바꿔드립니다
ISBN 979-11-5634-139-0

진리는 가까운 곳에 있다.

맹자(B. C 372 - 289)

머리말

"장난하다 애 밴다!"

제 경우에 딱 맞는 말이에요.
심심풀이로 하던 일이 책으로까지 발전할 줄 어찌 알았겠어요? 하지만 이미 생긴 아이를 어찌하겠어요? 그저 아이가 건강하게 태어나 행복하게 자라기만을 빌 밖에요. 제가 펴내는 책도 그렇게 되기만을 소망할 뿐이에요.

이 책은 계절별로 길거리에서 만났던 한자들을 다뤄요. 한자를 만나면서 느꼈던 약간의 생각을 풀어내고 아울러 그 한자들의 상세한 자원과 정리 문제를 곁들였어요. 수상집도 아니고 본격 학습서도 아닌 흡사 무규칙 이종 격투기 같은 모호한 책이라고 할 수 있어요. 게다가 서술 방식도 다소 일관성이 떨어지고, 활동 반경이 좁다 보니 다루는 소재도 폭넓지 않아요. 이래저래 흠이 많은 책이에요.

막상 책을 펴내려니 "과연 이 책을 읽을 사람이 있을까?"하는 의구심이 생겼어요. 그러면서도 뻔뻔하게 이런 생각을 해봤어요. "길에서 주운 한자들로 만든 책이니, 길을 나선 이들이 읽었으면 좋겠다. 승용차 안에서, 버스 안에서, 전철 안에서, 배 안에서, 비행기 안에서. 되도록이면 한자에 대해 애틋한 마음을 갖고 있는 이들이 읽었으면 좋겠다." 책 내용이 다행히 짤막짤막해서 길을 나선 이들이 읽기에 부담이 없어요. 이조차 길다 싶으면 〈찾아보기〉를 이용하여 흥미 있는 부분만 읽을 수도 있고요. 내용은 중학생 정도면 충분히 이해할 수 있어요.

글을 쓰면서 『형음의종합대자전』(고수번 편찬, 정중서국, 1980)을 많이 참고했어요. 저자에게 깊은 고마움을 표하고 싶어요.

임들의 건승을 빕니다.

2016년 4월
김동돈

차례

머리말　　　　　　　　　　　　04

봄길에 주은 漢字

01_ 어느 짜장면집 젓가락　　　14
02_ 어느 절집의 뒷간　　　　　18
03_ 어느 절집의 목판　　　　　21
04_ 어느 떡 가게와 냉면 집　　24
05_ 어떤 오자　　　　　　　　27
06_ 경복궁 현판(1)　　　　　　31
07_ 경복궁 현판(2)　　　　　　34
08_ 경복궁 현판(3)　　　　　　36
09_ 경복궁 현판(4)　　　　　　39
10_ 경복궁 현판(5)　　　　　　43
11_ 경복궁 현판(6)　　　　　　47
12_ 최치원의 흔적(1)　　　　　49
13_ 최치원의 흔적(2)　　　　　53
14_ 최치원의 흔적(3)　　　　　56
15_ 최치원의 흔적(4)　　　　　59

16_ 스산 절집 현판(1)	66
17_ 스산 절집 현판(2)	70
18_ 스산 절집 현판(3)	73
19_ 스산 절집 현판(4)	77
20_ 스산 절집 현판(5)	83
21_ 스산 절집 현판(6)	87
22_ 스산 절집 현판(7)	91
23_ 스산 절집 현판(8)	95
24_ 황두아채	100
25_ 청춘예찬	103

여름길에 젖은 漢字

01_ 새야 새야 파랑새야(1)	110
02_ 새야 새야 파랑새야(2)	114
03_ 새야 새야 파랑새야(3)	117
04_ 새야 새야 파랑새야(4)	120
05_ 새야 새야 파랑새야(5)	123
06_ 계룡산을 찾아서(1)	126
07_ 계룡산을 찾아서(2)	129
08_ 계룡산을 찾아서(3)	133
09_ 계룡산을 찾아서(4)	136
10_ 계룡산을 찾아서(5)	139

11_ 어떤 흔적(1)	*142*
12_ 어떤 흔적(2)	*145*
13_ 어떤 흔적(3)	*147*
14_ 어떤 흔적(4)	*149*
15_ 계산무진	*152*
16_ 추사의 흔적	*155*
17_ 추사 고택 주련(1)	*158*
18_ 추사 고택 주련(2)	*163*
19_ 추사 고택 주련(3)	*167*
20_ 추사 고택 주련(4)	*172*
21_ 추사 고택 주련(5)	*176*
22_ 추사 고택 주련(6)	*181*
23_ 스승	*185*
24_ 양귀비	*189*
25_ 질경이	*193*

가을길에 주운 漢字

01_ 동학 농민혁명 기념 공원(1)	*198*
02_ 동학 농민혁명 기념 공원(2)	*201*
03_ 동학 농민혁명 기념 공원(3)	*205*
04_ 경고	*211*
05_ 보양식	*215*

06_ 어떤 환약　　　　　　　*218*

07_ 어떤 학원　　　　　　　*221*

08_ 어떤 계란　　　　　　　*224*

09_ 어떤 과자　　　　　　　*227*

10_ 양 꼬치　　　　　　　　*230*

11_ 어떤 보약　　　　　　　*233*

12_ 술타령　　　　　　　　*236*

13_ 광한루원 현판(1)　　　　*238*

14_ 광한루원 현판(2)　　　　*241*

15_ 광한루원 현판(3)　　　　*244*

16_ 광한루원 현판(4)　　　　*248*

17_ 광한루원 현판(5)　　　　*251*

18_ 어떤 전설　　　　　　　*254*

19_ 어떤 젓가락 봉투　　　　*261*

20_ 어느 군부대　　　　　　*264*

21_ 어떤 두부　　　　　　　*267*

22_ 시집가는 날　　　　　　*270*

23_ 어떤 짬뽕 그릇　　　　　*273*

24_ 어느 화장품 가게　　　　*281*

25_ 어느 양복점 간판　　　　*284*

겨울 길에 주운 漢字

01_ 우엉차	*290*
02_ 착하게 살자	*293*
03_ 낙조	*297*
04_ 어떤 입석	*300*
05_ 어떤 거석	*303*
06_ 어느 문중의 공동묘지	*306*
07_ 부자 되세요	*310*
08_ 어느 건강 식당	*314*
09_ 선운사에서(1)	*318*
10_ 선운사에서(2)	*322*
11_ 어떤 화장품	*326*
12_ 뚫다	*329*
13_ 거산	*332*
14_ 어떤 팥 과자	*335*
15_ 어느 사당	*338*
16_ 어떤 숟가락 통	*342*
17_ 독서를 권함(1)	*345*
18_ 독서를 권함(2)	*348*
19_ 화장실	*352*
20_ 어떤 법무법인	*356*

21_ 옥   *359*

22_ 어느 맛 집   *362*

23_ 어떤 산   *366*

24_ 어느 여인의 시   *369*

25_ 어떤 포장 갑   *374*

찾아보기   *378*

봄길에 주은 漢字

01.
/ 어느 짜장면집 젓가락

짜장면 좋아하시는지요? 예전엔 특별한 행사 때나 먹던 음식이었는데, 지금은 아무 때나 손쉽게 먹을 수 있는 음식이 되었지요. 짜장면을 중국집에선 보통 '짱미엔(醬麵)'이라고 불러요.

말 그대로 장(醬)을 넣은 면이란 뜻이지요. 초기 짜장면은 국수에 춘장이라는 중국식 된장을 넣어 비빈 소박한 음식이었어요. 그랬던 짜장면이 우리식으로 변형되어 오늘날의 짜장면이 되었죠. 비법은 짭짜름한 중국식 춘장을 달착지근한 우리식 장으로 색다르게 만든 데 있어요. 짜장면에서, 창조적 변형이라는, 우리 문화의 우수한 일면을 보게 돼요.

사진은 어느 짜장면집 젓가락 봉투를 찍은 거예요. '중국요리 만리장성'이라고 읽어요. 중국요리는 해서체라고 하는 우리가 일반적으로 사용하는 글자체로 썼고, 만리장성은 전서체라고 하는 특별한 글자체로 썼어요. 전서체는 읽기가 쉽지 않죠.

한자의 뜻과 음을 알아볼까요?

中은 가운데 중, 國은 나라 국, 料는 재료 료, 理는 다스릴 리, 萬은 일만 만, 里는 이 리, 長은 긴 장, 城은 성 성이라고 읽어요.

한자를 좀 자세히 알아볼까요?

中은 口와 丨의 합자예요. 口는 상하좌우 사방의 뜻이고, 丨는 꿰뚫어 공평하게 나누었다란 뜻이에요. 상하좌우 사방 어디에도 치우치지 않는 지점이란 의미예요. 가운데 중. 中이 들어간 예는 무엇이 있을까요? 中道(중도), 中庸(중용) 등을 들 수 있겠네요.

國은 囗와 戈(창 과)와 口(입 구)와 一의 합자예요. 囗는 영토를, 戈는 무력을, 口는 백성을, 一은 영토를 뜻해요. '영토와 무력과 백성을 소유하며 독자적 정치 형태를 가진 존재'란 의미예요. 나라 국. 國이 들어간 예는 무엇이 있을까요? 國家(국가), 國民(국민) 등을 들 수 있겠네요.

料는 米(쌀 미)와 斗(말 두, 용기이자 용량의 단위)의 합자예요. 쌀을 말에 넣고 용량을 잰다란 뜻이에요. 재료란 의미는 본뜻에서 연역된 거예요. 용량을 재는 꺼리란 의미로요. 재료 료. 料가 들어간 예는 무엇이 있을까요? 料量(요량, 되질하듯 앞일을 헤아림), 材料(재료) 등을 들 수 있겠네요.

理는 王(玉의 변형, 구슬 옥)과 里(마을 리)의 합자예요. 지세에 따라 이루어진 마을처럼 결을 따라 옥을 가공한다는 뜻이에요. 다스리다란 의미는 본뜻에서 연역된 거예요. 순리에 맞게 지도한다란 의미로요. 다스릴 리. 理가 들어간 예는 무엇이 있을까요? 理解(이해), 理致(이치) 등을 들 수 있겠네요.

萬은 본래 전갈을 그린 글자였는데, 후에 벌을 의미하는 글자로 바뀌었어요. 전갈과 벌의 외형이 비슷하여 뜻을 차용한 것이지요. 일만이란 의미는 벌이란 뜻에서 연역된 거예요. 숫자도 많고 무리지어 다니기에 일만이란 의미를 갖게 된 것이지요. 일만 만. 萬이 들어간 예는 무엇이 있을까요? 萬歲(만세), 億萬(억만) 등을 들 수 있겠네요. 지금 전갈을 의미하는 글자는 蠆(전갈 채)나 蠍(전갈 갈)을 사용하고, 벌을 의미하는 글자는 蜂(벌 봉)을 사용해요.

里는 田(밭 전)과 土(흙 토)의 합자예요. 농사지을 수 있는 땅 주변에 형성된 마을이란 뜻이에요. 거리의 단위인 '이'란 의미는 여기서 연역된 거예요. 한 마을과 다른 한 마을 간의 거리란 의미로요. 이(마을) 리. 里가 들어간 예는 무엇이 있을까요? 里長(이장), 十里(십리) 등을 들 수 있겠네요.

長은 장발 머리의 사람을 그린 거예요. 一의 윗부분은 장발 머리를 그린 것이고, 一의 아랫부분은 신체를 그린 거예요. 길다란 의미는 본뜻에서 나온 거예요. 긴 장. 長이 들어간 예는 무엇이 있을까요? 長短(장단), 長髮(장발) 등을 들 수 있겠네요.

城은 土(흙 토)와 成(이룰 성)의 합자예요. 흙이나 돌을 쌓아올려 만든 건축물이란 의미예요. 성 성. 城이 들어간 예는 무엇이 있을까요? 土城(토성), 石城(석성) 등을 들 수 있겠네요.

정리 문제를 풀어 볼까요?

1. 다음의 한자를 허벅지에 열심히 연습하시오.

中 가운데 중   國 나라 국   料 재료 료   理 다스릴 리
萬 일만 만   里 이(마을) 리   長 긴 장   城 성 성

2. ( )안에 들어갈 알맞은 한자를 손바닥에 써 보시오.

( )長 ( )和 材( ) ( )歲
( )家 ( )解 石( ) ( )短

3. 좋아하는 중국 요리 한 가지를 소개해 보시오.

02.
어느 절집의 뒷간

쾌변은 건강의 척도라고 하죠. 쾌변을 봤으면 '잘 살았구나!'라고 생각하고, 그렇지 못하면 반성이 필요해요. 음식을 잘못 먹었거나 스트레스가 심하거나 몸이 아프거나 뭔가 하나라도 잘못되었기 때문에 쾌변을 못 본 것이거든요.

사진은 어느 절집의 뒷간을 찍은 거예요. '해우소'라고 읽어요. '근심을 푸는 곳'이란 의미로, 절집에서 뒷간을 가리킬 때 사용하는 말이에요. 해학적이면서도 철학적인 표현이에요. '쾌변 = 해탈'이란 의미이기 때문이죠.

한자의 뜻과 음을 알아볼까요?
解는 풀 해, 憂는 근심 우, 所는 곳(바) 소라고 읽어요.

한자를 좀 자세히 알아볼까요?

解는 角(뿔 각)과 刀(칼 도)와 牛(소 우)의 합자예요. 칼을 가지고 소의 머리에서 뿔을 해체한다는 의미예요. 풀 해. 解가 들어간 예는 무엇이 있을까요? 解剖(해부), 解決(해결) 등을 들 수 있겠네요.

憂는 心(마음 심)과 頁(머리 혈)의 합자예요. 얼굴[頁]에 수심이 가득할 정도로 마음속 고민이 많다는 의미예요. 근심 우. 憂가 들어간 예는 무엇이 있을까요? 憂患(우환), 憂鬱(우울) 등을 들 수 있겠네요.

所는 戶(지게문 호)와 斤(도끼 근)의 합자예요. 본래 의미는 '벌목할 때 나는 소리'라는 의미예요. 그래서 斤을 뜻 부분으로 사용했어요. 戶는 음을 담당하면서(호→소) 뜻도 일부분 담당해요. 열렸다 닫혔다 하는 지게문(반쪽자리 문)처럼 계속 도끼질을 한다는 의미로요. '곳'이란 의미는 본뜻에서 연역된 거예요. 벌목 소리가 나는 장소란 의미로요. 所는 일 또는 방법이라는 의미의 '바'라는 뜻으로도 많이 사용하는데, 이것 역시 본뜻에서 연역된 거예요. 벌목 일 또는 벌목하는 방법이란 의미로요. 곳(바) 소. 所가 들어간 예는 무엇이 있을까요? 場所(장소), 所期(소기) 등을 들 수 있겠네요.

정리 문제를 풀어 볼까요?

1. 다음의 한자를 허벅지에 열심히 연습하시오.

解 풀 해   憂 근심 우   所 곳(바) 소

2. (　)안에 들어갈 알맞은 한자를 손바닥에 써 보시오.

　　場(　)　(　)患　(　)剖

3. 인상 깊었던 화장실이 있으면 소개해 보시오.

03.
어느 절집의 목판

햇볕 따스한 어느 절집 툇마루에 앉아 있는 고양이. 조는 듯 눈을 감았다가 나그네 발걸음 소리에 살짝 눈을 뜹니다. 그리고는 다시 무심히 눈을 감습니다. 왠지 떠들면 안 될 것 같은 분위기예요. 고양이는 이 절집 스님의 시자(侍者, 시중드는 이)인 모양이에요. 스님께서 수행 중이니 조용히 하라고 무언의 압력을 행사하고 있네요.

사진은 어느 절집의 목판을 찍은 거예요. '정숙'이라고 읽어요. '고요하고 엄숙하다'란 의미지요. 고양이와 같이 있으니 더없이 잘 어울리네요.

한자의 뜻과 음을 알아볼까요?
靜은 고요할 정, 肅은 엄숙할 숙이라고 읽어요.

한자를 좀 자세히 알아볼까요?

靜은 靑(푸를 청)과 爭(다툴 쟁)의 합자예요. 본래 뜻은 '분명하게 살펴본다'란 뜻이에요. 靑은 초목이 싹을 틔울 때의 색으로, 그 빛깔이 선명하죠. 그래서 이 글자로 '분명하게 살펴본다'란 뜻을 표현했어요. 爭은 음을 담당하면서(쟁→정) 뜻도 일부분 담당해요. 분명하게 살펴보려면 요란해서는 안 된다는 의미로요. 고요하다란 의미는 여기에서 나온 거예요. 분명하게 살피기 위해 조용히 한다란 의미로요. 고요할 정. 靜이 들어간 예는 무엇이 있을까요? 靜寂(정적), 靜中動(정중동) 등을 들 수 있겠네요.

肅에서 윗부분의 글자는 손에 일감을 갖고 있다는 뜻이고, 아랫부분은 淵(연못 연)의 옛 글자로 수심이 깊고 험한 물가란 뜻이에요. '수심이 깊고 험한 물가에 임한 것처럼 조심스럽게 일에 임한다'란 의미예요. 이런 것이 바로 '엄숙'한 것이지요. 엄숙할 숙. 肅이 들어간 예는 무엇이 있을까요? 肅淸(숙청), 嚴肅(엄숙) 등을 들 수 있겠네요.

정리 문제를 풀어 볼까요?

1. 다음의 한자를 허벅지에 열심히 연습하시오.

靜 고요할 정   肅 엄숙할 숙

2. (   )안에 들어갈 알맞은 한자를 손바닥에 써 보시오.

   (   )淸 (   )中動

3. 다음을 읽어 보시오.

   靜寂이 감도는 嚴肅한 분위기

04.
어느 떡 가게와 냉면 집

한자는 조형미가 뛰어나 어떻게 쓰느냐에 따라 색다른 느낌을 주지요. 경복궁 근처에서 그런 색다른 느낌의 한자를 만났어요. 오른쪽 사진의 한자는 '떡 병(餠)'이에요. 왠지 떡시루에서 김이 올라오는 듯 한 느낌이 들어요.

왼쪽 사진의 한자는 '소 중에서 최고의 소'란 의미의 '벽제(碧帝)'예요. 최고의 소란 의미가 글자에, 특히 帝에, 잘 나타나 있어요.

벽제의 '벽'은 '벽창우(碧昌牛, 벽동과 창성에서 생산되던 소)'의 의미로, 고집 세고 힘 좋은 소란 의미예요. '제'는 임금이란 의미로, 여기서는 '최고'란 의미로 사용됐어요.

한자의 뜻과 음을 다시 정리해 볼까요?
餠은 떡 병, 碧은 푸를 벽, 帝는 임금 제라고 읽어요.

한자를 좀 자세히 알아볼까요?

餠은 食(먹이 식)과 幷(어우를 병)의 합자예요. 본래 보릿가루를 반죽하여 만든 식품이란 뜻이었어요. 그래서 食으로 뜻을 삼았죠. 幷은 음을 담당하면서 뜻도 일부분 담당해요. 물과 보릿가루를 합쳐 반죽한다란 의미로요. 餠은 본래, 우리가 머릿속에 그리는 그런 떡이 아니라, 보리 개떡이었어요. 떡 병. 餠이 들어간 예는 무엇이 있을까요? 五餠二魚(오병이어), 月餠(월병) 등을 들 수 있겠네요.

碧은 王(玉의 변형, 구슬 옥)과 石(돌 석)과 白(흰 백)의 합자예요. 옥과 흡사하며 푸른 빛이 도는 돌이란 뜻이에요. 白은 음을 담당해요(백→벽). 푸를 벽. 碧이 들어간 예는 무엇이 있을까요? 碧溪水(벽계수), 碧眼(벽안) 등을 들 수 있겠네요.

帝는 두 가지로 설명해요.
하나. 꽃과 꽃받침을 그린 것으로, 여기서 '임금'이란 의미가 나왔다. 一의 윗부분은 꽃을, 一의 아랫부분은 꽃받침을 그린 것이다. 꽃은 임금으로, 꽃받침은 백성의 의미로 차용되었다.
둘. 帝의 윗부분 亠은 上(위 상)의 옛 글자로 최고의 존재인 임금을 나타낸 것이고, 아랫부분은 음을 나타낸 것이다.
둘 다 일리가 있죠? 임금 제. 帝가 들어간 예는 무엇이 있을까요?

皇帝(황제), 帝國主義(제국주의) 등을 들 수 있겠네요.

정리 문제를 풀어 볼까요?

1. 다음의 한자를 허벅지에 열심히 연습하시오.

　　　餠 떡 병　　　碧 푸를 벽　　　帝 임금 제

2. (　)안에 들어갈 알맞은 한자를 손바닥에 써 보시오.

　　五(　)二 魚(　)眼 (　)國主義

3. 색다른 디자인의 한자를 하나 소개해 보시오.

05.
어떤 오자

[문제] 다음 설명에 해당하는 한자 중 잘못 쓴 것은?

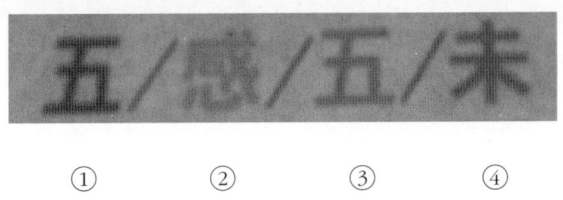

　　①　　②　　③　　④

　　정답은 ④번이에요. 어떻게 고쳐 써야 할까요? '味'로 고쳐 써야 해요. 오미자의 오미는 다섯 가지 맛이니, 한자로 다섯 오(五)·맛 미(味), '五味'로 표기해야 하죠. 未는 '아닐 미'예요. '五未'라고 표기하면 '다섯 가지 맛 (절대) 아님'이란 의미가 돼요. 본래 의미와는 정반대의 뜻이 되는 거죠. 感은 '느낄 감'이에요.
　　아내가 경북 문경에 갔다가 오미자 원액을 사 왔는데, 포장지의 한자가 재미있게(?) 쓰여 있어 자료로 삼아 봤어요. 한자 잘못 쓴 것을 비웃으려고 자료로 삼은 것은 아니에요. 그보다는 안타까운 생각이 들어서예요.

농사를 지어도 판로를 찾지 못하면 말짱 도루묵이죠. 하여 판로를 뚫으려고 안간힘을 쓰는데, 그 안간힘 가운데 하나가 포장 아닌가 싶어요. 포장이 그럴듯하면 왠지 제품에 신뢰가 가잖아요? 그런데 힘든 농촌에서 멋진 디자인의 우수한 포장을 하기란 쉬운 일이 아니에요. 비용이 많이 들어가기 때문이죠. 그러다 보니 어쩔 수 없이, 본의 아니게, 조악한 포장을 많이 하게 돼요. 이 오미자 포장도 그런 경우라고 생각돼요.

우수한 디자인의 멋진 포장은 제품의 가치를 한층 상승시키죠. '옷이 날개'라고 하잖아요? 정부에서 농촌에 여러 가지 지원을 하고 있는데, 이쪽 방면으로도 지원을 좀 해주면 어떨까 싶어요.

한자를 좀 자세히 알아볼까요?

五는 1~9중 교차점에 해당하는 수라는 의미예요. 그게 5이지요. 위의 一은 1을 의미하고, 가운데는 ×의 변형으로 교차점을 의미하며, 아래의 一은 끝수인 9를 의미해요. 다섯 오. 五가 들어간 예는 무엇이 있을까요? 五色(오색), 五行(오행) 등을 들 수 있겠네요.

感은 心(마음 심)과 咸(다 함)의 합자예요. 대상과 일체가 되어 일어나는 마음이란 의미예요. 느낄 감. 感이 들어간 예는 무엇이 있을까요? 感情(감정), 有感(유감) 등을 들 수 있겠네요.

未는 본래 屮(싹날 철)의 중첩 자와 木(나무 목)이 합쳐진 모양으로, 오래된 나무에 잎사귀가 무성하다란 의미였어요. 지금은 본래 의미와는 다르게 '아니다'란 뜻으로 사용하고 있죠. 동음을 빌미로 뜻을 가탁해 사용하다 본래의 의미는 상실되고 가탁된 의미가 본 의미처럼 사용되고 있는 것이지요. 아닐 미. 未가 들어간 예는 무엇이 있을까요? 未完成(미완성), 未嘗不(미상불, 아니라고 부정할 수 없게) 등을 들 수 있겠네요. 未와 비슷한 한자에 末이 있어요. 자세히 보면 모양이 좀 다르죠. 末은 木에 一을 추가한 것으로, 一은 '나무 끝부분'이란 의미를 나타낸 거예요. '끝 말'이라고 읽어요. 終末(종말) 등을 예로 들 수 있겠네요.

味는 口(입 구)와 未(아닐 미)의 합자예요. 입을 통해 느끼는 맛이란 의미예요. 未는 음만 담당해요. 맛 미. 味가 들어간 예는 무엇이 있을까요? 調味(조미), 吟味(음미) 등을 들 수 있겠네요.

정리 문제를 풀어 볼까요?

1. 다음의 한자를 허벅지에 열심히 연습하시오.

五 다섯 오　　感 느낄 감　　未 아닐 미　　味 맛 미

2. (   )안에 들어갈 알맞은 한자를 손바닥에 써 보시오.

   (   )完成 (   )色 調(   ) 有(   )

3. 오해를 일으킨 오자 표기 사례를 소개해 보시오.

06.
경복궁 현판(1)

경복궁에 가보셨는지요? 경복궁을 제대로 보려면 경복궁역에서 내리면 안 되고 종각역에서 내려야 해요. 그래야 경복궁 앞의 옛 육조거리를 상상해 볼 수 있고, 정문인 광화문부터 관람할 수 있기 때문이에요. 모처럼 만에 서울을 찾았는데, 단체관람인지라, 아쉽게도 경복궁 옆구리로 들어가는 바람에 근정문(勤政門)부터 관람을 시작했어요.

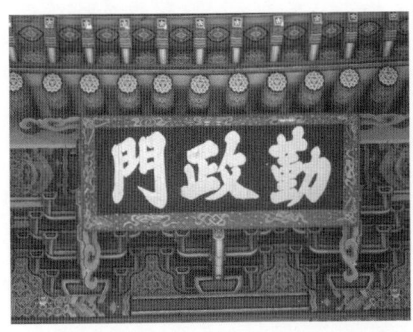 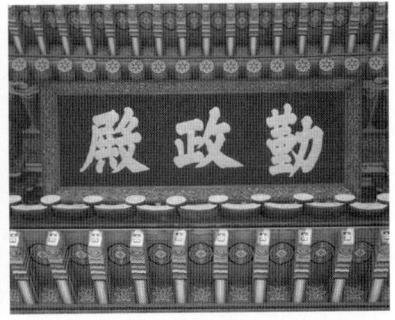

사진은 근정문과 근정전(勤政殿) 현판을 찍은 거예요. '근정'은 '부지런히 정치에 힘쓴다'란 의미예요. 다분히 임금을 압박하는 내용이에요. 막말로 하면 "똑바로 해! 안 그러면…" 정도의 의미거든요. 임금님들은 이 현판을 보면서 늘 자신을 경계했을 것 같아요.

한자의 뜻과 음을 알아볼까요?

勤은 부지런할 근, 政은 정치 정, 門은 문 문, 殿은 큰집 전이라고 읽어요.

한자를 좀 자세히 알아볼까요?

勤은 力(힘 력)과 堇(진흙 근)의 합자예요. 가뭄과 추위에 강해 파종하기 좋은 진흙처럼 어려움을 이기고 맡은 일에 전력투구한다란 의미예요. 부지런할 근. 勤이 들어간 예는 무엇이 있을까요? 勤勉(근면), 出勤(출근) 등을 들 수 있겠네요.

政은 正(바를 정)과 攵(칠 복)의 합자예요. 백성들을 독려하고 가르쳐[攵] 바른 길로[正] 나아가게 한다란 의미예요. 이런 것이 바로 '정치'죠. 정치 정. 政이 들어간 예는 무엇이 있을까요? 政治(정치), 臨政(임정) 등을 들 수 있겠네요.

門은 戶(지게문 호, 반쪽자리 문) 두 개가 합쳐진 글자예요. 동시에 여닫으며 출입할 수 있는 문이란 뜻이에요. 문 문. 門이 들어간 예는 무엇이 있을까요? 出入門(출입문), 大門(대문) 등을 들 수 있겠네요.

殿은 殳(창 수)와 展(臀의 옛 글자, 볼기 둔)의 합자예요. 殳는 전쟁의 의미로, 展은 후미의 의미로 사용되었어요. 본래 '자원하여 군대의 후미에 선다'란 의미였어요. '큰 집'이란 의미는 본뜻에서 연역된 거예요. 자원하여 군대의 후미에 서는 자는 용감하고 정의로운 사람이죠. 적의 공격을 막고 아군을 보호하기 위해 후미에 서는 것이니까요. 이런 큰 인물들이 사는 집이란 의미로 사용하게 된 거예요. 후에 큰 집 중에서 가장 큰 집은 임금님이 사는 집이란 의미로 '대궐'이란 뜻으로도 사용하게 되었어요. 큰집 전. 殿이 들어간 예는 무엇이 있을까요? 殿閣(전각), 殿堂(전당) 등을 들 수 있겠네요.

정리 문제를 풀어 볼까요?

1. 다음의 한자를 허벅지에 열심히 연습하시오.

　　勤 부지런할 근　　政 정치 정　　門 문 문　　殿 큰집 전

2. (　)안에 들어갈 알맞은 한자를 손바닥에 써 보시오.

　　(　)治　(　)堂　(　)勉　出入(　)

3. 본인 집의 당호(堂號, 집 이름)를 지어 보시오.

07.
경복궁 현판(2)

근정전 뒤에 있는 건물의 현판이에요. 근정전은 공공의식 행사 때 사용하던 건물이고, 일상적인 국정 업무는 바로 근정전 뒤에 있는 이 현판의 건물에서 이뤄졌어요.

이 건물의 이름은 사정전(思政殿)이에요. 발음이 좀 야하죠? '전'의 이름이 '사정'인 것도 '근정' 못지않게 압박적인 느낌이에요. "닥치고, 정치!" 이런 무언의 압력이 느껴지거든요.

이 궁에 들어서는 순간 임금님들께서는 절로 옷깃을 여미셨을 것 같아요. 사정문(思政門)은 사정전에 가기 전 지나는 문 이름이에요.

한자의 뜻과 음을 알아볼까요?

思는 생각 사, 政은 정치 정, 門은 문 문, 殿은 큰집 전이라고 읽어요.

思만 좀 자세히 알아볼까요?

 思에서 윗부분 田은 사람의 두뇌를 그린 것이고, 아래의 心은 사람의 심장을 그린 거예요. 머릿속으로 생각하고 가슴으로 느껴 사물의 이치를 통찰한다는 의미예요. 생각 사. 思가 들어간 예는 무엇이 있을까요? 思索(사색), 思慮(사려) 등을 들 수 있겠네요.

정리 문제를 풀어 볼까요?

1. 다음의 한자를 허벅지에 열심히 연습하시오.

  思 생각 사

2. (　)안에 들어갈 알맞은 한자를 손바닥에 써 보시오.

  (　)索

3. 아래 사진 속 작은 책상의 주인공은 누구일까요?

작은 책상의 주인공은 사관(史官)이에요. 세계 기록 유산인 방대한 『조선왕조실록』이 저 작은 책상에 앉았던 사관의 붓끝에서 이루어졌지요. 작은 것의 누적된 힘이 얼마나 위대한지를 무언중에 가르쳐주는 책상이에요.

08.
경복궁 현판(3)

임금님도 일과가 끝나면 쉬고 주무셔야겠죠? 그래서 사정전 뒤에 임금님이 쉬고 주무시는 처소를 만들었어요. 임금님은 재택근무를 하신 셈이에요. 사정전 뒤에 있는 임금님의 처소 이름은 강녕전(康寧殿)이에요.

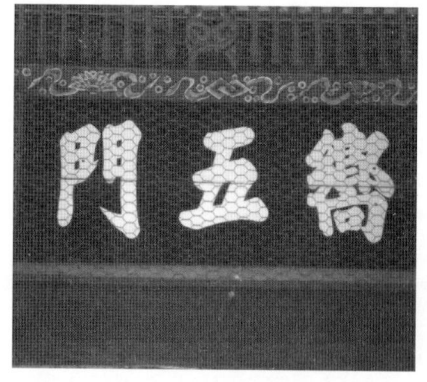

강녕전에 가기 전 지나는 문 이름은 향오문(嚮五門)이에요. '강녕'은 심신을 편안히 한다란 의미이고, '향오'는 오복을 지향한다란 의미예요. 오복은 '오래 삶·부유함·심신의 편안함·도를 즐김·아름다운 죽음'이에요. 이빨 튼튼한 것은 오복에 안 들어가요.

향오와 강녕은 얼핏 보면 임금 개인을 위한 말 같지만, 사실은 이

속에서도 정치적 함의를 엿볼 수 있어요. 임금이 복받고 편안해야 정치를 잘할 수 있고 그래야 백성도 복받고 편안할 수 있다는 의미가 느껴지거든요. 임금은 자나 깨나 정치의 일선에서 한 치도 벗어나서는 안 된다는 의미가 이 현판들에 들어 있는 셈이에요.

한자의 뜻과 음을 알아볼까요?
康은 편안할 강, 寧은 편안할 녕, 殿은 큰집 전, 嚮은 향할 향(向으로도 표기), 五는 다섯 오, 門은 문 문이라고 읽어요.

康, 寧, 嚮만 좀 자세히 알아볼까요?

康은 庚(단단할 경, 일곱째천간 경으로도 사용)과 米(쌀 미)의 합자예요. 낱알을 잘 보호하는 단단한 껍질이란 의미예요. 편안하다란 의미는 본뜻에서 연역된 거예요. 겉껍질로 보호되는 낱알처럼 편안하다란 의미로요. 편안할 강. 康이 들어간 예는 무엇이 있을까요? 平康(평강), 康健(강건) 등을 들 수 있겠네요.

寧은 본래 기원하다란 의미였어요. 아랫부분의 丁이 기원하다란 뜻을 담당하고, 윗부분은 음을 담당해요. 편안하다란 의미는 본뜻에서 연역된 거예요. 기원하는 것이 잘 이루어지면 편안하다란 의미로요. 편안할 녕. 寧이 들어간 예는 무엇이 있을까요? 安寧(안녕), 寧樂(영락, 편안하고 즐거움) 등을 들 수 있겠네요.

嚮은 鄕(고향 향)과 向(향할 향)의 합자예요. 고향을 그리워하듯

보고 싶은 대상을 생각하고 바라본다는 의미예요. 향할 향. 嚮이 들어가는 예는 무엇이 있을까요? 嚮導(향도, 정찰병), 嚮日(향일, 지난번) 등을 들 수 있겠네요.

정리 문제를 풀어 볼까요?

1. 다음의 한자를 허벅지에 열심히 연습하시오.

   嚮 향할 향   康 편안할 강   寧 편안할 녕

2. (   )안에 들어갈 알맞은 한자를 손바닥에 써 보시오.

   安( ) ( )健 ( )導

3. 본인 집의 출입문 이름을 지어 보시오.

09.
경복궁 현판(4)

강녕전 뒤에 있는 건물의 현판이에요. 왼쪽 것은 양의문(兩儀門)이라고 읽고, 오른쪽 것은 교태전(交泰殿)이라고 읽어요. 이 현판의 건물은 왕비께서 머무시는 처소예요. 왕과 왕비께서는 별거하신 셈이죠. '양의'는 음과 양이란 의미이고, '교태'는 음에 해당하는 땅과 양에 해당하는 하늘이 만나 소통한다는 의미예요.

교태의 '태'는 『주역』 64괘 중 11번째 괘인 태괘(泰卦)를 뜻해요. 태괘는 땅에 해당하는 곤이 위에 있고 하늘에 해당하는 건이 아래에 있는 형상이에요. (건과 곤은 태극기에서 많이 보셨죠?) 보통과 다른 형상의 이 괘를 『주역』에서는 매우 좋은 의미로 풀이해요. 땅에 해당하는 곤은 아래로 내려오려는 성질이 있고 하늘에 해당하는 건은 위로 올라가려는 성질이 있어 서로 만날 수 있기에 좋은 의미로 보는 것이지요. 반대로 곤이 아래에 있고 건이 위에 있으면 아주 나쁜 것으로 봐요. 곤은 아래로 가려 하고 건은 위로 가려 하여 서로 만날 수 없기 때문이죠. 이런 괘를 막힌다는 의미의 비괘(否卦)라고 불러요. '양의'와 '교태'는 양인 왕과 음인 왕비가 태괘처럼 잘 소통하고 화합하란 의미예요. 여기서도 정치적 함의를 엿볼 수 있어요. 왕과 왕비가 잘 소통해야 정치가 잘 될 테니까요. 더불어 자손 번창의 기원 의미도 들어 있다고 볼 수 있어요. 왕과 왕비가 잘 소통해야 자손도 많이 낳을 테니까요.

한자의 뜻과 음을 알아볼까요?
兩은 두 량, 儀는 짝(거동) 의, 門은 문 문, 交는 사귈 교, 泰는 통할 태라고 읽어요.

낯선 한자를 좀 자세히 알아볼까요?

兩은 본래 좌우 대칭의 저울을 그린 것으로 '똑같이 나눈다'란 의미였어요. '둘'이란 의미는 본뜻에서 나온 거예요. 똑같이 나눈 두 개란 의미로요. 두 량. 兩이 들어간 예는 무엇이 있을까요? 兩班(양반), 兩性平等(양성평등) 등을 들 수 있겠네요.

儀는 人(사람 인)과 義(옳을 의)의 합자예요. 본래는 '사람이 세상을 살아가면서 대상에 대해 가져야 할 올바른 태도'란 의미예요. '짝'이란 의미는 본뜻에서 연역된 거예요. 올바른 태도로 대해야 할 상대란 의미로요. 짝 의. 儀가 들어간 예는 무엇이 있을까요? 儀式(의식), 儀仗隊(의장대) 등을 들 수 있겠네요.

交는 양다리를 꼬고 있는 모양을 그린 거예요. 사귀다란 의미는 본뜻에서 연역된 거예요. 서로의 마음이 꼬인 다리처럼 교차한다는 의미로요. 사귈 교. 交가 들어간 예는 무엇이 있을까요? 交際(교제), 交通(교통) 등을 들 수 있겠네요.

泰는 大(큰 대)와 艹(두 손의 의미)와 水(물 수)를 합친 글자예요. 본래 의미는 '미끄럽다'였어요. 두 손으로 움켜쥔 물이 손아귀에서 빠져나가는 모양으로 '미끄럽다'란 의미를 나타냈어요. 大는 음을 담당해요(대→태). '통하다'란 의미는 본뜻에서 연역된 거예요. 막히지 않고 미끄럽게 잘 빠져나간다란 의미로요. 통할 태. 泰가 들어가는 예는 무엇이 있을까요? 泰平(태평), 國泰民安(국태민안) 등을 들 수 있겠네요.

정리 문제를 풀어 볼까요?

1. 다음의 한자를 허벅지에 열심히 연습하시오.

   兩 두 량   儀 짝(거동) 의   交 사귈 교   泰 통할 태

2. (   )안에 들어갈 알맞은 한자를 손바닥에 써 보시오.

(　)平　(　)式　(　)班　(　)通

3. 본인이 잠자는 방의 별칭을 지어 보시오.

10.
경복궁 현판(5)

고태전 뒤에는 후원(뒷동산)에 해당하는 향원정(香遠亭)이 있어요. 그런데 향원정의 현판이 너무 작아 카메라에 담을 수가 없었어요. 향원정 다음에 있는 건물은 고종황제와 명성황후가 사저(개인 주택) 격으로 사용하던 건청궁(乾淸宮)이에요(오른쪽 사진).

왼쪽 사진은 옥호루(玉壺樓)라고 읽는데, 명성황후가 거처하던 처소의 누각이에요. 고종황제가 거처하던 처소의 누각 이름은 추수부용루(秋水芙蓉樓)예요. 사저에서도 두 분은 별거를 하셨지요.

'건청'은 하늘이 맑다란 의미이고, '옥호'는 '옥호빙(玉壺氷, 옥 호리병 속에 든 얼음)'의 줄임말로 맑고 깨끗한 마음이란 의미예요.

비유적인 표현이죠. '궁'은 진(秦)나라 이전에는 일반 가옥의 의미로 썼는데, 진나라 이후로는 군주의 거처란 의미로만 사용하게 됐어요. '루'는 주변의 풍광을 즐길 수 있도록 높이 지은 다락집이란 의미예요. 두 현판엔 모든 정무에서 벗어나 편안히 쉬고 싶다는 인간적인 소망이 담겨 있어요. 황제(후)도 역시 사람이었던 것이지요.

한자의 뜻과 음을 알아볼까요?
乾은 하늘 건, 淸은 맑을 청, 宮은 대궐 궁, 玉은 구슬 옥, 壺는 병 호, 樓는 다락 루라고 읽어요.

낯선 한자를 좀 자세히 알아볼까요?

乾에서 乙은 땅을 뚫고 힘겹게 올라오는 싹을 그린 거예요. 나머지 부분은 햇살이 비친다는 뜻이에요. 어두운 곳에 햇살이 비치듯 생명이 없을 듯 한 두껍고 딱딱한 땅에서 새싹이 돋아난다란 의미예요. '하늘'이란 의미는 본뜻에서 연역된 거예요. 새싹이 지향하는 것이 하늘이란 의미로요. 하늘 건. 乾이 들어간 예는 무엇이 있을까요? 乾坤(건곤), 乾魚物(건어물) 등을 들 수 있겠네요. 건어물이라고 할 때의 '건'은 하늘이란 의미가 아니고 '말랐다'란 의미예요. 이 역시 본뜻에서 연역된 것으로, 햇빛에 바짝 말랐다란 의미예요.

淸은 氵(水의 변형, 물 수)와 靑(푸를 청)의 합자예요. 물이 맑고 깨끗하다란 의미예요. 그래서 氵를 뜻 부분으로 사용했어요. 靑은 음을 담당하면서 뜻도 일부분 담당해요. 靑에도 맑고 깨끗하다란 의미가 내포되어 있거든요. 맑을 청. 淸이 들어간 예는 무엇이 있을까요? 淸明(청명), 淸潔(청결) 등을 들 수 있겠네요.

宮은 宀(집 면)과 呂의 합자예요. 宀은 집의 외곽을, 呂는 창호를 표현한 것이에요. 집 궁. 宮이 들어간 예는 무엇이 있을까요? 宮闕(궁궐), 宮中(궁중) 등을 들 수 있겠네요.

玉은 구슬 세 개를 하나로 꿰어놓은 형상이에요. 一은 구슬을, ㅣ은 관통한 모습을 표현한 것이에요. 본래는 王(임금 왕)의 형태로 썼는데, 후에 임금이란 뜻의 王과 구별하기 위해 丶를 추가해 玉의 형태로 쓰게 됐어요. 구슬 옥. 玉이 들어간 예는 무엇이 있을까요? 玉石(옥석), 玉盤(옥반, 옥으로 만든 쟁반) 등을 들 수 있겠네요.

壺는 장이나 술 등을 담는 병을 그린 거예요. 十은 뚜껑을, 나머지는 몸체를 표현한 것이에요. 병 호. 壺가 들어간 예는 무엇이 있을까요? 投壺(투호), 壺中物(호중물, 술) 등을 들 수 있겠네요.

樓는 木(나무 목)과 婁(여러 루)의 합자예요. 목재를 이용하여 겹쳐 지은 집이란 뜻이에요. 똑같은 형태의 집을 겹치게 지은 이층집이란 의미지요. '다락'이란 의미는 본뜻에서 연역된 거예요. 이층집처럼 높은 곳에 마련한 공간이란 의미로요. 다락 루. 樓가 들어간 예는 무엇이 있을까요? 樓閣(누각), 樓亭(누정) 등을 들 수 있겠네요.

정리 문제를 풀어 볼까요?

1. 다음의 한자를 허벅지에 열심히 연습하시오.

乾 하늘 건   淸 맑을 청   宮 대궐 궁
玉 구슬 옥   壺 병 호   樓 다락 루

2. ( )안에 들어 갈 알맞은 한자를 손바닥에 써 보시오.

投( ) ( )石 ( )闕 ( )坤 ( )明 ( )閣

3. 별장을 갖게 됐다고 가정하고 그 별장 이름을 지어 보시오.

11.
경복궁 현판(6)

임금님께서도 때로는 연회를 즐기셔야겠죠? 사진은 그 연회 장소의 현판이에요. '경회루(慶會樓)'라고 읽어요. '경회'는 경사스러운 만남이란 뜻으로 임금과 신하가 덕으로 교감한다란 의미예요.

연회도 정사의 일환인 만큼 단순히 먹고 즐겨서는 안 되며, 덕과 덕이 교감하는 시간이 돼야 한다는 무언의 압력을 담고 있어요. 여기서 술을 마시면 술이 제대로 안 넘어갔을 것 같아요. 신군부 시절에 쿠데타 세력들이 여기서 술 파티를 벌였다는 얘기를 들은 적이 있는데, 그 사람들은 어떤 심정으로 술을 들이켰을지 궁금해요.

한자를 읽어 볼까요?
慶은 경사 경, 會는 모일 회, 樓는 다락 루라고 읽어요.

慶과 會 두 자만 좀 자세히 알아볼까요?

慶은 鹿(사슴 록)의 약자와 心(마음 심)과 夊(천천히걸을 쇠)의 합자예요. 기뻐할[心] 일이 있어 사슴 가죽[鹿]을 가지고 가[夊] 축하해준다는 의미예요. 후에 '기뻐할 일'로 의미가 축소되어 '경사'의 의미로 사용하게 됐지요. 경사 경. 慶이 들어간 예는 무엇이 있을까요? 慶賀(경하), 慶事(경사) 등을 들 수 있겠네요.

會의 상단에 있는 人과 一이 결합된 부분은 삼자가 한 곳에 모였다는 뜻이고, 하단은 曾(거듭 증)의 약자예요. 다방면의 것들이 한 곳에 집중해서 합해졌다란 의미예요. 모일 회. 會가 들어간 예는 무엇이 있을까요? 會合(회합), 會同(회동) 등을 들 수 있겠네요.

정리 문제를 풀어 볼까요?

1. 다음의 한자를 허벅지에 열심히 연습하시오.

　　慶 경사 경　　會 모일 회

2. (　) 안에 들어갈 알맞은 한자를 손바닥에 써 보시오.

　　(　)同　(　)事

3. 참여하고 있는 친목회 이름과 그 의미를 말해 보시오.

12.
최치원의 흔적(1)

최치원 선생은 우리나라 한문학의 비조(처음 시작한 사람)로 평가받는 분이죠. 사륙변려문에 능했고 만당풍(당나라 말기의 시풍이란 뜻. 애상적인 분위기가 특징)의 시를 잘 지으셨죠. 선생이 활동한 시기는 신라 말기였어요. 선생은, 잘 알려진 것처럼, 당나라에 유학하여 높은 문명(문학적 명성)을 얻었어요. 이를 바탕으로 귀국하여 자신의 뜻을 펴보고자 했지만 제대로 펼 수가 없었죠. 폐쇄적 귀족사회인 신라에서, 아무리 당나라에서 문명이 높았다 해도, 육두품 출신인 선생이 할 수 있는 역할이란 한계가 있었던 것이죠. 선생은 불우한 지식인이었어요. 그래서 말년엔 가야산에 은거하며 세상과의 인연을 끊었죠. 이때 남긴 유명한 시가 '제가야산독서당(題伽倻山讀書堂)'이란 시예요.

돌 사이를 미친 듯 내달아 온 골을 울리니
지척에서 말하는 소리도 알아들을 수 없구나
항상 옳고 그름 따지는 소리 이를까 저어하여
짐짓 흐르는 물로 온 산을 둘러쳐 버렸다네

狂奔疊石吼重巒

人語難分咫尺間
常恐是非聲到耳
故教流水盡籠山

선생은 해인사가 있는 합천의 가야산에 은거한 것으로 알려져 있죠. 그런데 선생이 은거한 가야산이 그 가야산이 아니고 서산과 예산에 걸쳐 있는 가야산이라는 설이 있었어요. 선생은 지금의 서산(당시는 부성군)에서 군수를 지낸 적이 있기에 서산과 예산에 걸쳐 있는 가야산에 은거했을 가능성이 크다는 거였죠.

그런데 근자에 홍성에서 선생의 마애문이 발견되었어요. 이 때문에 선생이 서산과 예산에 걸쳐 있는 가야산에 은거했으리라는 설이 설득력을 얻고 있어요. 홍성은 비록 가야산과 떨어진 지역이긴 하지만 그리 먼 곳은 아니기 때문에 가야산에 은거하다 이곳으로 옮겨 와 지낸 것이 아닌가 보고 있는 것이지요.

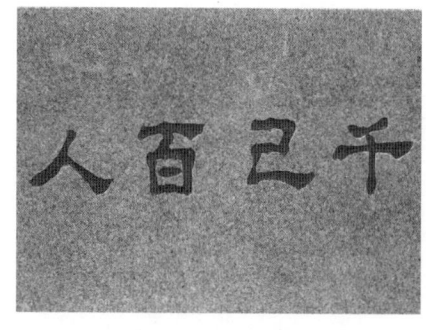

사진은 홍성에서 발견된 선생의 마애문을 구경하러 갔다가 찍은 거예요. 선생의 마애문은 아니고, 선생을 기념하는 조형물이에요. '인백기천'이라고 읽어요.

'남이 백 번 하여 능할 수 있다면 나는 (능력이 모자랄 경우) 천 번이라도 하여 능하도록 하겠다.'란 뜻이에요. 불굴의 용기를 나타내는 말이죠. 이 말은 선생이 12세 때 당나라로 유학을 떠나며 아버지에게 한 각오의 말이에요. 그런데 이 말은 『중용』에 나오는 말을 선생이 응용하여 한 말이에요. 『중용』에는 "남이 한 번에 능하다면 나는 백 번이라도 하여 능하겠고, 남이 열 번에 능하다면 나는 천 번이라도 하여 능하겠다(人一能之 己百之 人十能之 己千之)."라고 나와 있어요. 『중용』의 글귀를 응용한 것을 보면 선생은 이미 10대 초반에 유학에 대한 상당한 소양을 갖추고 있었던 것 같아요.

한자의 뜻과 음을 알아볼까요?
人은 사람 인, 百은 일백 백, 己는 자기 기, 千은 일천 천이라고 읽어요.

한자를 좀 자세히 알아볼까요?

人은 사람의 측면 모습을 그린 거예요. 사람 인. 人이 들어간 예는 무엇이 있을까요? 人生(인생), 人間(인간) 등을 들 수 있겠네요.

百은 一과 白(흰 백)의 합자예요. 一은 여기서 일정한 한계란 의미이고, 白은 분명하다란 의미예요. 고대 중국에서는 돈을 셀 때 100을 기본적인 양으로 생각했어요. 그래서 분명한 한계라는 의미의 이 글자를 '일백'이란 의미로 사용하게 된 것이죠. 일백 백. 百이 들어간 예는 무엇이 있을까요? 百萬長者(백만장자), 百姓(백성) 등을 들 수 있겠네요.

己는 본래 '구별해 놓은 실'이란 뜻이었어요. 세 개의 가로 선은 실, 두 개의 세로 선은 구분 표시를 의미해요. '자기'라는 의미는 본뜻에서 연역된 거예요. 구별해 놓은 실처럼 타인과 구별되는 자신이란 의미로요. 자기 기. 己가 들어간 예는 무엇이 있을까요? 自己(자기), 爲己(위기, 자신을 위하다) 등을 들 수 있겠네요.

千은 十과 人의 합자예요. 사람의 수명을 보통 100으로 잡으면 열[十] 사람의 합계 수명은 1,000이란 의미예요. 일천 천. 千이 들어간 예는 무엇이 있을까요? 千年(천년), 千字文(천자문) 등을 들 수 있겠네요.

정리 문제를 풀어 볼까요?

1. 다음의 한자를 허벅지에 열심히 연습하시오.

   人 사람 인   百 일백 백   己 자기 기   千 일천 천

2. ( )안에 들어갈 알맞은 한자를 손바닥에 써 보시오.

   ( )字文   ( )萬長者   ( )間   自( )

3. 본인의 좌우명을 소개하고 그 의미를 말해 보시오.

13.
최치원의 흔적(2)

잘 안 보이죠?

해설판 찍은 것을 보여 드릴게요.

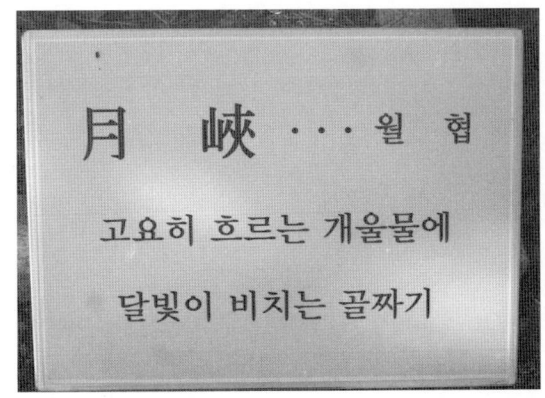

月은 달 월, 峽은 골짜기 협이에요. 합치면 월협. 月峽의 풀이는 해설판에 나와 있는 것과 같아요. 그런데 峽은 시내 협이라고도 읽어요. 그러면 월협은 '달빛이 비치는 시내'라고 풀이할 수도 있어요. 실제 최치원 선생의 마애문이 있는 곳은 그리 깊숙한 골짜기는 아니에요. 이렇게 보면 '달빛이 비치는 시내' 정도로 풀이하는 것도 괜찮을 것 같아요. 그러나 선생께서 머물던 당시에는 지금보다 더 깊숙한 골짜기였는지도 모르겠어요. 그러면 峽을 골짜기의 의미로 풀이하는 것이 더 적절하겠죠. 사위 고요한 밤 교교한 달빛이 비치는 골짜기(시냇가)에 앉아 선생은 무슨 생각을 하셨을까요?

한자를 좀 자세히 알아볼까요?

月은 달의 이지러진 모양을 그린 거예요. 달은 둥근 모양보다 이지러진 모양일 때가 많기 때문에 이지러진 모양으로 달의 모습을 그렸지요. 달 월. 月이 들어간 예는 무엇이 있을까요? 月給(월급), 日月(일월) 등을 들 수 있겠네요.

峽은 山(뫼 산)과 夾(낄 협)의 합자예요. 양쪽 산을 끼고 그 아래로 물이 흘러가는 곳이란 의미예요. 그게 골짜기죠. 夾이 들어간 글자들은 대개 음이 '협'이에요. 狹(좁을 협), 俠(호협할 협), 挾(낄 협, 夾과 통용), 頰(뺨 협) 등. 골짜기 협. 峽이 들어간 예는 무엇이 있을까요? 峽谷(협곡), 海峽(해협) 등을 들 수 있겠네요.

정리 문제를 풀어 볼까요?

1. 다음의 한자를 허벅지에 열심히 연습하시오.

    月 달 월   峽 골짜기 협

2. ( )안에 들어갈 알맞은 한자를 손바닥에 써 보시오.

    海( ) ( )給

3. 본인이 거주하는 지역에 문학적 향기를 담은 이름을 붙여 보시오.

14.
최치원의 흔적(3)

사진의 한자를 읽어 볼까요? 龍은 용 룡, 隱은 숨을 은, 別은 다를 별, 墅는 별업(장) 서라고 읽어요. 합치면 용은별서. '용이 숨어 지내는 별장'이란 의미예요. 용은별서는 두 가지 풀이가 가능할 것 같아요. 하나는 계곡의 깊고 수려함을 표현한 내용이라 볼 수 있고, 또 하나는 선생께서 머무시던 처소를 부른 것이라 볼 수 있을 것 같아요.

제가 보기엔 계곡의 깊고 수려함을 표현한 내용이 아닐까 싶어요. 애상적인 만당풍의 시를 즐겨 쓰시던 선생께서 자신의 처소 이름에 '용'을 사용했다는 것이 왠지 잘 안 맞는 것 같아서 말이지요. 그러나 또 모르지요. 선생께서 자신의 능력을 '용'으로 자부하셨을런지도. 그나저나 이 용은별서 옆에 있는 해설판은 아무리 봐도 내용이 이상해요.

> **용은별서(龍隱別墅)**
> – 용은 별도의 농막에 숨어있다.
> (세상의 벼슬을 마다하고 조용히 여생을
> 지내고자 한 최치원 선생의 심경을 표현함)

한자를 좀 자세히 알아볼까요?

龍은 立(童의 축약형, 아이 동)과 月(肉의 변형, 고기 육)과 飛(날 비)의 변형이 합쳐진 글자예요. 용의 외형상 특징을 표현했죠. 비늘을 가진 풍성한 몸[肉]으로 신묘한 조화를 부리며 날아다니는[飛] 존재란 의미예요. 立(童의 축약형)은 음을 담당해요(동→용). 용 룡. 龍이 들어간 예는 무엇이 있을까요? 龍顔(용안), 潛龍(잠룡) 등을 들 수 있겠네요.

隱은 언덕[阝, 언덕 부]에 가려 보이지 않는다는 뜻이에요. 글자의 오른쪽 부분은 음을 담당하는데, 뜻도 일부분 담당하고 있어요. '조심하다'란 의미가 있거든요. 종합하면, '조심조심 남의 눈에 띄지 않도록 한다'란 의미가 되겠네요. 숨을 은. 隱이 들어간 예는 무엇이 있을까요? 隱居(은거), 隱遁(은둔) 등을 들 수 있겠네요.

別은 冎(뼈발라낼 과)와 刂(刀의 변형, 칼 도)의 합자예요. 본래 의미는 '칼로 뼈에서 살을 발라내듯이 분해한다'란 의미예요. '다르다'란 의미는 본뜻에서 연역된 거예요. 분해해서 구별한다란 의미로요. 다를 별. 別이 들어간 예는 무엇이 있을까요? 區別(구별), 別稱(별칭) 등을 들 수 있겠네요.

墅는 본래 야외에다 흙으로 지은 농막이라는 의미예요. 그래서 野(들 야)와 土(흙 토)를 결합하여 뜻을 표현한 것이지요. 별업(장) 이란 의미는 본뜻에서 연역된 거예요. 별업(장) 서. 墅가 들어간 예는 일상에서 찾기가 쉽지 않아요. 別墅와 비슷한 의미의 山墅(산서) 정도를 들 수 있겠네요.

정리 문제를 풀어 볼까요?

1. 다음의 한자를 허벅지에 열심히 연습하시오.

龍 용 룡   隱 숨을 은   別 다를 별   墅 별업(장) 서

2. ( )안에 들어갈 알맞은 한자를 손바닥에 써 보시오.

區( ) ( )居 潛( ) 山( )

3. 해설판의 내용을 수정해 보시오.

15.
최치원의 흔적(4)

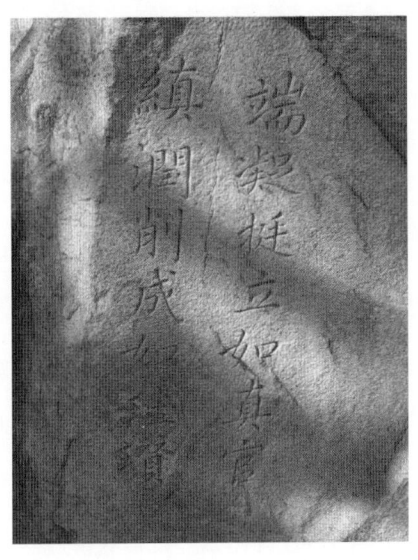

사진의 한자를 읽어 볼까요? 端은 단정할 단, 凝은 바를 응, 挺은 빼어날 정, 立은 설 립, 如는 같을 여, 眞은 참 진(마애문에 보이는 글자는 眞의 속자), 官은 벼슬 관, 縝은 찬찬할 진, 潤은 부드러울 윤, 削은 깎을 삭, 成은 이룰 성, 如는 같을 여, 珪는 홀 규, 瓚은 큰홀 찬이라고 읽어요.

합치면, 단응정립여진관 진윤삭성여규찬. '단정히 바르게 우뚝 선 모습은 진실한 관리의 모습 같고, 촘촘히 부드럽게 깎아선 모습은 (관리의) 홀 같도다.'란 뜻이에요.

계곡 바위의 모습을 관리의 몸가짐과 그가 들고 있는 홀(笏)에 비유했어요. 비유도 멋있고 대구도 잘 맞는 훌륭한 글귀예요. 사륙변려문의 대가다운 면모를 엿볼 수 있는 내용이에요. 그런데 마애문 옆에 있는 해설판의 내용은 아무리 봐도 이상해요.

한자를 좀 자세히 알아볼까요?

端은 본래 몸이 바르고 곧다란 뜻이에요. 그래서 사람이 서 있는 모양을 그린 立(설 립)으로 뜻을 삼았죠. 나머지 부분은 음을 담당하는데 뜻도 일부분 담당해요. 耑은 식물의 싹이 흙을 뚫고 나오는 모양을 그린 거예요. 싹은 위를 향하여 곧게 나오기 때문에, '몸이 바르고 곧다'란 의미를 일부분 보충하고 있는 거죠. 단정할 단. 端이 들어간 예는 무엇이 있을까요? 端正(단정), 端雅(단아) 등을 들 수 있겠네요.

凝은 본래 머물러 있다란 의미예요. 물이 흐르다 얼어붙어 있는 상태[冫, 얼음 빙. 冰의 원형]로 그런 의미를 나타냈어요. 疑는 '의심할 의'로, 음을 담당하면서(의→응) 뜻도 일부분 담당해요. 의심이 들어 머뭇거린다는 의미로 머물러 있다란 의미를 보충하고 있는 것이지요. '바르다'란 의미는 본뜻에서 연역된 거예요. 머물러 있는 곳이 올바른 곳이란 의미로요. 바를 응. 凝이 들어간 예는 무엇이 있을까요? 凝結(응결) 凝固(응고) 등을 들 수 있겠네요.

挺은 본래 뽑는다란 뜻이에요. 손[扌, 손 수]을 이용하여 앞이나 위로 뽑아낸다는 의미지요. 廷(조정 정)은 음을 담당하는데 뜻도 일부분 담당해요. 고대 중국에서는 사방의 이민족들이 중국의 조정 앞에 나아와 예를 표했기 때문에, '뽑는다'란 의미를 보충해주고 있는 것이지요. '빼어나다'란 의미는 본뜻에서 연역된 거예요. 빼어날 정. 挺이 들어간 예는 무엇이 있을까요? 가슴 아픈 말인 挺身隊(정신대)를 들 수 있겠네요.

立은 사람이 지면 위에 양발을 디디고 가만히 서 있는 모양을 그린 거예요. 설 립. 立이 들어간 예는 무엇이 있을까요? 直立(직립), 立場(입장) 등을 들 수 있겠네요.

如는 본래 '따른다'는 의미였어요. 과거에 여성은 순종(따름)을 미덕으로 여겼기 때문에 女(여자 녀)를 사용했고, 여성이 따르는 것은 부모와 남편의 말이기 때문에 口(입 구)를 사용했어요. '같다'라는 의미는 본뜻에서 연역된 거예요. 부모나 남편이 말하는 대로 똑같이 행동하고 따른다는 의미로요. 같을 여. 如가 들어간 예는 무엇이 있을까요? 如一(여일), 如此如此(여차여차) 등을 들 수 있겠네요.

眞은 匕(化의 약자, 화할 화)와 目(눈 목)과 ㄴ(隱의 옛 글자, 숨을 은)과 기초의 의미를 담은 八의 합자예요. 엄청나게 복잡하죠?

이들이 합쳐져 무슨 의미를 표현한 것일까요? 눈에 보이는 기본 모습을 변화시켜 하늘로 숨어버린 사람이란 의미예요. 신선이 되어 하늘로 올라간 사람이란 뜻이지요. 육신의 껍질을 벗어 버려야 참된 존재가 되나 봐요. 참 진. 眞이 들어간 예는 무엇이 있을까요? 眞善美(진선미), 眞露(진로, 참이슬) 등을 들 수 있겠네요.

官에서 宀(집 면)은 관청을 의미하고, 나머지 부분은 관청 아래 도열한 사람들을 의미해요. 관청에서 일하는 사람[관리]이란 뜻이에요. '벼슬'이란 의미는 본뜻에서 연역된 거예요. 관리들이 맡고 있는 직책이란 의미로요. 벼슬 관. 官이 들어간 예는 무엇이 있을까요? 官廳(관청), 官吏(관리) 등을 들 수 있겠네요.

縝은 본래 옷감의 실이 촘촘하다란 뜻이에요. 그래서 糸(실 사)로 뜻 부분을 삼았죠. 眞(참 진)은 음을 담당하는데 뜻도 일부분 담당해요. 眞은 확실하고 허튼 데가 없다는 의미거든요. 이 의미로 촘촘하다란 의미를 보충해주고 있는 것이지요. 종합하면, 빠진 데 없이 촘촘하다란 의미예요. 이런 것을 '찬찬하다'고 하지요. 찬찬할 진. 縝이 들어간 예는 무엇이 있을까요? 縝密(진밀, 촘촘함·고움) 정도를 들 수 있겠네요.

潤은 본래 물이 불어났다는 의미예요. 그래서 氵(물 수)로 뜻 부분을 삼았죠. 閏(윤달 윤)은 음을 담당하는데 뜻도 일부분 담당하고 있어요. 윤달은 본래의 달수를 넘어선 달이잖아요? 그래서 이 뜻으로 불어났다란 의미를 보충해주고 있는 것이지요. '부드럽다'란 의미는 본뜻에서 연역된 거예요. 불어나 넉넉하여 여유가 있다란 의미로요. 부드러울 윤. 潤이 들어간 예는 무엇이 있을까요? 潤澤(윤택), 온윤(溫潤) 등을 들 수 있겠네요.

削은 본래 칼집이란 뜻이었어요. 그래서 刂(칼 도)로 뜻을 삼았지요. 肖(닮을 초)는 음을 담당하면서(초→삭) 뜻도 일부분 담당하고 있어요. 형제 간에 서로 닮았듯이[肖], 칼집이 칼과 닮았다란 의미로요. 칼집이 칼과 닮아야 칼이 잘 들어가겠죠? '깎다'란 의미는 본뜻에서 연역된 거예요. 칼집을 칼에 맞게 잘 다듬는다는 의미로요. 깎을 삭. 削이 들어간 예는 무엇이 있을까요? 削除(삭제), 削髮(삭발) 등을 들 수 있겠네요.

成은 戊(다섯째천간 무)와 丁(장정 정)의 합자예요. 戊는 천간(天干: 갑을병정무기경신임계)의 가운데로 土(흙 토)의 성질을 갖고 있어요. 그런데 만물은 흙에 의지하여 성장하고 결실을 맺죠. 그래서 戊로 '이루다'란 뜻 부분을 삼았어요. 丁은 음을 담당하면서(정→성) 뜻도 일부분 담당해요. 장정은 성장하여 결실을 이룬 사람이란 의미로요. 이룰 성. 成이 들어간 예는 무엇이 있을까요? 成敗(성패), 成功(성공) 등을 들 수 있겠네요.

珪는 圭(홀 규)와 같은 의미로 사용해요. 珪는 홀의 재료[玉, 구슬 옥]를 더 강조한 것이에요. 홀 규. 珪가 들어간 예는 무엇이 있을까요? 암석의 한 종류인 珪石(규석)을 들 수 있겠네요.

瓚은 홀은 홀인데 3/5은 옥이고 2/5는 돌인 재료로 만든 홀이에요. 왼쪽의 王(玉의 변형, 구슬옥)은 이 글자의 뜻을 담당해요. 오른쪽의 贊(도울 찬)은 음을 담당하면서 뜻도 일부분 담당해요. 홀이란 그 사람의 존귀함을 보여주는 물건이란 의미로요. 큰홀 찬. 瓚이 들어간 예는 무엇이 있을까요? 일상에서 사용하는 예는 찾기 힘들어요. 마애문에 나와 있는 珪瓚(규찬) 정도를 들 수 있겠네요.

정리 문제를 풀어 볼까요?

1. 다음의 한자를 허벅지에 열심히 연습하시오.

端 단정할 단   凝 바를 응   挺 빼어날 정   立 설 립
如 같을 여   眞 참 진   官 벼슬 관

2. ( )안에 들어갈 알맞은 한자를 손바닥에 써 보시오.

( )實 ( )固 ( )身隊 ( )吏
直( ) ( )正 ( )此( )此

3. 다음의 한자를 허벅지에 열심히 연습하시오.

縝 찬찬할 진   潤 온화할 윤   削 깎을 삭   成 이룰 성
如 같을 여   珪 홀 규   瓚 큰홀 찬

4. (　)안에 들어갈 알맞은 한자를 손바닥에 써 보시오.

(　)就 (　)除 (　)石 (　)澤 (　)密 (　)一 珪(　)

5. 다음을 읽고 풀이해 보시오.

端凝挺立如眞官 縝潤削成如珪瓚

16.
/
스산 절집 현판(1)

사진의 한자를 읽어 볼까요? 浮는 뜰 부, 石은 돌 석, 寺는 절 사로 읽어요. 합치면 부석사. 일제 강점기에 청정 선풍을 일으켰던 만공 스님이 쓴 글씨예요. 부석사는 경북 영주에도 있지만, 서산에도 있어요. 재미있는 것은 둘 다 세워진 유래가 같다는 거예요.

부석사의 유래, 아시죠?
"의상 대사께서 터를 잡아 절을 지으려는데 주민들이 방해를 했다. 이때 하늘에서 용이 커다란 돌을 이고 나타나 주민들에게 절 짓는 것을 방해하지 말라며 호통을 쳤다. 그래서 공사가 무사히 이뤄졌고 이런 연유로 절 이름을 뜰 부(浮), 돌 석(石)을 써서 浮石寺(부석사)로 부르게 되었다. 공중에서 돌을 이고 있던 용은

의상대사가 당나라에서 유학할 때 그를 사모하던 여인이었다."

서산에는 그 당시 하늘에서 용이 이고 있었다는 돌이 남아 있어요. 이곳 사람들은 이 돌을 '검은여'라고 불러요(앞쪽 하단 사진).

부석사는 전에 고즈넉한 절이 었는데 새로운 주지 스님이 온 뒤 상당히 괄목할만한 모습으로 변했어요. 개인적으론 그리 달갑지 않지만, 절집도 사람이 사는 곳이니 마냥 고즈넉하기만 해서는 안 될 것 같기도 해요.

저는 부석사를 찾을 때마다 항상 만공(滿空) 스님의 토굴을 찾아요. 부석사 뒤로 약 30m 정도 떨어진 곳에 있는데 그곳에 가서 수도자 흉내를 내보기도 하죠. 토굴 속에 있으면, 우리 시대의 물신화한 종교의 모습을 저절로 반성하게 돼요.

한자를 좀 자세히 알아볼까요?

浮는 氵(水의 변형, 물 수)와 孚(孵의 초기 글자, 알깔 부)의 합자예요. 물에 떠있다란 뜻이죠. 그래서 氵를 뜻 부분으로 사용했어요. 孚는 음으로 사용하면서 뜻도 일부분 갖고 있어요. 알을 까려면 새가 알 위에 앉아 있잖아요? 그것으로 물 위에 떠있다란 의미를 보충해주고 있는 것이죠. 종합하면, 알 위에 새가 앉아 있듯이 물 위에 무엇이 떠있다란 의미예요. 뜰 부. 浮가 들어간 예는 무엇이 있을까요? 浮草(부초), 浮標(부표) 등을 들 수 있겠네요.

石은 언덕[厂] 밑에 있는 돌[口]을 그린 거예요. 돌 석. 石이 들어간 예는 무엇이 있을까요? 玉石(옥석) 石工(석공) 등을 들 수 있겠네요.

寺는 본래 관청이란 의미였어요. 土(之의 변형, 갈 지)와 寸(마디 촌, 여기서는 '법도'의 의미)의 합자예요. 관청이란 본래 법도에 맞게 일을 처리하는 곳이고, 또 관리들은 관청에 가서 일을 처리하기 때문에 두 글자를 합쳐서 관청이란 의미를 표현했어요. 土(之의 변형, 갈 지)는 음을 담당하는데, 음이 좀 변했죠(지→사). '절'이란 의미는 본뜻에서 연역된 거예요. 관청에서 법도에 맞게 일을 처리하듯, 삶의 법도에 맞게 인생사를 처리하도록 안내하는 곳이 절이란 의미로요. 절 사. 寺가 들어간 예는 무엇이 있을까요? 寺院(사원), 寺刹(사찰) 등을 들 수 있겠네요.

정리 문제를 풀어 볼까요?

1. 다음의 한자를 허벅지에 열심히 연습하시오.

    浮 뜰 부   石 돌 석   寺 절 사

2. ( )안에 들어갈 알맞은 한자를 손바닥에 써 보시오.

(　)院　(　)工　(　)草

3. 부석사 창건 설화의 속뜻을 말해 보시오.

17.
스산 절집 현판(2)

오른쪽 사진의 글씨는 근대 불교 중흥조인 경허(鏡虛) 스님이 쓴 거예요. 염궁문(念弓門)이라고 읽어요. 행서체로 되어 있어요. 念은 생각 념, 弓은 활 궁, 門은 문 문이라고 읽어요.

'염궁'은 '생각의 화살을 쏘다'란 뜻인데, 번뇌 망상을 화살에 실어 날려 보낸다는 의미예요.

왼쪽 사진의 글씨는 경허 스님의 제자인 만공(滿空) 스님이 쓴 거예요. 간월암(看月庵)이라고 읽어요. 看은 볼 간, 月은 달 월, 庵은 암자 암이라고 읽어요. '간월'은 '달을 보았다'란 뜻인데, 달을 보고 깨우쳤다란 의미예요.

여말선초의 왕사였던 무학 대사가 이곳에서 수도하던 중에 달을 보고 득도한 데서 유래한 이름이에요. 현판의 의미로 보면 이 암자는 깨달음의 열망이 자글거리는 장소라는 느낌이 강렬하게 전해져요.

낯선 한자를 좀 자세히 알아볼까요?

念은 今(이제 금)과 心(마음 심)의 합자예요. 지나간 과거도 말고 불확실한 미래도 말고 현재[今]에 집중하여 사고하라[心]는 의미의 글자지요. 今은 음도 담당하는데, 소릿값이 많이 바뀌었죠(금→념). 생각 념. 念이 들어간 예는 무엇이 있을까요? 想念(상념), 默念(묵념) 등을 들 수 있겠네요.

弓은 활줄을 풀어 놓은 상태의 활을 그린 거예요. 활 궁. 弓이 들어간 예는 무엇이 있을까요? 名弓(명궁), 洋弓(양궁) 등을 들 수 있겠네요.

看은 手(손 수)와 目(눈 목)의 합자예요. 눈 위에 손을 얹고 멀리 바라본다란 의미지요. 볼 간. 看이 들어간 예는 무엇이 있을까요? 看守(간수) 看護師(간호사) 등을 들 수 있겠네요.

庵은 广(집 엄)과 奄(가릴 엄)의 합자예요. 풀로 지붕을 덮은[奄] 작은 집[广]이란 의미예요. 奄은 음도 담당하는데, 소릿값이 약간 바뀌었지요(엄→암). 암자 암. 庵이 들어간 예는 무엇이 있을까요? 庵子(암자) 정도를 들 수 있겠네요.

정리 문제를 풀어 볼까요?

1. 다음의 한자를 허벅지에 열심히 연습하시오.

   念 생각 념   弓 활 궁   看 볼 간   庵 암자 암

2. ( )안에 들어갈 알맞은 한자를 손바닥에 써 보시오.

   ( )子　( )護師　默( )　洋( )

3. '念弓門'을 행서체로 손바닥에 써 보시오.

18.
스산 절집 현판(3)

오른쪽 사진의 한자를 읽어 볼까요? 洗는 씻을 세, 心은 마음 심, 洞은 마을 동으로 읽어요. 합치면 세심동. 마음을 씻어주는 곳이란 의미지요. 절에 오르는 계단 입구에 세워 놓은 표지석인데, 참 운치 있는 안내판이에요.

왼쪽 사진의 한자를 읽어 볼까요? 象은 코끼리 상, 王은 임금 왕, 山은 뫼 산, 開는 열 개, 心은 마음 심, 寺는 절 사라고 읽어요. 합치면 상왕산개심사. 상왕산에 있는 개심사란 단순한 의미로 풀이할 수도 있지만, 상왕과 개심의 의미가 남달라서 깊은 의미로 풀이할 수도 있어요. '상왕'은 코끼리의 왕이란 뜻이에요. 코끼리는 불교나 힌두교에서 성스러운 동물로 취급되지요. 따라서 '상왕'이란 최고의 신성한 존재, 곧 부처와 불법을 상징하는 말이에요. '개심'이란 마음을 연다는 의미로 수행의 의미가 함유돼 있어요. 이렇게 보면 '상왕산 개심사'의 의미는 '부처의 불법을 수행하는 절'이라는 의미가 돼요. 이보다 더 좋은 절집 이름은 없을 것 같아요.

한자를 좀 자세히 알아볼까요?

洗는 氵(물 수)와 先(먼저 선)의 합자예요. 물 있는 곳에 나아가 발을 씻는다는 의미예요. 先은 음도 담당하는데, 소릿값이 좀 변했죠(선→세). 씻을 세. 洗가 들어간 예는 무엇이 있을까요? 洗濯(세탁), 洗手(세수) 등을 들 수 있겠네요.

心은 심장과 그 주변의 혈관을 그린 거예요. 과거엔 마음이 심장에 깃든다고 여겼죠. 그래서 마음이란 뜻으로 사용하게 된 거예요. 마음 심. 心이 들어간 예는 무엇이 있을까요? 心身(심신), 心臟(심장) 등을 들 수 있겠네요.

洞은 氵(물 수)와 同(한가지 동)의 합자예요. 본래는 많은 물줄기가 한 군데로 모여 세차게 흐른다는 뜻이에요. 마을이란 의미는 여기서 연역된 것인데, 마을과 물은 밀접한 관계가 있기 때문이지요. 마을 동. 洞이 들어간 예는 무엇이 있을까요? 洞口(동구), 洞里(동리) 등을 들 수 있겠네요.

象은 코끼리를 그린 거예요. 현판의 象자를 보면 코끼리의 형상을 잘 표현하고 있죠. 특히 코. 코끼리 상. 象이 들어간 예는 무엇이 있을까요? 象牙(상아), 象徵(상징) 등을 들 수 있겠네요.

王은 두 가지로 풀이해요.
하나. 왕이 정면을 향하여 단정히 앉아 있는 모습을 그린 것이다.
둘. 천·지·인[三]을 아우르는[ㅣ] 최고의 존재란 의미를 표현한 것이다.
둘 다 일리가 있죠? 임금 왕. 王이 들어간 예는 무엇이 있을까요? 王權(왕권) 王子(왕자) 등을 들 수 있겠네요.

山은 산봉우리와 골짜기를 형상화한 것이에요. 뫼 산. 山이 들어간 예는 무엇이 있을까요? 山川(산천), 山岳(산악) 등을 들 수 있겠네요.

開은 門(문 문)과 幵(평평할 견)의 합자예요. 문을 양쪽으로 똑고르게 열어 놓았다란 뜻이에요. 幵은 음도 담당하는데, 소릿값이 좀 변했죠(견→개). 열 개. 開가 들어간 예는 무엇이 있을까요? 開國(개국), 開始(개시) 등을 들 수 있겠네요.

정리 문제를 풀어 볼까요?

1. 다음의 한자를 허벅지에 열심히 연습하시오.

洗 씻을 세   心 마음 심   洞 마을 동   象 코끼리 상
王 임금 왕   山 뫼 산   開 열 개

2. ( )안에 들어갈 알맞은 한자를 손바닥에 써 보시오.

( )國 ( )權 ( )手 ( )身 ( )徵 ( )岳 ( )口

3. 마음을 여는데 가장 어려운 장애 요인이 무엇인지 말해 보시오.

19.
스산 절집 현판 기행(4)

사진은 상왕산 개심사의 주련(기둥이나 벽 따위에 장식으로 써 붙이는 글귀)을 찍은 거예요. 대개 절집에 가면 주련이 있는데 행서체나 초서체라 읽기도 어렵거니와 내용도 쉽지 않아 감히 범접을 못하죠. 그런데 개심사 주련 중에는 이 두 가지를 극복할 수 있는 주련이 있어요. 그래서 저는 이 주련을 매우 좋아해요. 게다가 내용도 운치 있고요.

오른쪽 사진의 한자를 읽어 볼까요? 芳은 꽃다울 방, 艸는 풀 초, 桃는 복숭아 도, 花는 꽃 화, 四는 넉 사, 五는 다섯 오, 里는 이 리라고 읽어요. 합치면 방초도화사오리. '어여쁜 풀 돋고 복사꽃 화사한 사오리 길'이란 의미예요.

왼쪽 사진의 한자를 읽어 볼까요? 白은 흰 백, 雲은 구름 운, 流는 흐를 류, 水는 물 수, 兩은 두 량, 三은 석 삼, 家는 집 가라고 읽어요. 합치면 백운유수양삼가. '흰 구름 이는 흐르는 물가엔 인가 두세 채'란 의미예요. 두 주련은 하나로 이어진 내용이에요. 합쳐서 다시 읽어 볼까요? "어여쁜 풀 돋고 복사꽃 화사한 사오리 길, 흰 구름 이는 흐르는 물가엔 인가 두세 채." 동양화 한 폭을 보는 듯한 느낌이 들어요. 단순히 봄날의 풍경을 그린 것이 아니라 자연의 이치에 순응하고 무심 무욕으로 살려는 뜻을 표현한 것이라 생각돼요.

낯선 한자를 좀 자세히 알아볼까요?

芳은 十十(草의 원글자. 풀 초)와 方(放의 약자, 놓을 방)의 합자예요. 향기를 풍기는 풀이란 뜻이에요. 方은 음도 담당하죠. 꽃다울 방. 芳이 들어간 예는 무엇이 있을까요? 芳年(방년), 綠陰芳草(녹음방초) 등을 들 수 있겠네요.

艸는 屮(싹날 철)이 두 개 합쳐진 거예요. 풀이 많이 싹트는 것을 표현한 것으로, 온갖 종류의 풀이란 의미예요. 풀 초. 艸가 들어간 예는 무엇이 있을까요? 艸木(초목), 艸笠(초립) 등을 들 수 있겠네요.

桃는 木(나무 목)과 兆(조짐 조)의 합자예요. 조짐을 알려주는 목본과의 과일이란 의미예요. 과거에는 복숭아꽃의 화사함과 그렇지 않음을 통해 농사의 풍흉을 점쳤다고 해요. 복숭아 도. 桃가 들어간 예는 무엇이 있을까요? 武陵桃源(무릉도원), 桃李(도리, 복숭아꽃과 배꽃) 등을 들 수 있겠네요.

花는 흐드러지게 핀 꽃 혹은 꽃가지라는 뜻이에요. 艹와 化의 합자예요. 艹는 본래 꽃가지가 늘어진 모양을 그린 거였는데, 후에 풀 초(艹)의 모양으로 변했어요. 化 역시 처음에는 지금과 다른 모양의 글자로, '펴다'라는 뜻으로 사용됐어요(지금의 化는 '변화하다'란 의미예요). 꽃 화. 花가 들어간 예는 무엇이 있을까요? 百花齊放(백화제방, 사상과 주장이 만개한 것을 비유적으로 표현한 말), 花卉(화훼) 등을 들 수 있겠네요.

四는 두 가지로 풀이해요.
하나. 네 개를 표시한 것이다.
둘. 囗와 八의 결합이다. 囗는 사방을 나타낸 것이고 八을 나눴다는 표시로, 넷으로 나눠놓았다는 의미이다.
둘 다 일리가 있죠? 넉 사. 四가 들어간 예는 무엇이 있을까요? 四方(사방), 四聲(사성) 등을 들 수 있겠네요.

白은 日(날 일)과 丶의 결합이에요. 해[日]가 떠오르기 전의 빛깔[丶]은 하얗다는 의미예요. 丶는 해가 떠오르기 전의 빛깔을 상징한 표시예요. 흰 백. 白이 들어간 예는 무엇이 있을까요? 黑白(흑

백), 白夜(백야) 등을 들 수 있겠네요. 白은 말하다란 의미로도 사용하죠. 告白(고백)의 白이 그런 의미죠. 해뜨기 전에, 다시 말하면, 늦기 전에 얼른 말해야 일이 성사된다란 의미로 '말하다'란 의미로 사용하게 된 거예요.

雲의 본래 글자는 云이었어요. 云은 구름의 모양을 형상화 한 것이죠. 후에 雨(비 우)자를 더해 의미를 한층 더 확실하게 표현했죠. 구름은 비를 몰고 오는 습기라는 의미로요. 구름 운. 雲이 들어간 예는 무엇이 있을까요? 雲雨之情(운우지정, 남녀 간의 교합), 雲霧(운무) 등을 들 수 있겠네요.

流는 氵(물 수)와 㐬(깃발 류)의 줄임 글자가 합쳐진 거예요. 깃발이 펄럭이듯 물이 흘러간다는 의미지요. 㐬의 줄임 글자는 음도 담당해요. 흐를 류. 流가 들어간 예는 무엇이 있을까요? 流行(유행), 行雲流水(행운유수, 거리낌 없이 떠돎) 등을 들 수 있겠네요.

水는 본래 강이나 하천의 중류를 표현한 글자예요. 가운데의 亅은 수심이 깊어 물길이 계속 이어지는 중심 부분을 표현한 것이고, 양쪽은 수심이 얕아 이따금 물길이 끊기거나 파도가 치는 가장자리를 표현한 것이에요. 물 수. 水가 들어간 예는 무엇이 있을까요? 水深(수심), 水害(수해) 등을 들 수 있겠네요.

兩은 본래 좌우 대칭의 저울을 그린 것으로 '똑같이 나눈다'란 의미였어요. '둘'이란 의미는 본뜻에서 나온 거예요. 똑같이 나눈 두 개란 의미로요. 두 량. 兩이 들어간 예는 무엇이 있을까요? 兩立(양립), 兩面(양면) 등을 들 수 있겠네요.

　三은 하늘과 땅과 사람을 의미해요. 세상을 구성하는 세 중요 요소를 표현한 것이지요. 석 삼. 三이 들어간 예는 무엇이 있을까요? 三審制(삼심제), 三顧草廬(삼고초려, 인재를 구하기 위해 애씀) 등을 들 수 있겠네요.

　家는 宀(집 면)과 豕(豭의 약자, 수퇘지 가)의 합자예요. 사람이 사는 집이란 의미예요. 대개 집에서는 돼지를 기르기 때문에 豕로 의미를 보완했어요. 豕는 음도 담당하죠. 家를 이와 달리 풀이하기도 해요. 豕를 人(사람 인)자가 세 개 모여 있는 것으로 보고 사람들이[豕] 모여 있는 집[宀]을 나타낸 글자라고 설명해요. 집 가. 家가 들어간 예는 무엇이 있을까요? 家和萬事成(가화만사성, 집이 화목해야 만사가 잘 된다), 家庭(가정) 등을 들 수 있겠네요.

정리 문제를 풀어 볼까요?

1. 다음의 한자를 허벅지에 열심히 연습하시오.

芳 꽃다울 방　　艸 풀 초　　桃 복숭아 도
花 꽃 화　　　　四 넉 사

2. ( )안에 들어갈 알맞은 한자를 손바닥에 써 보시오.

( )年 ( )方 武陵( )源 ( )木 ( )卉

3. 다음의 한자를 허벅지에 열심히 연습하시오.

白 흰 백   雲 구름 운   流 흐를 류   水 물 수
兩 둘 량   三 석 삼   家 집 가

4. ( )안에 들어갈 알맞은 한자를 손바닥에 써 보시오.

( )霧 ( )班 ( )和萬事成 黑( )
( )行 ( )深 ( )審制

5. 다음을 읽고 풀이해 보시오.

芳艸桃花四五里 白雲流水兩三家

20.
스산 절집 현판(5)

앞서 소개한 경허 스님이 주석했던 절집 현판이에요. 천장암(天藏菴)이라고 읽어요. 天은 하늘 천, 藏은 감출 장, 菴은 암자 암이에요. 菴은 간월암에서 나왔던 庵과 통용해서 써요.

'천장'은 '하늘이 숨겨놓은 곳'이란 뜻이에요. 세상을 구할 진리를 숨겨놓은 곳이란 의미겠지요. 경허 스님이 이곳에서 득도하셨다고 하니, 과장된 이름은 아닌 것 같아요. 이참에 경허 스님께서 득도하셨다는 방을 한 번 구경해 볼까요?

1평이 채 안 되는 눕기도 힘들 정도의 공간이더군요. 이곳에서 스님은 1년간 수행을 하셨다고 해요. 모기와 빈대가 많아 이들에게 물리고 뜯겨 온몸이 헐은 적이 많으셨다는군요.

불살생의 계율을 지키다 보니 그러셨겠지요. 스님은 이곳에서 장좌불와(계속 앉아 있고 눕지 않음)의 수행을 하셨어요. 한창 수행하실 때는 잠을 물리치기 위해 송곳으로 살을 찌르기도 하고 칼을 갈아 턱밑에 놓기도 하셨다는군요.

스님의 방을 보면서 '나는 가진 게 너무 많구나!'하는 반성을 하게 되더군요. 행복은 소유에서 오는 게 아니라 존재에서 오는 것이라는 누군가의 말도 생각나고요. 스님의 방은 그 자체가 훌륭한 법문이에요.

한자를 좀 자세히 알아볼까요?

天은 一과 大의 합자예요. 大는 사람을 그린 것이고 一은 사람의 머리 위에 있는 그 무엇이란 의미예요. 사람 위에 있는 지극히 높은 곳이란 의미지요. 그게 바로 '하늘'이지요. 하늘 천. 天이 들어간 예는 무엇이 있을까요? 天地(천지), 天下(천하) 등을 들 수 있겠네요.

藏은 十十(풀 초)와 臧(숨길 장)의 합자예요. 풀로 덮어 숨겨서 안 보이게 한다는 의미예요. 본래 臧으로만 표기했는데 후에 十十가 추가되었어요. 臧은 음도 담당하죠. 감출 장. 藏이 들어간 예는 무엇이 있을까요? 守藏(수장), 八萬大藏經(팔만대장경) 등을 들 수 있겠네요.

정리 문제를 풀어 볼까요?

1. 다음의 한자를 허벅지에 열심히 연습하시오.

   天 하늘 천   藏 감출 장

2. ( )안에 들어갈 알맞은 한자를 손바닥에 써 보시오.

   守( ) ( )地

3. 눈을 감고 1분간 명상하시오.

　천장암에 전해지는 경허 스님의 유명한 일화가 있어요. 홍성에 사는 어떤 분이 천도재를 부탁했어요. 당시만 해도 먹을 것이 부족하던 시절이라, 천도재 소식을 들은 인근 사람들이 천장암에 모여들었어요. 천도재 지낸 음식을 얻어먹고자 하는 생각이었죠. 천도재 준비가 끝나 천도재를 의뢰한 분이 스님을 모시러 갔어요. 스님이 방에서 나오다 모여 있는 사람들을 보게 되었어요. 스님이 불단 앞에 서자 천도재를 부탁한 사람이나 모여든 사람이나 이제 천도재가 시작되나 보다고 생각했죠. 그런데 갑자기 스님이 불단에 차려놓은 음식들을 절 앞에 모여 있는 사람들에게 나눠주는 거예요. 천도재를 드리지도 않았는데요. 천도재를 의뢰한 분이 깜짝 놀라 왜 그러시냐고 물었지요. 그러자 스님이 대답했어요.

　"천도재를 지내는 목적이 뭡니까? 죽은 이가 극락에 갈 수 있게 해달라는 하는 것 아닙니까? 극락에 가게 하려면 어떻게 해야 합니까? 선행을 해야 하지 않겠습니까? 지금 저 배고픈 이들에게 음식을 나눠 주었으니 이보다 더한 선행이 어디 있겠습니까? 천도재는 지낼 필요 없습니다."

형식보다 본질을 중시했던 스님의 면모를 볼 수 있는 일화예요.

21.
스산 절집 현판(6)

천장암 요사채에 걸려 있는 주련이에요. 읽어 볼까요? 무언도심장 은거부하구(無言道心長 隱居復何求). 無는 없을 무, 言은 말씀 언, 道는 길 도, 心은 마음 심, 長은 긴 장, 隱은 숨을 은, 居는 거할 거, 復는 다시 부, 何는 어찌(무엇) 하, 求는 구할 구 예요. "말 없으니 도심이 자라네. 은거에 다시 무엇을 구하랴."라는 뜻이에요.

산에 사는 스님들에게 딱 맞는 내용이네요. 그러나 이를 뒤집어 보면 그렇지 못한 스님들도 많다는 걸 말해주는 것 같아요. 스님들

중에도 출가의 초심을 잃고 지내는 분들이 계시겠지요. 초심을 잃지 말라고 이런 주련을 달아 놓은 것이 아닌가 싶어요.

한자를 좀 자세히 알아볼까요?

無는 두 가지로 설명해요.
하나. 양손에 깃털을 들고 춤추는 모습을 그린 것이다.
둘. 大(큰 대)와 十十十十(사 십. 많은 수의 의미)과 林(수풀 림)의 합자로, 숲에 큰 나무들이 많이 우거져있다는 의미이다.
'없다'란 의미는 본뜻에서 연역된 거예요. 춤춘다는 의미일 때는 손이나 팔이 없는 것처럼 보인다는 의미로 연역되었고, 나무가 우거져 있다는 의미일 때는 나무가 헤아릴 수 없을 정도로 우거져 있다란 의미로 연역된 것이지요. 지금 춤추다란 의미는 舞(춤출 무)로, 우거지다란 의미는 蕪(우거질 무)로 표현해요. 없을 무. 無가 들어간 예는 무엇이 있을까요? 無線(무선), 有無(유무) 등을 들 수 있겠네요.

言은 二(上의 초기 형태, 위 상)와 舌(혀 설)의 결합이에요. 혀로부터 나오는 것이 말이란 의미예요. 말씀 언. 言이 들어간 예는 무엇이 있을까요? 言語(언어), 言辯(언변) 등을 들 수 있겠네요.

道는 辶(걸을 착)과 首(머리 수)의 합자예요. 머리가 바라보는 방향을 향하여 걸어간다는 의미예요. 또는 그렇게 걸어가는 도로란 의미로도 사용하죠. 진리란 의미의 '길'이란 뜻은 본뜻에서 연역된 거예요. 걸어가는 길처럼 사람으로서 지켜나가야 할 올바른 가치란 의미로요. 길 도. 道가 들어간 예는 무엇이 있을까요? 道德(도덕), 道路(도로) 등을 들 수 있겠네요.

居는 尸(사람이 발을 뻗고 앉아있는 모습)와 古(옛 고, 여기서는 음만 담당. 고→거)의 합자예요. 걸터앉아있다는 의미였어요. 여기서 '거하다'란 의미가 연역된 것이죠. 거할 거. 居가 들어간 예는 무엇이 있을까요? 住居(주거), 居處(거처) 등을 들 수 있겠네요.

復은 갔던 길을 되돌아온다[彳, 걸을 척]란 의미예요. 彳의 오른쪽 부분은 음을 담당하죠. 본래 음은 '복'이에요. '다시'란 의미로 사용할 때는 '부'로 읽죠. 회복할 복. 다시 부. 復이 들어간 예는 무엇이 있을까요? 回復(회복), 復活(부활) 등을 들 수 있겠네요.

何는 亻(사람 인)과 可(여기서는 무거운 것을 들 때 내는 탄식의 소리를 의미)의 합자예요. 사람이 힘겨운 소리를 내며 물건을 짊어진다는 의미예요. 可는 음도 담당하는데 소릿값이 약간 변했죠(가→하). '어찌'란 의미로 사용하게 된 것은 짊어질 물건이 과도하게 많거나 무거울 때 어떻게 짊어져야 하는가를 헤아려 본다는 의미로 연역된 거예요. 지금 '짊어지다'란 의미는 荷(짊어질 하)로 표기해요. 어찌(무엇) 하. 何가 들어간 예는 무엇이 있을까요? 何如歌(하여가), 何必(하필) 등을 들 수 있겠네요.

求는 본래 가죽 털옷을 표현한 글자였어요. 구하다란 의미는 본뜻에서 연역된 거예요. 가죽 털옷을 수선할 필요가 있다란 의미로요. 지금은 전적으로 '구하다'란 의미로만 사용하고, 가죽 털옷이란 의미는 裘(갖옷 구)로 표기하죠. 구할 구. 求가 들어간 예는 무엇이 있을까요? 要求(요구), 求乞(구걸) 등을 들 수 있겠네요.

정리 문제를 풀어 볼까요?

1. 다음의 한자를 허벅지에 열심히 연습하시오.

無 없을 무   言 말씀 언   道 길 도   居 거할 거
復 다시 부   何 어찌 하   求 구할 구

2. ( )안에 들어갈 알맞은 한자를 손바닥에 써 보시오.

( )活 有( ) ( )語 ( )必 ( )住 要( ) ( )德

3. '무언도심장 은거부하구'를 한자로 써 보시오.

22.
ㅅ산 절집 현판(7)

장(壯, 웅장하다)하던 금전벽우(金殿碧宇, 화려한 건물)
찬 재 되고 남은 터에
이루고 또 이루어 오늘을 보이도다
흥망이 산 중에도 있다 하니 더욱 비감하여라

가곡 '장안사'예요. 혹 들어 보셨는지요? 흥망의 비감을 노래한 것인데 일제강점기에 지어진 곡이라 더욱 애조를 띠죠. 사진의 장소는 이 장안사 노래에 딱 들어맞는 곳이에요.

普願寺址(보원사지). 넓을 보(普), 원할 원(願), 절 사(寺), 터 지(址), 보원사 터예요. 한때 1,000명의 승려와 100개의 암자를 거느린 대사찰이었는데, 지금은 폐허 위에 돌탑과 당간지주 돌확과 비석만 남아 있죠. 세속과 무관할 것 같은 흥망이 산중의 절에도 있으니 정말 '더욱 비감'해요.

보원은 '생사고해에 허덕이는 일체중생을 널리 구제하기를 기원한다'는 의미예요. 규모가 컸던 절집에 잘 맞는 이름이에요. 이곳에 남아있는 돌탑을 보면 보원사가 정말 융성했던 절집이라는 것을 알 수 있어요. 규모가 크고 짜임새 있게 만들어졌거든요. 얼핏 보면 불국사의 석가탑을 연상시켜요.

돌탑 기단부에 있는 한 부분을 찍어 봤어요. 얼굴 모습을 보니, 유명한 서산 마애삼존불의 얼굴과 많이 닮은 것 같더군요.

돌탑에 해당되는 한자를 읽어 볼까요?

五는 다섯 오, 層은 층 층, 石은 돌 석, 塔은 탑 탑, 오층석탑이라고 읽어요. 普願寺址 五層石塔은 '보원사지 오층석탑'이라고 읽어요.

한자를 좀 자세히 알아볼까요?

普는 並(아우를 병, 나란할 병)과 日(날 일)의 합자예요. 햇빛이 사라져 일체의 색깔을 구분할 수 없는 똑같은 상태가 되었다란 의미예요. 넓을 보. 普가 들어간 예는 무엇이 있을까요? 普遍(보편), 普通(보통) 등을 들 수 있겠네요.

願은 原(언덕 원)과 頁(머리 혈)의 합자예요. 자신의 높은 목표가 달성되도록 상대에게 머리 숙여 요청한다는 의미예요. 原은 음도 담당하죠. 원할 원. 願이 들어간 예는 무엇이 있을까요? 所願(소원), 祈願(기원) 등을 들 수 있겠네요.

址는 土(흙 토)와 止(발 지, 止는 보통 '그칠 지'로 많이 사용)의 합자예요. 사람이 발에 의지하여 서듯, 성이나 언덕을 쌓을 때 토대가 되는 땅이란 의미예요. 止는 음도 담당하죠. 터 지. 址가 들어간 예는 무엇이 있을까요? 城址(성지), 陶窯址(도요지, 자기 굽던 곳) 등을 들 수 있겠네요.

層은 屋(집 옥)의 줄임 글자와 曾(거듭 증)의 합자예요. 이층 이상으로 된 집이란 의미죠. 曾은 음도 담당하는데, 약간 음이 변했죠(증→층). 층 층. 層이 들어간 예는 무엇이 있을까요? 層階(층계), 層層臺(층층대)를 들 수 있겠네요.

塔은 土石(토석)으로 만들기 때문에 土(흙 토)가 들어가 있죠. 나머지 부분은 음을 담당해요. 본래 산스크리트어 Sutpa를 음역한 것이에요. 처음에는 卒塔婆(졸탑파, 중국어 발음으로는 '추따퍼'예요. 원음과 유사하죠) 혹은 塔婆(탑파, 따퍼)로 번역했다가 나중에 塔(탑, 따)으로만 쓰게 됐어요. 塔은 본래 예불하는 장소라는 뜻이었는데 뒤에 사리를 보관하는 건축물이란 의미로 사용하게 됐어요. 탑 탑. 塔이 들어간 예는 무엇이 있을까요? 石塔(석탑), 木塔(목탑) 등을 들 수 있겠네요.

정리 문제를 풀어 볼까요?

1. 다음의 한자를 허벅지에 열심히 연습하시오.

普 넓을 보   願 원할 원   址 터 지
層 층 층   塔 탑 탑

2. ( )안에 들어갈 알맞은 한자를 손바닥에 써 보시오.

祈( ) ( )遍 ( )臺 城( ) 石( )

3. 밑줄에 해당하는 한자어를 읽고 뜻을 말해 보시오.

　　壯하던 金殿碧宇 찬 재 되고 남은 터에
　　이루고 또 이루어 오늘을 보이도다
　　흥망이 산 중에도 있다 하니 더욱 비감하여라

23.
ㅅ산 절집 현판(8)

유명한 서산 마애삼존불이에요. 흔히 '백제의 미소'로 불리죠. 다가가서 볼을 쓰다듬어주고 싶은 생각 안 드세요? 정말 보면 볼수록 정감 가는 부처님이에요.

이 부처님을 보면 종교에 대해서 다시 생각하게 돼요. 종교 하면 왠지 무겁고 칙칙한 느낌이 들죠. 겁주고 떨게 하여 복종하게 만든다는 생각이 들기 때문이에요.

 그런데 종교는 사람을 자유롭고 평화로우며 따뜻하게 만들어야 하지 않을까요? 종교가 사람을 위해 있어야지, 사람이 종교를 위해 있으면 안 되지 않겠어요? 이 부처님을 보면 절로 마음이 열리고 따뜻해져요. 한갓 돌에 새긴 조각이지만 그 어느 종교의 가르침보다 훨씬 더 몸과 마음을 순화시켜 주는 것 같아요. 이런 조각을 남긴 그 이름 모를 석공은 당대의 어느 위대한 학자나 고승보다 훨씬 더 뛰어난 인격자였을 것 같아요. 어쩌면 부처님이 환생하신 것인지도 모르겠어요.

안내 표지석의 한자를 읽어 볼까요? 서산(瑞山) 용현리(龍賢里) 마애여래삼존상(磨崖如來三尊像)이라고 읽어요. 서산과 용현리는 지명이고, 마애여래삼존상은 '돌벼랑에 새긴 진여(眞如, 진리)에서 온 세 분의 존경받는 부처님 형상'이란 뜻이에요. 가운데 있는 부처님은 본존불(本尊佛, 석가모니)이고 왼쪽에 서 있는 부처님은 보살이고 오른쪽에 반가부좌로 앉아 있는 부처님은 미륵이에요.

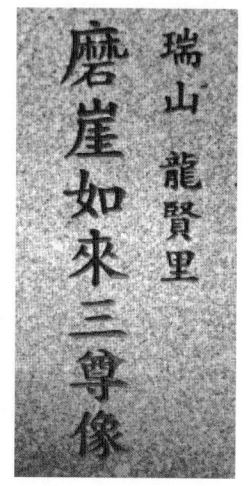

한자의 뜻과 음을 알아볼까요?

瑞는 상서로울 서, 山은 뫼 산, 龍은 용 룡, 賢은 어질 현, 里는 마을 리, 磨는 갈 마, 崖는 벼랑 애, 如는 같을 여, 來는 올 래, 三은 석 삼, 尊은 높을 존, 像은 형상 상이에요.

낯선 한자를 좀 자세히 알아볼까요?

瑞는 王(玉의 변형, 구슬 옥)과 耑의 합자예요. 耑는 揣(헤아릴 췌)의 줄임 자로 음을 담당해요(소릿값이 좀 변했죠). 瑞는 본래 작위에 따라 나누어주던 옥으로 만든 기물이란 뜻이었어요. 그래서 王이 뜻 부분으로 들어간 것이죠. 음을 담당하는 耑는 뜻도 일부분 담당하고 있어요. 기물을 나눠줄 때는 그 사람의 직책에 적합한지 헤아린다는 의미로 말이죠. 일반적으로 상서롭다는 의미로 많이 사용하는데, 옥으로 만든 기물을 하사받는데서 의미가 연역된 것이에요. 기물을 하사받는 것은 좋은 일 아니겠어요? 상서로울 서. 瑞가 들어간 예는 무엇이 있을까요? 祥瑞(상서), 瑞氣(서기) 등을 들 수 있겠네요.

賢은 堅(굳을 견)의 줄임 글자와 貝(조개 패, 여기서는 화폐의 의미)의 합자예요. 지조가 굳고 행실이 바르며 재주가 많아 화폐처럼 귀하게 널리 쓰이는 사람이란 뜻이에요. 이 의미를 줄여서 '어질다'라고 표현한 것이죠. 堅은 음도 담당하는데 소릿값이 약간 변했죠. 어질 현. 賢이 들어간 예는 무엇이 있을까요? 賢明(현명), 聖賢(성현) 등을 들 수 있겠네요.

磨는 靡(나눌 미)의 줄임 글자와 石(돌 석)의 합자예요. 곡식을 갈아 껍질과 알곡으로 나누는 돌로 만든 물건, 즉 '맷돌'이란 의미예요. 이 의미를 줄여 '갈다'란 뜻으로 사용하고 있는 거죠. 갈 마. 磨가 들어간 예는 무엇이 있을까요? 磨擦(마찰), 硏磨(연마) 등을 들 수 있겠네요.

崖는 岸(언덕 안)의 줄임 글자와 圭(홀 규, 여기서는 흙이 중층으로 쌓였다는 의미로 쓰였어요)의 합자예요. 흙이 층층으로 쌓인 높은 언덕의 낭떠러지라는 의미예요. 벼랑 애. 崖가 들어간 예는 무엇이 있을까요? 斷崖(단애), 絶崖(절애) 등을 들 수 있겠네요.

來는 본래 보리를 그린 거예요. 춘궁기에 굶주림을 면해 주는 곡식이기에 신이 보내온 선물이란 의미에서 '오다'라는 뜻으로도 사용하게 되다 그 의미로 굳어졌죠. 그럼 보리는 어떻게 표현할까요? 그렇죠, 麥(맥)으로 표현해요. 올 래. 來가 들어간 예는 무엇이 있을까요? 近來(근래), 往來(왕래) 등을 들 수 있겠네요.

尊은 酋(술 유)와 寸(마디 촌, 寸은 손을 그린 거예요. 여기서는 그 의미로 사용됐죠)의 합자예요. 본래는 공손히 받들어야 할 술잔이란 의미였어요. 손님 접대나 의식 행사에서 사용하던 술잔이란 의미였죠. '높(이)다'란 의미는 술잔을 공손히 다룬다는 데서 연역된 의미예요. 높을 존. 尊이 들어간 예는 무엇이 있을까요? 尊重(존중), 尊敬(존경) 등을 들 수 있겠네요.

像은 人(사람 인)과 象(코끼리 상)의 합자예요. 사람들이 코끼리에 관한 말을 듣고 상상한 코끼리의 모습은 ― 코끼리를 쉽게 볼 수 없었기 때문에 이런 일이 생긴 거죠 ― 실제 모습과 비슷하다는 의미예요. 이런 의미를 줄여서 '형상'이라고 사용하고 있는 거예요. 형상 상. 像이 들어간 예는 무엇이 있을까요? 想像(상상), 銅像(동상) 등을 들 수 있겠네요.

정리 문제를 풀어 볼까요?

1. 다음의 한자를 허벅지에 열심히 연습하시오.

瑞 상서로울 서　　賢 어질 현　　磨 갈 마　　崖 언덕 애
來 올 래　　　　　尊 높을 존　　像 형상 상

2. ( )안에 들어갈 알맞은 한자를 손바닥에 써 보시오.

　　往( )　( )明　( )重　銅( )　( )氣　斷( )　硏( )

3. '마애여래삼존상'을 한자로 써 보시오.

　　혹시 '타타타'란 노래를 아시는지요?
　김국환 씨가 불렀던 노래죠. "내가 나를 모르는데 넌들 나를 알겠느냐"
로 시작되는 철학적인 내용을 담으면서도 장쾌한 노래로 많은 이들의 사
랑을 받았죠. '타타타'는 산스크리트어 타타아가타(tatha-gata)를 줄인
말로 진리의 세계에서 온 사람 혹은 진리에 도달한 사람이란 의미예요.
타타(tatha)는 진실(진여)이란 뜻이고, 아가타(agata)는 '도달하다', '오
다'라는 뜻이거든요. 타타(아가)타를 한문으로는 如來라고 표현해요.

24.
황두아채

해장국으로 뭘 드시는지요? 갑자기 웬 해장국? 하하, 사진의 내용이 해장국하고 관련이 있어서요. 한자를 읽어 볼까요? 누를 황(黃), 콩 두(豆), 싹 아(芽), 나물 채(菜), 황두아채예요.

황두는 흔히 메주콩이라 불리는 콩을 가리키며 황대두라고도 부르지요. 아채는 발아시킨 나물이란 뜻이에요. 황두아채란, 콩나물이란 뜻이에요. 위 사진은 콩나물 해장국집 간판이에요.

제가 먹어본 해장국 중에는 콩나물 해장국이 숙취 해소에 가장 좋은 것 같더군요. 임께서는 무슨 해장국을 드시는지요? 아, 술을 안 먹기 때문에 해장국을 드실 일이 없다고요? 에이, 술도 좀 드셔야죠. 그래야 술 만드는 사람도 먹고 살지 않겠어요? 해장국 만드는 사람도 먹고살고요. 죄송합니다~ 실없는 소리 해서.

한자를 좀 자세히 알아볼까요?

黃은 田(밭 전)과 光(빛 광)의 옛 글자가 결합된 것이에요. 토지의 색깔이 누렇다는 의미지요. 누를 황. 黃이 들어간 예는 무엇이 있을까요? 黃金(황금), 黃菊(황국) 등을 들 수 있겠네요.

豆는 제기의 일종으로 고기를 담는 그릇을 그린 거예요. 一은 뚜껑, 口는 담는 부분, 丄는 밑받침을 그린 거예요. 콩이 싹을 틔웠을 때 그 모양이 이 제기의 모양과 유사하여 콩이란 뜻으로도 사용하게 되었지요. 콩 두. 豆가 들어간 예는 무엇이 있을까요? 大豆(대두), 豆腐(두부) 등을 들 수 있겠네요.

芽는 ++(풀 초)와 牙(어금니 아)의 합자예요. 입안에서 막 나온 어금니처럼 초목에서 막 나온 것[싹]이란 의미지요. 싹 아. 芽가 들어간 예는 무엇이 있을까요? 萌芽(맹아), 發芽(발아) 등을 들 수 있겠네요.

菜는 ++(풀 초)와 采(캘 채)의 합자예요. 캐서 먹을 수 있는 초본과 식물이란 의미지요. 나물 채. 菜가 들어간 예는 무엇이 있을까요? 菜蔬(채소), 野菜(야채) 등을 들 수 있겠네요.

정리 문제를 풀어 볼까요?

1. 다음의 한자를 허벅지에 열심히 연습하시오.

黃 누를 황　　豆 콩 두　　芽 싹 아　　菜 나물 채

2. (　)안에 해당하는 한자를 손바닥에 써 보시오.

　　(　)金　野(　)　(　)腐　發(　)

3. 본인이 즐겨 먹는 해장국과 그 해장국의 특징에 대해서 말해 보시오.

25.
청춘예찬

청춘! 이는 듣기만 하여도 가슴이 설레는 말이다.
청춘! 너의 두 손을 대고…

학교 다니실 때 혹 들어보신 문구 아닌가요? 민태원 선생의 '청춘예찬'이란 글의 첫 대목이에요. 지금도 이 글이 교과서에 실려 있는지 모르겠군요.

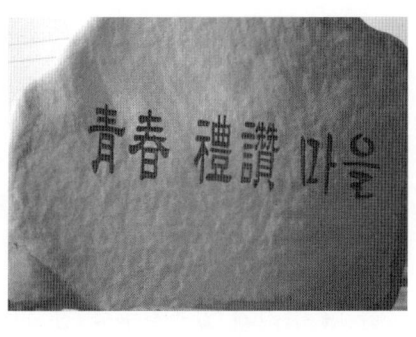

차를 타고 가다 민태원 선생의 생가 마을 안내 표지석을 찍었어요. 마을 이름이 아름답더군요. 청춘예찬(靑春禮讚) 마을. 청(靑)은 푸를 청, 춘(春)은 봄 춘, 예(禮)는 예우할 예, 찬(讚)은 기릴 찬이에요. 행정구역 상 명칭으로는 서산시 음암면 신장리예요. 선생의 생가까지 가보고 싶었는데 일행이 있어 거기까지는 미처 가보지 못했네요.

'청춘 예찬'은 1930년대에 쓰인 글이에요. 당시는 우리 근현대 문학의 거장들이 활동하던 시기였죠. 이상, 김유정, 이태준, 정지용… 민태원 선생도 그 일원이라고 할 수 있죠. 그런데, 1930년대는 일제 강점기하 였어요. 문학의 가치를 시대로 재단하는 것은 분명 무리가 있어요. 그래도 일제 강점기하 에서의 '청춘 예찬'이란 무엇을 상정한 '청춘 예찬'인지 좀 고개를 주억거리게 돼요.

한자를 좀 자세히 알아볼까요?

靑은 두 가지로 설명해요.
하나. 生(날 생)과 井(우물 정)의 결합이다. 초목의 싹이 처음 생겨날 때의 색깔을 표현한 것이고, 井은 음을 담당한다.
둘. 生(날 생)과 丹(주사 단, 일종의 광물질)의 합자이다. 불이 난 (生) 나무에서 보이는 주사 빛깔을 말한다.
둘 다 일리가 있죠? 푸를 청. 靑이 들어간 예는 무엇이 있을까요? 靑靑(청청), 靑瓦臺(청와대) 등을 들 수 있겠네요. 참고로 靑은 동쪽의 색깔을 상징해요. 백(白)은 서쪽, 적(赤, 붉을 적)은 남쪽, 흑(黑, 검을 흑)은 북쪽, 황(黃, 누를 황)은 중앙의 색깔을 상징하죠.

禮는 제기[豊]를 늘어놓고 신(示, 神의 약자, 귀신 신)에게 제사를 지낸다란 뜻이에요. 예절은 제식 행위에서 비롯된 것이죠. '예우하다'란 의미는 본뜻에서 연역된 거예요. 예절을 갖추어 대우한다란 의미로요. 예우할 예. 禮가 들어간 예는 무엇이 있을까요? 禮儀(예의), 禮法(예법) 등을 들 수 있겠네요.

讚은 言(말씀 언)과 贊(기릴 찬)의 합자예요. 말 그대로 상대를 칭찬한다는 의미이죠. 기릴 찬. 讚이 들어간 예는 무엇이 있을까요? 讚美(찬미), 讚歌(찬가) 등을 들 수 있겠네요.

정리 문제를 풀어 볼까요?

1. 다음의 한자를 허벅지에 열심히 연습하시오.

   青 푸를 청   禮 예우할 예   讚 기릴 찬

2. (　)안에 들어갈 알맞은 한자를 손바닥에 써 보시오.

   (　)儀　(　)美　(　)瓦臺

3. 다음의 글을 소리 내어 읽어 보시오.

   청춘(青春)! 이는 듣기만 하여도 가슴이 설레는 말이다.
   청춘! 너의 두 손을 가슴에 대고, 물방아 같은 심장(心腸)의 고동(鼓動)을 들어 보라. 청춘의 피는 끓는다. 끓는 피에 뛰노는 심장은 거선(巨船)의 기관(汽罐)과 같이 힘 있다. 이것이다. 인류(人類)의 역사(歷史)를 꾸려 내려온 동력(動力)은 바로 이것이다.

   이성(理性)은 투명(透明)하되 얼음과 같으며, 지혜는 날카로우나 갑 속에 든 칼이다. 청춘의 끓는 피가 아니더면, 인간(人間)이 얼마나 쓸쓸하랴? 얼음에 싸인 만물(萬物)은 죽음이 있을 뿐이다.

그들에게 생명(生命)을 불어넣는 것은 따뜻한 봄바람이다. 풀밭에 속
잎 나고, 가지에 싹이 트고, 꽃 피고 새우는 봄날의 천지는 얼마나 기쁘며
얼마나 아름다우냐! 이것을 얼음 속에서 불러내는 것이 따뜻한 봄바람이
다. 인생(人生)에 따뜻한 봄바람을 불어 보내는 것은 청춘의 끓는 피다.
청춘의 피가 뜨거운지라, 인간의 동산에는 사랑의 풀이 돋고, 이상(理想)
의 꽃이 피고, 희망(希望)의 놀이 뜨고, 열락(悅樂)의 새가 운다.

사랑의 풀이 없으면 인간은 사막(沙漠)이다. 오아시스도 없는 사막이
다. 보이는 끝끝까지 찾아다녀도, 목숨이 있는 때까지 방황하여도, 보이
는 것은 거친 모래뿐일 것이다. 이상의 꽃이 없으면, 쓸쓸한 인간에게 남
는 것은 영락(零落)과 부패(腐敗)뿐이다. 낙원(樂園)을 장식(裝飾)하는
천자만홍(千紫萬紅)이 어디 있으며, 인생을 풍부(豊富)하게 하는 온갖
과실(果實)이 어디 있으랴?

이상! 우리의 청춘이 가장 많이 품고 있는 이상! 이것이야말로 무한(無
限)한 가치(價値)를 가진 것이다. 사람은 크고 작고 간에 이상이 있음으
로써 용감(勇敢)하고 굳세게 살 수 있는 것이다.

석가(釋迦)는 무엇을 위하여 설산(雪山)에서 고행(苦行)을 하였으며,
예수는 무엇을 위하여 황야(荒野)에서 방황하였으며, 공자(孔子)는 무엇
을 위하여 천하(天下)를 철환(撤還)하였는가? 밥을 위하여서, 옷을 위하
여서, 미인(美人)을 구하기 위하여서 그리하였는가? 아니다. 그들은 커다
란 이상, 곧 만천하(滿天下)의 대중(大衆)을 품에 안고 그들에게 밝은 길
을 찾아 주며, 그들을 행복(幸福)하고 평화(平和)로운 곳으로 인도(引導)
하겠다는 커다란 이상을 품었기 때문이다. 그러므로 그들은 길지 아니한
목숨을 사는가 싶이 살았으며, 그들의 그림자는 천고에 사라지지 않는 것
이다. 이것은 가장 현저(顯著)하여 일월(日月)과 같은 예가 되려니와, 그
와 같지 못하다 할지라도 창공(蒼空)에 반짝이는 뭇별과 같이, 산야(山野)

에 피어나는 군영(群英)과 같이, 이상은 실로 인간의 부패(腐敗)를 방지하는 소금이라 할지니, 인생에 가치(價値)를 주는 원질(原質)이 되는 것이다.

이상! 빛나는 귀중(貴重)한 이상! 그것은 청춘의 누리는 바 특권(特權)이다. 그들은 순진(純眞)한지라 감동하기 쉽고, 그들은 점염(點染)이 적은지라 죄악(罪惡)에 병들지 아니하고, 그들은 앞이 긴지라 착목(着目)하는 곳이 원대(遠大)하고, 그들은 피가 더운지라 현실에 대한 자신과 용기(勇氣)가 있다. 그러므로 그들은 이상의 보배를 능히 품으며, 그들의 이상은 아름답고 소담스러운 열매를 맺어, 우리 인생을 풍부하게 하는 것이다.

보라, 청춘을! 그들의 몸이 얼마나 튼튼하며, 그들의 피부(皮膚)가 얼마나 생생하며, 그들의 눈에 무엇이 타오르고 있는가? 우리 눈이 그것을 보는 때에, 우리의 귀는 생(生)의 찬미(讚美)를 듣는다. 그것은 웅대(雄大)한 관현악(管絃樂)이며, 미묘한 교향악(交響樂)이다. 뼈끝에 스며들어 가는 열락(悅樂)의 소리다. 이것은 피어나기 전인 유소년(幼少年)에게서 구하지 못할 바이며, 시들어 가는 노년에게서 구하지 못할 바이며, 오직 우리 청춘에게서만 구할 수 있는 것이다.

청춘은 인생의 황금시대다. 우리는 이 황금시대의 가치를 충분히 발휘하기 위하여, 이 황금시대를 영원히 붙잡아 두기 위하여, 힘차게 노래하며 힘차게 약동하자.

민태원, '청춘예찬'

여름 길에
주운
漢字

01.
새야 새야 파랑새야(1)

태안에 있는 백화산에 갔다가 뜻밖의 돌탑을 만났어요. 갑오동학혁명군추모탑(甲午東學革命軍追慕塔). 어둑한 날이나 비 오는 날이 아닌 햇빛 찬란한 날에 만난 돌탑은 왠지 더 슬프게 느껴지더군요.

새로운 하늘(세상)을 열고자 일어섰다 무참히 스러져간 이들을 추모하는 돌탑. 그 위에 찬연히 쏟아지는 햇살은 참으로 무심 터군요. '조금은 어둡고 조금은 눅눅해야 하는 것 아닌가?' 하는 엉뚱한 반발심까지 생기더군요.

한자를 읽어 볼까요?

갑옷(첫째천간) 갑(甲)·낮(일곱째지지) 오(午)·동녘 동(東)·배울 학(學)·가죽(바꿀) 혁(革)·명할(목숨) 명(命)·군사 군(軍)·좇을 추(追)·사모할 모(慕)·탑 탑(塔).

한자를 좀 자세히 알아볼까요?

甲은 초목의 싹이 겉껍질을 뚫고 나오는 모양을 그린 거예요. 이 글자의 일반적 의미인 '갑옷'이란 의미는 겉껍질에서 연역된 것이죠. 口는 겉껍질을, 十은 싹이 터진 상태를 표현한 것이에요. 십간(十干)으로 취급할 때는 '첫째천간 갑'이라고 읽어요. 갑옷(첫째천간) 갑. 甲이 들어간 예는 무엇이 있을까요? 鐵甲(철갑), 甲乙(갑을) 등을 들 수 있겠네요.

午는 본래 절굿공이(절굿대)를 그린 거예요. ㅣ은 절굿공이 본체를, 나머지 부분은 절굿공이를 조작하는 손의 모습을 그린 것이에요. 지금은 '낮' 혹은 십이지(十二支)의 하나인 '일곱째지지 오'로 사용하고, 절굿공이란 의미로는 사용하지 않죠(절굿공이는 杵(공이 저)로 표현해요). 낮(일곱째지지) 오. 午가 들어간 예는 무엇이 있을까요? 午前(오전), 甲午(갑오) 등을 들 수 있겠네요.

東은 해[日]가 나무[木]에 걸려있는 형상을 그린 거예요. 옛날엔 해가 부상이라는 나무에서 뜬다고 여겼다는군요. 그곳이 바로 방위로는 동쪽인 것이죠. 동녘 동. 東이 들어간 예는 무엇이 있을까요? 東方(동방), 東海(동해) 등을 들 수 있겠네요.

學의 본래 모양은 敎이었어요. 敎은 敎(가르칠 교)와 冖(덮을 멱)과 臼(절구 구)의 합자예요. 배운다는 것은 무엇일까요? 가르침을 받아 몽매한 상황[冖]을 벗어나는 것이지요. 그래서 敎와 冖으로 뜻을 삼았어요. 臼는 음을 담당하는데(소릿값이 엄청나게 변했죠) 뜻도 일부분 담당하고 있어요. 절구질을 할 때는 대개 두 사람이 하죠. 찧을 것을 넣는 사람과 그것을 찧는 사람. 그처럼 배움도 선생과 학생 두 사람의 협력이 필요하다는 의미로 본뜻을 보충해주고 있는 것이지요. 배울 학. 學이 들어간 예는 무엇이 있을까요? 學問(학문), 學者(학자) 등을 들 수 있겠네요.

革은 사냥해온 짐승을 펼쳐 놓고 양손으로 짐승의 털을 벗기는 모습을 그린 거예요. 그렇게 얻은 것이 바로 '가죽'이죠. 그리고 그것은 털이 있던 모습과 다른 모습이기에 '바꾸다'란 뜻으로도 사용하게 됐어요. 廿은 짐승의 머리, ㅣ은 몸통과 꼬리, 二는 네 다리, ㅣㅣ은 털을 벗기는 양손을 표현한 것이에요. 가죽(바꿀) 혁. 革이 들어간 예는 무엇이 있을까요? 皮革(피혁), 革新(혁신) 등을 들 수 있겠네요.

命은 입(口)으로 명령한다(令, 명령할 령)는 의미예요. 옛날에 명령하는 자는 상대의 목숨 줄을 쥐고 있었기 때문에 '목숨'이라는 뜻으로도 사용하게 됐지요. 명할(목숨) 명. 命이 들어간 예는 무엇이 있을까요? 命令(명령), 壽命(수명) 등을 들 수 있겠네요.

軍은 冖(包(쌀 포)의 변형)와 車(수레 거, 전차란 뜻이에요)의 합자예요. 전차를 보관해 두고 있는 곳, 즉 병영(兵營)이란 의미지요. 군사 군. 軍이 들어간 예는 무엇이 있을까요? 軍隊(군대), 軍營(군영) 등을 들 수 있겠네요.

追는 도망가는 자를 좇아간다(辶, 걸을 착)는 의미예요. 辶을 뺀 나머지 부분은 음을 담당하죠. 좇을 추. 追가 들어간 예는 무엇이 있을까요? 追跡(추적), 追憶(추억) 등을 들 수 있겠네요.

慕는 莫(暮(저물 모)의 약자)와 㣺(心(마음 심)의 변형)의 합자예요. 저물면 아무것도 안 보이듯이, 다른 것은 하나도 안중에 없고 오로지 한 대상만을 마음 속 깊이 생각한다는 의미예요. 사모할 모. 慕가 들어간 예는 무엇이 있을까요? 戀慕(연모), 哀慕(애모) 등을 들 수 있겠네요.

정리 문제를 풀어 볼까요?

1. 다음의 한자를 허벅지에 열심히 연습하시오.

甲 갑옷(첫째천간) 갑   午 낮(일곱째지지) 오   東 동녘 동
學 배울 학   革 가죽(바꿀) 혁   命 명할(목숨) 명
軍 군사 군   追 좇을 추   慕 사모할 모

2. ( )안에 들어갈 알맞은 한자를 손바닥에 써보시오.

戀( )   壽( )   ( )營   ( )前   ( )方
鐵( )   ( )跡   ( )新   ( )問

3. '갑오동학혁명군추모탑'을 한자로 써 보시오.

02.
새야 새야 파랑새야(2)

동학혁명군의 첫 번째 강령이에요. 도울 보(輔), 나라 국(國), 편안 안(安), 백성 민(民), 보국안민(輔國安民)이라고 읽어요. 나라를 돕고 백성을 편안히 한다는 의미지요.

　동학혁명군의 목적은 결코 정권의 교체가 아니었어요. 도탄에 빠진 민중의 삶을 구원하고 외세로부터 국가를 지켜내자는 소박한 기원을 내건 집단 저항이었던 것이지요. 어쩌면 이것이 동학혁명군의 실패 요인이었는지도 모르겠어요. 만일 동학혁명군이 정권 교체를 목표로 조직화된 투쟁을 벌였다면 우리의 역사는 말 그대로 혁.명.이 되지 않았을까요?

　한자를 좀 자세히 알아볼까요?

　輔는 車(수레 거)와 甫(씨 보, '씨'는 남자의 미칭)의 합자예요. 수레바퀴를 튼튼하게 하려고 (남자의 미칭처럼) 곧고 잘생긴 나무로 덧댄 설치물이란 뜻이에요. 이런 것을 바퀴 덧방 나무라고 해요. 돕는다는 의미는 수레바퀴를 튼튼하게 하기 위한 보조 장치란 뜻에서 연역된 거예요. 도울 보. 輔가 들어간 예는 무엇이 있을까요? 輔助(보조), 輔佐(보좌) 등을 들 수 있겠네요.

安은 결혼하지 않은 처자(女)가 규중 깊숙한 곳(宀, 집 면)에서 한가히 거처한다는 의미예요. 편안할 안. 安이 들어간 예는 무엇이 있을까요? 安定(안정), 安心(안심) 등을 들 수 있겠네요.

民은 본래 초목의 싹들이 무더기로 올라온 모습을 그린 거예요. 백성(민중)이란 의미는 여기서 연역된 것이지요. 백성(민중)을 흔히 민초(民草)라고 부르잖아요? 민초라는 말을 우리는 좋게 여기는 경향이 있는데, 사실 이 말은 지배자의 관점에서 부르는 명칭이기 때문에 백성(민중) 입장에서는 그리 좋은 용어는 아니예요. 백성 민. 民이 들어간 예는 무엇이 있을까요? 民心(민심), 民主主義(민주주의) 등을 들 수 있겠네요.

정리 문제를 풀어 볼까요?

1. 다음의 한자를 허벅지에 열심히 연습하시오.

輔 도울 보   安 편안 안   民 백성 민

2. (   )안에 들어갈 알맞은 한자를 손바닥에 써 보시오.

(　)佐 (　)心 (　)主主義

3. '보국안민'을 한자로 써 보시오.

03.
새야 새야 파랑새야(3)

동학혁명군의 두 번째 강령이에요. 넓을 광(廣), 건널(구제할) 제(濟), 푸를 창(蒼), 날 생(生), 광제창생(廣濟蒼生)이에요. 널리 백성들을 구한다는 뜻이지요.

창생은 본래 천지엔 가득한 푸른 풀을 의미하는데, 흔히 백성을 상징하는 말로 사용해요

도탄에 빠진 백성을 구한다는 말은 얼핏 보기엔 정치적 색채가 강한 것 같은데 사실은 종교적 색채가 더 강한 것 같아요. 바람(그릇된 도)에 이리저리 휘둘리는 민초들의 근원적 고통을 (동학의 도로) 치유해 주겠다는 강한 의지가 느껴지거든요.

한자를 좀 자세히 알아볼까요?

廣은 广(집 엄)과 黃(橫(가로 횡)의 줄임 자)의 합자예요. 사면에 벽이 없이 가로로 길게 된[黃] 큰 집[广]이란 뜻이에요. 넓다는 의

미는 여기서 연역된 것이죠. 넓을 광. 廣이 들어간 예는 무엇이 있을까요? 廣野(광야), 廣域(광역) 등을 들 수 있겠네요.

濟는 본래 물 이름이에요. 지금의 하북성 찬황현 서남쪽 계곡에서 흘러내려 동쪽의 민수(洰水)로 유입되던 물줄기를 가리키던 명칭이죠. 수(氵)가 뜻을 나타내고 제(齊)는 음을 나타낸 것이지요. '건너다, 구제하다'란 의미는 본뜻에서 연역된 것이죠. 건널(구제할) 제. 濟가 들어간 예는 무엇이 있을까요? 救濟(구제), 濟度(제도, 중생을 구제함) 등을 들 수 있겠네요.

蒼은 艹(풀 초)와 倉(곳집 창, 여기서는 음만 담당)의 합자예요. 풀빛과 같이 푸른색이란 의미지요. 푸를 창. 蒼이 들어간 예는 무엇이 있을까요? 蒼空(창공), 蒼蒼(창창) 등을 들 수 있겠네요.

生은 屮(싹날 철)과 土(흙 토)의 합자예요. 땅에서 싹이 나와 성장한다는 의미지요. 날 생. 生이 들어간 예는 무엇이 있을까요? 生命(생명), 生動(생동) 등을 들 수 있겠네요. 生이 들어간 한자는 대개 생으로 읽어요. 牲(희생 생), 甥(생질 생), 笙(생황 생), 鉎(녹생) 등.

정리 문제를 풀어 볼까요?

1. 다음의 한자를 허벅지에 열심히 연습하시오.

廣 넓을 광   濟 건널(구제할) 제   蒼 푸를 창   生 날 생

2. (   )안에 들어갈 알맞은 한자를 손바닥에 써 보시오.

   (   )野   (   )空   (   )動   救(   )

3. '광제창생'을 한자로 써 보시오.

04.
새야 새야 파랑새야(4)

동학혁명군의 세 번째 강령이에요. 척양척왜(斥洋斥倭), '양놈들과 왜놈들을 물리친다.'는 의미지요. 척(斥)은 물리칠 척, 양(洋)은 바다 양, 왜(倭)는 왜국 왜예요.

얼핏 보면 동학혁명군의 강령 중 가장 비종교적인 강령처럼 느껴져요. 종교란 보편애(普遍愛)의 실천을 모토로 한다는 점을 고려할 때, 양놈과 왜놈을 물리치자는 강령은 다분히 차별적인 가치의 실천을 모토로 하고 있기 때문이지요.

그런데 정말 절대적 무차별의 보편애를 갖는 종교가 있을까요? 종교 역시 시대를 배경으로 한 문화의 한 현상일진대, 절대적 무차별의 보편애를 갖는 종교란 존재하지 않는다고 생각해요. 공자께서도 중화와 야만에 대해 차별을 보이셨으며, 부처께서도 당대의 다른 사상과 자신의 사상을 구별하셨으며, 예수께서도 유대교와 자신의 사상을 구별하셨잖아요? 마호메트께서도 마찬가지셨던 것 같고요.

이런 관점에서 '척양척왜'를 본다면 굳이 종교적인 강령이 못될 것도 없는 것 같아요. 비인간적 상황을 초래하는 외세를 배격해야 인간적인 삶의 회복이 가능하다면, 그들을 물리치자는 강령이야말로 가장 종교적인 강령이 될 수도 있는 것이지요. '척양척왜'는 외세의 침탈이 극심한 시대를 배경으로 창시된 동학의 특징을 보여주는 매우 종교적인 강령이라고 생각돼요.

한자를 좀 자세히 알아볼까요?

斥은 본래 广(집 엄)과 逆(거스를 역)의 줄임 글자가 합쳐진 거예요. 원 집(广)을 그대로 두지 않고(逆) 넓힌다는 의미지요. '물리치다'란 의미는 여기서 연역된 것이지요. 그대로 두지 않는다는 것은 곧 물리친다는 의미 아니겠어요? 물리칠 척. 斥이 들어간 예는 무엇이 있을까요? 排斥(배척), 衛正斥邪(위정척사, 바른 것을 수호하고 그릇된 것을 물리침. 구한말 개화기 보수적 유생들의 이념이었죠) 등을 들 수 있겠네요.

洋은 본래 물 이름이에요. 지금의 산동성 임구현에서 발원하여 동북쪽으로 흘러 광요현의 거정에 이르는 물 이름을 가리키던 명칭이죠. 氵(물 수)는 뜻을 나타내고, 羊(양 양)은 음을 나타낸 것이에요. '바다'란 뜻은 수량이 많은 데서 연역된 것이에요. 바다 양. 洋이 들어간 예는 무엇이 있을까요? 海洋(해양), 東西洋(동서양)을 들 수 있겠네요.

倭는 亻(사람 인)과 委(맡길 위)의 합자예요. 본래 다른 이에게 맡기고 의지한다는 의미였어요. 지금은 왜국(倭國)이란 의미로만 사용하는데, 이 의미는 본뜻에서 연역된 거예요. 왜국은 본시 해적질로 다른 곳의 생산물을 강탈해야 생활할 수 있는 의존적인 국가였다는 의미로 말이죠. 왜국 왜. 倭가 들어간 예는 무엇이 있을까요? 倭寇(왜구), 倭賊(왜적) 등을 들 수 있겠네요.

정리 문제를 풀어 볼까요?

1. 다음의 한자를 허벅지에 열심히 연습하시오.

   斥 물리칠 척   洋 바다 양   倭 왜국 왜

2. ( )안에 들어갈 알맞은 한자를 손바닥에 써 보시오.

   衛正( )邪 ( )寇 海( )

3. '척양척왜'를 한자로 써 보시오.

05.
새야 새야 파랑새야(5)

동학혁명군의 네 번째 강령이에요. 덜 제(除), 사나울 폭(暴), 구원할 구(救), 백성 민(民), 제폭구민(除暴救民), '포악함을 없애고 백성을 구원한다.'는 의미예요.

동학혁명군을 혁명군이라고 부를만한 강령이에요. 혁명이란 하늘의 명을 바꾼다는 것이고, 그것은 포악한 정치로 민심(천심)이 돌아선 정권을 바꾼다(없앤다)는 의미거든요.

그러나 동학혁명군은, 아시다시피 정권교체까지는 발걸음을 떼지 못했지요. 단순히 탐관오리의 학정을 바로잡는 것으로 스스로 보폭을 제한했지요. 만일 처음부터 보폭을 제한하지 않았다면 이 땅에 새로운 역사가 쓰여졌을지도 모르겠어요.

한자를 좀 자세히 알아볼까요?

除는 阝(阜의 변형, 언덕 부)와 余(徐의 약자, 천천히 서)의 합자예요. 본래 대궐의 계단을 의미하는 글자예요. 언덕을 오르듯 계속 올라가고 또 천천히 걸어야 안전한 설치물이란 의미지요. 덜다란 의미는 계단을 오를 때 밑의 계단을 버리고 위 계단으로 발걸음을 옮기는데서 연역된 의미예요. 덜 제. 除가 들어간 예는 무엇이 있을까요? 除去(제거), 加減乘除(가감승제, 더하기 빼기 곱하기 나누기란 뜻) 등을 들 수 있겠네요.

暴은 日(날 일)과 出(날 출)과 廾(拱의 옛 글자, 손맞잡을 공)과 米(쌀 미)의 합자예요. 해가 나왔을 때 두 손에 쌀을 들고 햇볕에 말린다는 뜻이에요. 사납다는 의미는 여기서 연역된 것이에요. 해가 나왔을 때 얼른 말려야 하므로 급하게 서두를 수밖에 없고, 서두르다 보면 사나워지지 않겠어요? 사나울 폭. 暴이 들어간 예는 무엇이 있을까요? 暴動(폭동) 暴力(폭력) 등을 들 수 있겠네요.

救는 求(裘의 초기 형태, 갖옷(털옷) 구)와 攵(칠 복)의 합자예요. 몸을 잘 보호해주는 갖옷처럼 상대가 안전할 수 있도록 강제적인 수단(攵)을 사용하여 조치한다는 의미예요. 구원할 구. 救가 들어간 예는 무엇이 있을까요? 救援(구원), 救助(구조) 등을 들 수 있겠네요.

정리 문제를 풀어 볼까요?

1. 다음의 한자를 허벅지에 열심히 연습하시오.

除 덜 제　　暴 사나울 폭　　救 구원할 구

2. (　)안에 들어갈 알맞은 한자를 손바닥에 써 보시오.

(　)動　(　)援　(　)去

3. '제폭구민'을 한자로 써 보시오.

06.
계룡산을 찾아서(1)

계룡산을 대표하는 절은 갑사(甲寺)와 동학사(東鶴寺)예요. 저는 갑사를 통해 계룡산에 올랐어요. 갑사 현판을 한 장 찍었네요. 닭 계(雞), 용 룡(龍), 첫째천간 갑(甲), 절 사(寺), 계룡갑사(雞龍甲寺)예요.

계룡은 산 이름이죠. 산이 닭 벗을 쓴 용의 형상을 하고 있다 하여 붙여진 이름이에요. 계룡산은 산과 물길 둘 다 음과 양이 만나는 태극의 형상을 지니고 있다 하여, 예로부터, 최고의 길지로 여겼어요. 한때 수많은 무속인이 이곳에 자리를 잡았던 것은 그런 이유 때문이죠. 갑사나 동학사도 그런 배경을 깔고 자리를 잡았다고 할 수 있죠.

갑사의 이름인 갑(甲)은 요즘 말하는 '갑을 관계'의 '갑'이에요. '최고' 정도의 의미지요. '수행 제일(第一) 보시 제일(第一)'의 의미로 붙인 이름이 아닐까 싶어요. 갑사는 임진왜란 당시 영규대사가 최초의 승병을 일으킨 곳으로도 이름이 높아요. 승병으로 대표되는 호국불교는 종교(불교)의 본질과 먼 일이라고 볼 수도 있지만,

인간적인 삶을 파괴하는 폭력에 저항했다는 점에서는 오히려 종교(불교)의 본질에 철저했다고 볼 수도 있을 것 같아요.

한자를 좀 자세히 알아볼까요?

雞는 奚(종 해)와 隹(새 추)의 합자예요. 속박되어 있는 종(노비)처럼 사람에게 속박되어 새벽을 알려주는 일을 맡은 새란 의미예요. 鷄로 표기하기도 하죠. 닭 계. 雞가 들어간 예는 무엇이 있을까요? 烏骨雞(오골계), 蔘雞湯(삼계탕) 등을 들 수 있겠네요.

甲은 口와 十의 합자에요. 口는 겉껍질을, 十은 겉껍질이 터진 모양을 그린 것이에요. 본래 초목의 싹이 겉껍질을 뚫고 나오는 모양을 그린 것이에요. 일반적으로 사용하는 이 글자의 뜻인 '갑옷'은 겉껍질에서 연역된 것이지요. 십간(十干)으로 사용할 때는 '첫째천간 갑'이라고 하죠. 갑옷(첫째천간) 갑. 甲이 들어간 예는 무엇이 있을까요? 鐵甲(철갑), 갑신정변(甲申政變) 등을 들 수 있겠네요.

정리 문제를 풀어 볼까요?

1. 다음의 한자를 허벅지에 열심히 연습하시오.

雞(鷄) 닭 계   甲 갑옷(첫째천간) 갑

2. (　)안에 들어갈 알맞은 한자를 손바닥에 쓰시오.

　　蔘(　)湯　(　)申政變

3. 다음 시에 대한 감상을 말하시오.

　　대적광전
　　오래 기두렸던
　　달이나 떠오를 양이면
　　체온이 스민
　　돌 하나를 남기고
　　멀리 떠나는
　　그윽한 새벽이거라

　　　　　　　　박희선, '지비(紙碑)'

07.
계룡산을 찾아서(2)

계룡산에는 갑사구곡(甲寺九曲)이 있어요. 곡(曲)은 구석에 위치한 경치 좋은 곳이란 의미죠. 1곡 용유소(龍遊沼), 2곡 이일천(二一川), 3곡 백룡강(白龍岡), 4곡 달문택(達門澤), 5곡 금계암(金鷄巖), 6곡 명월담(明月潭), 7곡 계명암(鷄鳴巖), 8곡 용문폭(龍門瀑), 9곡 수정봉(水晶峯)이에요.

이번 계룡산에 갔을 때는 1곡 용유소와 5곡 금계암 그리고 8곡 용문폭만 보았어요.

갑사구곡은 대한제국 시절 순종황제의 부인인 정효황후 윤씨의 숙부인 윤덕영이 명명한 것이에요. 이곳에 간성장(艮成莊)이란 별장을 짓고 지내면서 명명했죠. 간(艮)은 그칠 간, 성(成)은 이룰 성, 장(莊)은 별장 장이에요. 간은 주역의 64괘 중 52번째 괘인 간(䷳)를 의미해요. 간괘는 중첩된 산의 모습을 상징화한 기호예요. 그 의미는 '편안히 머무르다'란 뜻이지요. 그런데 '편안히 머무르'려면 욕심이 없고 상황에 맞게 처신해야 하지 않겠어요? 그래서 간괘는 무욕(無欲)과 시중(時中)의 의미를 가지고 있어요. 어지러운 세상을 피해 은둔한 군자를 상징한다고 보기도 하죠. 이렇게 보면 간성장(艮成莊)의 의미는 '시중과 무욕을 달성한 은군자의 별장' 정도로 풀이할 수 있어요.

한자를 좀 자세히 알아볼까요?

艮은 目(눈 목)과 匕(比의 약자, 견줄 비)의 합자예요. 서로 흘겨본다는 뜻이지요. 머무르다란 의미는 흘겨보는 상태를 지속한다는 데서 연역된 것이에요. 머무를 간. 艮이 들어간 예는 무엇이 있을까요? 艮方(간방, 동북방을 간방이라고 해요), 艮止(간지, 머물러야 할 곳에 머무른다는 뜻이에요) 등을 들 수 있겠네요.

成은 戊(다섯째천간 무)와 丁(장정 정)의 합자예요. 戊는 천간(天干, 갑을병정무기경신임계)의 가운데로 土(흙 토)의 성질을 갖고 있어요. 그런데 만물은 흙에 의지하여 성장하고 결실을 맺죠. 그래서 戊로 '이루다'란 뜻 부분을 삼았어요. 丁은 음을 담당하면서 (정→성) 뜻도 일부분 담당해요. 장정은 성장하여 결실을 이룬 사람이란 의미로요. 이룰 성. 成이 들어간 예는 무엇이 있을까요? 成事(성사), 成就(성취) 등을 들 수 있겠네요.

莊은 ++(풀 초)와 壯(장할 장)의 합자예요. 풀이 크고 무성하게 자랐다는 뜻이지요. 별장이란 의미는 여기서 연역된 것이에요. 별장은 대개 풀이 크고 무성한 산이나 물가에 짓기 때문이지요. 별장 장. 莊이 들어간 예는 무엇이 있을까요? 山莊(산장), 別莊(별장) 등을 들 수 있겠네요.

정리 문제를 풀어 볼까요?

1. 다음의 한자를 허벅지에 열심히 연습하시오.

   艮 그칠 간   成 이룰 성   莊 별장 장

2. ( )안에 들어갈 알맞은 한자를 손바닥에 써 보시오.

   山( ) ( )方 ( )就

3. 다음 시를 읽고 그 느낌을 말하시오.

   중년에 자못 도를 좋아하다
   만년에 종남산 기슭에 집을 지었네
   흥이 나면 매양 홀로 거니나니
   그 가운데 기쁜 일 나만이 안다네
   걸어서 물 다하는 곳 이르면
   앉아서 구름 이는 것 바라보고
   우연히 숲 속의 나무하는 늙은이 만나
   담소 나누며 돌아가기 잊는다네.

中歲頗好道
晚家南山陲
興來每獨往
勝事空自知
行到水窮處
坐看雲起時
偶然值林叟
談笑無還期

　　　　왕유, '종남별업(終南別業)'

　인터넷을 찾아보니, 윤덕영은 친일파라고 나오더군요. 경술국치(1910) 당시 지대한(?) 공을 세운 인물이라고 해요. 조약에 찍을 국새를 정효황후 윤씨가 치마 밑에 감췄는데, 윤덕영이 혼을 내서 빼앗아 왔다 해요. 경술국치 이후 일제로부터 자작을 하사받았다는군요. 간성장은 경술국치 이후 지어진 것으로 보여요. 이런 사실을 알고 나니 간성장 건물도 각자(刻字, 글씨를 새긴 것)도 곱게 보이질 않더군요. 망국의 백성이 호가호위로 누리는 풍류와 자족이란 과연 무슨 의미를 지니는 것일까요?

08.
계룡산을 찾아서(3)

갑사구곡(甲寺九曲)의 하나인 팔곡(八曲) 용문폭(龍門瀑)을 찍은 거예요. 팔(八)은 여덟 팔, 곡(曲)은 굽을 곡, 용(龍)은 용 룡, 문(門)은 문 문, 폭(瀑)은 폭포 폭이에요. 용문폭은 '용이 되기 위한 관문이 되는 폭포'란 의미지요.

 용문은 흔히 등용문(登龍門)으로 많이 알려져 있지요. 용문(龍門)은 황하 상류의 산서성(山西省)과 섬서성(陝西省)의 경계에 있는 협곡 이름이에요. 이곳은 물살이 빠르고 세서 물고기들이 거슬러 오르질 못한다고 해요. 그래서 이곳을[龍門] 거슬러 오르는[登] 물고기는 용이 된다는 전설이 만들어졌죠. 후한 시대 이응(李膺)은 지식인 사회에서 가장 존중받는 인물 중의 한 명이었는데 그의 천거를 받은 사람은 용문을 거슬러 오른 물고기와 같다 하여 '용문에 올랐다(登龍門)'며 자랑스러워하고 다른 이들도 부러워했다고 해요. 윤덕영은 이 폭포를 바라보며 무슨 생각을 했을까요?

한자를 좀 자세히 알아볼까요?

八은 본래 양쪽으로 나눠놓았다란 뜻이었어요. 후에 '여덟'이란 뜻으로 사용하게 된 것이죠. 양쪽으로 네 개씩 공평하게 나눠놓았다란 의미로 사용하여 '여덟'이란 뜻을 갖게 되었어요. 지금 '나누다'란 의미는 八에 刀(칼 도)를 더하여 '分(나눌 분)'으로 표기하죠. 여덟 팔. 八이 들어간 예는 무엇이 있을까요? 四方八方(사방팔방), 八道(팔도) 등을 들 수 있겠네요.

曲은 본래 대나무나 풀 등을 엮어 만든 그릇을 의미하는 글자였어요. '굽다'란 의미는 그 그릇들의 둥그런 모양에서 연역된 것이지요. 굽을 곡. 曲이 들어간 예는 무엇이 있을까요? 曲折(곡절), 曲直(곡직) 등을 들 수 있겠네요.

瀑은 氵(물 수)와 暴(사나울 폭)의 합자예요. 빠르게 흘러내리며 포말을 사방으로 내뿜는 물이란 의미지요. 폭포 폭. 瀑이 들어간 예는 무엇이 있을까요? 瀑布(폭포), 濺瀑(천폭, 소나기란 뜻이에요) 등을 들 수 있겠네요.

정리 문제를 풀어 볼까요?

1. 다음의 한자를 허벅지에 열심히 연습하시오.

八 여덟 팔   曲 굽을 곡   瀑 폭포 폭

2. ( )안에 들어갈 알맞은 한자를 손바닥에 써 보시오.

( )布   四方( )方   ( )折

3. '용문폭'을 다른 이름으로 지어 보시오.

09.
계룡산을 찾아서(4)

바위를 보셨나요? 무엇을 떠올리셨어요? 전 처음에 남근을 떠올렸어요. 죄송합니다. 우리 주변에 이렇게 생긴 바위는 대개 남근 바위라고 불러서… 이 바위는 부처님의 사리를 보관한 천연 탑이에요.

이름하여 천진보탑(天眞寶塔)이에요. 용문폭포를 지나 계룡산 중턱쯤에 신흥암(新興庵)이란 절이 있는데 이 절 뒤편에 있어요. 탑이라고 생각하며 보니 탑 같기도 하죠?

천진보탑엔 이런 전설이 있어요. "부처님 열반 400년 후 인도의 아쇼카 왕이 불법을 널리 알리기 위해 구시라 국의 사리탑에 보관 중이던 부처님 진신 사리를 여러 곳에 나누어 주었다. 그때 사천왕의 한 명이자 북방의 수호신인 비사문천왕이 이곳 천진보탑에 부처님의 사리를 보관했다. 그 후 백제 구이신왕 원년에 아도 화상이 이를 발견했고 이곳에 신흥암을 창건했다."

이곳에 진짜 부처님의 사리가 보관되어 있는지는 알 길이 없어요. 다만 그렇게 내려오니 그렇게 믿을 뿐이죠. 설령 부처님 사리가 없다 한들 그게 뭐 대수겠어요? 제가 보기엔 위대한 불법[천진보탑과 사리]을 이곳[북방을 담당하는 비사문천왕. 인도에서 보면 우리나라(좁게는 계룡산)는 동북방에 해당하죠]에서 새롭게 펴겠다[신흥암. 신흥은 새로 일으킨다는 뜻이죠]는 의지를 담은 전설인 것 같아요.

寶만 좀 자세히 알아볼까요?

寶는 宀(집 면)과 王(玉의 변형, 구슬 옥)과 貝(조개 패, 패물의 뜻이죠)와 缶(장군 부, 장군은 몸통에 입구가 있는 항아리를 가리켜요)의 합자예요. 집과 장군 속에 깊숙이 숨기고 보관해야 할 값나가는 구슬과 패물이란 뜻이지요. '보배 보'라고 읽죠. 寶가 들어간 예는 무엇이 있을까요? 寶物(보물), 寶貨(보화) 등을 예로 들 수 있겠네요.

정리 문제를 풀어 보실까요?

1. 다음의 한자를 허벅지에 열심히 연습하시오.

寶 보배 보

2. ( )안에 들어갈 알맞은 한자를 손바닥에 써 보시오.

   ( )物

3. '나는 누구인가?'를 화두로 1분간 명상하시오.

10.
계룡산을 찾아서(5)

이 사진을 찍은 곳은 삼불봉(三佛峰)이에요. 요기까지만 올라왔다 하산했어요. 근경의 봉우리가 관음봉과 문필봉, 원경의 봉우리가 연천봉과 천황봉이에요.

삼불봉은 세 부처님 모습이란 뜻인데, 천황봉이나 동학사에서 이곳을 바라보면 그런 모습으로 보인다고 해요. 이곳은 설화(雪花, 눈꽃)가 유명한 곳이에요. 눈 온 날 이곳에 오른 사람은 꽃술이 되겠지요?

삼불봉(三佛峰)과 설화(雪花)의 佛과 雪을 좀 자세히 알아보도록 할까요?

佛은 亻(사람 인)과 弗(아닐 불)의 합자예요. 사물을 보는 것이 정밀하고 명확하지 못하다는 의미예요. 보통 '부처 불'로 많이 사용하는데, 이것은 산스크리트어 'Buddha'를 음역한 것이에요. 지금은 원 의미로는 거의 사용하지 않고 '부처'라는 뜻으로 주로 사용하죠. 부처 불. 佛이 들어간 예는 무엇이 있을까요? 佛敎(불교), 佛像(불상) 등을 예로 들 수 있겠네요. 참고로 弗이 들어간 한자는 대개 '불'로 읽어요. 拂(떨칠 불), 彿(비슷할 불), 艴(발끈할 불) 등.

雪은 雨(비 우)와 彗(비 혜)의 줄임 글자가 결합된 것이에요. 비가 구름 속에서 응고되어 내리는 물체로, 빗자루로 쓸 수 있는 것이란 의미예요. '눈 설'이라고 읽죠. 雪이 들어간 예는 무엇이 있을까요? 雪害(설해), 積雪(적설) 등을 예로 들 수 있겠네요.

정리 문제를 풀어 볼까요?

1. 다음의 한자를 허벅지에 열심히 연습하시오.

   佛 부처 불   雪 눈 설

2. ( )안에 들어갈 한자를 손바닥에 쓰시오.

   ( )敎   積( )

3. 다음 시를 읽고 감상을 말하시오.

   한여름에 들린
   가야산
   독경 소리

오늘은
철 늦은 서설(瑞雪)이 내려
비로소 벙그는
매화 봉오리
눈 맞는
해인사
열두 암자를
오늘은
두루 한겨울
면벽한 노승의 눈매에
미소가 돌아

                김광림, '산'

11.
어떤 흔적(1)

이 흔적은 서산시 운산면 용현리에 있어요. 백제의 미소로 알려진 서산 마애삼존불 근처에 있지요. 별로 사람들의 눈길을 끌지 못하는 흔적이에요. 그도 그럴 것이 사진에서 보는 것처럼 글씨도 소박하고 각자도 깊지 않거든요.

그렇다고 유명 인사와 관련된 유적도 아니고요. 무엇보다 바위 높은 곳에 새겨놓아 찾아보기가 쉽지 않아요.

이 바위의 이름은 방선암(訪仙岩)이에요. 찾을 방(訪), 신선 선(仙), 바위 암(岩), 신선들이 내방한 바위란 뜻이지요. 풍류 문사들이 찾아와 놀던 바위라고 해요. 바위 위에 앉으면 푸른 소나무와 맑은 계곡이 어우러져 신선이 찾을만한 장소라는 생각이 절로 들어요.

지금이야 차가 있어 이곳을 쉽게 찾을 수 있지만, 예전에는 쉽지 않았을 것 같아요. 꽤 깊은 골짜기거든요. 이곳을 찾았던 풍류 문사들은 어떻게 이곳을 찾아왔을까요? 모르긴 해도 아랫사람들이 많은 수고 — 말을 끌거나 가마를 메는 — 를 하지 않았을까 싶어요. 바위 위에서는 풍류 문사들의 왁자한 소리가, 바위 아래에서는 물땀을 흘리는 아랫사람들의 고단한 소리가 들렸겠지요? 이런 생각으로 바위를 바라보니 그리 아름답게 만은 보이지 않더군요.

한자를 좀 자세히 알아볼까요?

訪은 言(말씀 언)과 方(방위 방)의 합자예요. 사방의 많은 사람들에게 의견을 묻는다는 의미예요. '찾는다'란 의미는 여기서 연역된 것이죠. 찾을 방. 訪이 들어간 예는 무엇이 있을까요? 訪問(방문), 尋訪(심방) 등을 들 수 있겠네요.

仙은 人(사람 인)과 山(뫼 산)의 합자예요. 입산수도하여 불로장생을 이룬 후 승천한 사람이란 뜻이에요. 僊으로 표기하기도 해요. 신선 선. 仙이 들어간 예는 무엇이 있을까요? 神仙(신선), 仙道(선도) 등을 들 수 있겠네요.

岩은 巖의 약자예요. 巖은 山(뫼 산)과 嚴(엄할 엄)의 합자예요. 험준하고 접근하기 어려운[嚴] 벼랑[山]이란 뜻이에요. '바위'란 뜻은 여기서 연역된 것이죠. 벼랑에는 바윗돌이 많잖아요? 바위 암. 岩이 들어간 예는 무엇이 있을까요? 岩石(암석), 岩壁(암벽) 등을 예로 들 수 있겠네요.

정리 문제를 풀어 볼까요?

1. 다음의 한자를 허벅지에 열심히 연습하시오.

   訪 찾을 방   仙 신선 선   岩 바위 암

2. ( )안에 들어갈 알맞은 한자를 손바닥에 써 보시오.

   ( )石 ( )問 ( )道

3. 배꼽 밑 3Cm 되는 지점을 의식하고 5분간 복식호흡을 하시오.

12.
어떤 흔적(2)

이 흔적은 태안읍 백화산에 있어요. 방선암(訪仙岩) 각자(刻字)와는 달리 선명해서 보는 이의 시선을 잡아 끌어요. 문제(?)는 너무 선명하다는 점이에요. 내용과 어울리지 않거든요.

이 흔적은 강선대(降仙臺)라고 읽어요. 내릴 강(降), 신선 선(仙), 돈대 대(臺), 신선이 내려온 돈대(평지 보다 높은 곳에 있는 널찍한 장소)란 의미지요. 은은한 맛이 없고 위압적이라 좀 아쉬워요.

이 각자 옆에는 이 글씨를 새긴 분의 이름이 뚜렷이 쓰여 있어요. 참봉(參奉, 벼슬 이름) 김석구(金碩球). 참봉은 중앙에서는 별 볼 일 없었지만, 지역에서는 대개 유지 행세를 했죠. 모르긴 해도 이 분도 그랬을 것 같아요. 이런 정도의 각자를 할 정도면 유지 노릇을 톡톡히 하지 않았겠어요? 유지 노릇을 하며 신선의 풍류를 즐겼을 이 분을 생각하니, 왠지 좀 떨떠름하더군요. 이율배반적인 것 같아서 말이죠.

한자를 좀 자세히 알아볼까요?

降은 언덕[阝(阜의 변형, 언덕 부)]에서 내려온다는 뜻이에요. 오른쪽 부분은 음[강]을 담당하는데 뜻도 일부분 담당해요. 어기적거리며 내려온다는 의미거든요. 합치면, 어기적거리며 언덕에서 내려온다는 의미가 되겠네요. 내릴 강. 降이 들어간 예는 무엇이 있을까요? 下降(하강), 乘降(승강) 등을 들 수 있겠네요.

臺는 之(갈 지)와 高(높을 고)와 至(이를 지)의 합자예요. 위로 올라가게 높이 쌓아 올려 그곳에 머물러 있을 수 있게 만든 장소란 의미지요. 돈대 대. 臺가 들어간 예는 무엇이 있을까요? 舞臺(무대) 守禦將臺(수어장대, 남한산성에 있죠) 등을 들 수 있겠네요.

정리 문제를 풀어 볼까요?

1. 다음의 한자를 허벅지에 열심히 연습하시오.

   降 내릴 강   臺 돈대 대

2. ( )안에 들어갈 알맞은 한자를 손바닥에 써 보시오.

   ( )臺   乘( )

3. '강선대'를 한자로 써 보시오.

13.
어떤 흔적(3)

이 흔적도 태안읍 백화산에 있어요. 쌍 쌍(雙), 홰나무 괴(槐), 돈대 대(臺), 쌍괴대(雙槐臺)라고 읽어요. 두 그루의 홰나무를 심어놓은 돈대란 의미지요. 홰나무는 회화나무라고도 불러요. 홰나무는 길상목(吉祥木)으로, 이 나무를 심으면 큰 인물과 학자가 나온다고 여겼어요. 그래서 조경수로 많이 사용했지요. 이 쌍괴대 각자(刻字)는 군수인 이기석이란 분이 새겼어요(왼쪽 타원형 안의 각자에 성함이 나와요). 그리고 직접 나무도 심었고요. 인터넷을 찾아보니, 문관 무관의 훌륭한 인물이 나오기를 기대하는 마음으로 홰나무를 심고 각자(刻字)를 했을 것으로 보더군요. 개인적으로는 이 각자도, 강선대(降仙臺)처럼, 별로 마음에 들지 않아요. 너무 인위적인 틀(사각형과 타원형)과 깊은 각자 때문이에요. '바위 평면에 자연스럽고 은은하게 새겼으면 좋았을 텐데…'하는 아쉬움이 들어요.

한자를 좀 자세히 알아볼까요?

雙은 한 손(又, 手의 변형, 손 수)으로 두 마리의 새(隹, 새 추)를 붙잡고 있다는 의미예요. 쌍 쌍. 雙이 들어간 예는 무엇이 있을까요? 雙雙(쌍쌍), 雙手(쌍수) 등을 들 수 있겠네요.

槐는 木(나무 목)과 鬼(귀신 귀)의 합자예요. 귀신처럼 음침하고 다변(多變: 다양하게 변함)의 모습을 지닌 나무라는 의미예요. 잎사귀가 무성하고 여러 색깔의 수종이 있어 이런 의미를 갖게 된 것으로 보여요. 홰나무 괴. 槐가 들어간 예는 무엇이 있을까요? 槐木(괴목, 홰나무), 三槐(삼괴, 세 명의 정승이란 뜻이에요. 고대에 세 정승의 자리에 홰나무를 심어 위치를 표시한 데서 유래했어요) 등을 들 수 있겠네요.

정리 문제를 풀어 볼까요?

1. 다음의 한자를 허벅지에 열심히 연습하시오.

   雙 쌍 쌍   槐 홰나무 괴

2. ( )안에 들어갈 알맞은 한자를 손바닥에 쓰시오.

   ( )手   三( )

3. '쌍괴대'를 한자로 써 보시오.

14.
어떤 흔적(4)

이 흔적도 태안읍 백화산에 있어요. 한 일(一), 웃을 소(笑), 시내 계(溪), 일소계(一笑溪)라고 읽어요. 무슨 뜻일까요?

먼저 '호계삼소(虎溪三笑)'란 고사를 말씀드려야겠네요. 동진(東晉) 시대 여산(廬山)에 혜원(慧遠)이란 고승이 있었는데 산문을 나서지 않는 것을 철칙으로 삼았어요. 그가 머물던 거처 앞에 호계(虎溪)라는 시내가 있었는데, 어떤 손님이 와도 그 시내까지만 배웅하고 돌아섰지요. 그런데 단 한 번 자신도 모르게 그 시내를 넘은 적이 있었어요. 당대의 유명한 문사인 도연명(陶淵明)과 도사인 육수정(陸修靜)이 왔을 때 이들을 배웅하다 자신도 모르게 호계를 넘어선 거예요. 의기가 통하는 대화에 빠져 호계를 넘어선 것을 몰랐다가 뒤늦게 알아차린 거지요. 세 사람은 서로 쳐다보며 한바탕 크게 웃었어요. 여기서 생긴 고사가 '호계삼소(虎溪三笑)'예요. 흔히 어떤 일에 열중하여 평소의 습관이나 규칙에서 벗어난 것을 비유할 때 쓰지요. 아울러 사상과 종교의 차이를 넘어선 포용과 관용의 의미로도 사용해요. 세 사람이 각기 유불도(儒佛道)를 대표하는 사람들인데 이들이 금기(호계)를 넘어서 하나로 회통(삼소)했다는 의미로 사용하는 것이지요.

이제 일소계(一笑溪)의 의미를 말씀드려야겠네요. 그래요, 짐작하신 것처럼 일소계(一笑溪)란 '세 사상(유불도)을 하나로 회통시켜 웃음 짓게 하는 시내'란 뜻이에요. 이 각자(刻字)의 흔적 주변에는 불교를 대표하는 태을암과 도교의 의미를 담은 '태을동천(太乙洞天)'이란 암각과 유교와 관련된 '감모대(感慕臺)'란 석조물이 있어요. 이 유적들의 중앙에 이 일소계란 각자(刻字) 바위가 있지요. 물론 시냇물도 흐르고요. 일소계란 각자(刻字)의 의미가 꽤 깊다고 할 수 있겠죠?

한자를 좀 자세히 알아볼까요?

笑는 대나무(竹: 대 죽)가 바람을 맞아 소리를 내고 휘청거리듯, 기뻐서 소리를 지르며 요절복통한다는 의미예요. 夭는 음을 담당하는데 음가가 조금 바뀌었죠(요→소). 웃을 소. 笑가 들어간 예는 무엇이 있을까요? 笑門萬福來(소문만복래), 呵呵大笑(가가대소, 크게 소리 내어 웃다) 등을 들 수 있겠네요.

溪는 계곡 사이로 흐르는 물(氵: 물 수)이란 뜻이에요. 奚는 음을 담당해요. 소릿값이 약간 바뀌었죠(해→계). 시내 계. 溪가 들어간 예는 무엇이 있을까요? 碧溪水(벽계수), 淸溪(청계) 등을 들 수 있겠네요.

정리 문제를 풀어 볼까요?

1. 다음의 한자를 허벅지에 열심히 연습하시오.

　　笑 웃을 소　　　溪 시내 계

2. (　)안에 들어갈 알맞은 한자를 손바닥에 써 보시오.

　碧(　)水　 (　)門萬福來

3. '일소계'를 한자로 써 보시오.

15.
계산무진

멋있죠?

추사 김정희 선생의 글씨예요. 예산에 있는 추사기념관 — 추사고택 옆에 있어요. 고택과 기념관 관람료 무료 — 에 들렀다가 찍었어요. 시내 계(谿), 뫼 산(山), 없을 무(無), 다할 진(盡), 계산무진(谿山無盡)이에요. '시내와 산이 가없이 펼쳐져 있다'란 의미지요. 글씨를 한참 응시하고 있으면 끝 모를 검푸른 계곡 숲에 들어와 있는 느낌이 들어요. 정말 멋진 작품이에요!

기념관에는 추사 김정희 선생의 어록이 몇 개 장식물로 되어 있는데, 이런 어록이 있더군요(다음 쪽 사진).

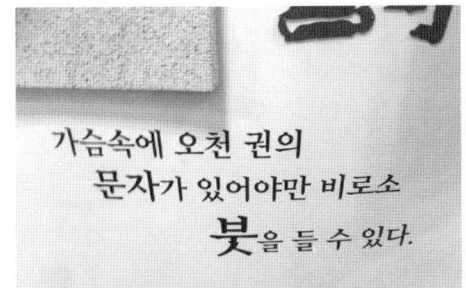

서예의 특징을 간결하게 말해준 것 같아요. 서예는 단순히 붓의 기교만으로 이루어지는 예술이 아니라 학문의 뒷받침이 있어야 가능한 예술이라는 것이지요. 더불어 추사 선생 자신이 그만큼 학문을 닦았다는 자부심의 표현이기도 하겠고요. 이 말대로라면 저는 평생 붓을 못 들 것 같네요.

한자를 좀 자세히 알아볼까요?

谿는 골짜기(谷: 골짜기 곡)를 흘러내리는 물이라는 뜻이에요. 奚는 음을 담당해요. 소릿값이 좀 바뀌었죠(해→계). '溪'로도 표기해요. 시내 계. 谿가 들어간 예는 무엇이 있을까요? 谿谷(계곡), 谿壑欲(계학욕, 만족을 모르는 욕심) 등을 들 수 있겠네요.

盡은 皿(그릇 명)과 燼(탄 나머지 신)의 합자예요. 燼은 약자 형태로 들어갔지요. 타고나면 남는 것이 없듯이 그릇 속의 음식물이 남김없이 다 비워졌다란 의미예요. 다할 진. 盡이 들어간 예는 무엇이 있을까요? 盡力(진력), 盡人事待天命(진인사대천명, 사람으로서 할 수 있는 일을 다 하고 하늘의 명을 기다림) 등을 들 수 있겠네요.

정리 문제를 풀어 볼까요?

1. 다음의 한자를 허벅지에 열심히 연습하시오.

   谿 시내 계   盡 다할 진

2. ( )안에 들어갈 알맞은 한자를 손바닥에 써 보시오.

   ( )人事待天命　( )谷

3. '계산무진'을 한자로 써 보시오.

기념관 앞 조형물. 근엄한 선생께도 이런 어린 시절이 있었겠죠?

16.
추사의 흔적

한 잔 먹세그려 또 한 잔 먹세그려
꽃 꺾어 술잔 세며 한없이 먹세그려

죽은 후엔 거적에 꽁꽁 묶여 지게 위에 실려 가나
만인이 울며 따르는 고운 상여 타고 가나 매한가지

억새풀, 속새풀 우거진 숲에 한번 가면
그 누가 한잔 먹자 하겠는가?

무덤 위에 원숭이 놀러와 휘파람 불 때
뉘우친들 무슨 소용 있겠는가?

호탕하면서도 허무의 냄새가 짙게 풍기는 송강 정철의 '권주가'예요. 사진의 각 자와 잘 어울리는 것 같아요. 사진의 한자를 읽어 볼까요? 취할 취(醉) 돌 석(石), 취하여 눕는 돌(곳)이란 의미지요. 각자(刻字)의 돌을 보면 왠지 취객 같은 느낌이 들어요.

 이 글씨는 추사 김정희 선생의 글씨예요. 서산시 음암면 유계리에 있어요. 음암면 유계리에는 세칭 한다리 김 씨라고 불리는 경주 김 씨 세거지(世居地: 대대로 사는 곳)가 있어요. 김정희 선생은 이 가문 출신인지라 이곳을 자주 왕래했다고 해요. 이 각자(刻字)는 그 와중에 남긴 것이고요.

 취석(醉石)은 동진(東晉)의 시인 도연명(陶淵明)과 관련이 있어요. 그가 거처하던 율리(栗里)에 큰 돌이 하나 있었는데, 도연명은 술에 취하면 종종 이 바위에서 잠을 잤다고 해요. 그래서 사람들은 그 바위 이름을 취석이라고 명명했지요. 추사 선생도 자신이 명명한 취석에서 취하여 잠든 적이 있었을까요?

 한자를 좀 자세히 알아볼까요?

 醉는 酒(술 주)의 약자인 酉와 卒(마칠 졸)의 합자예요. 주량대로 한껏 마셔 취했다란 뜻이지요. 취할 취. 醉가 들어간 예는 무엇이 있을까요? 滿醉(만취), 醉客(취객) 등을 들 수 있겠네요.

 이번엔 문제 대신에 공광규 시인의 '소주병'을 읽어 보도록 하시죠.

술병은 잔에다
자기를 계속 따라 주면서
속을 비워간다
빈 병은 아무렇게나 버려져
길거리나
쓰레기장에서 굴러다닌다
바람이 세게 불던 밤 나는
문밖에서
아버지가 흐느끼는 소리를 들었다
나가보니 마루 끝에 쪼그려 앉은
빈 소주병이었다.

17.
추사 고택 주련(1)

오른쪽 사진의 한자를 읽어 볼까요? 구곡수통다조외(句曲水通茶竈外)라고 읽어요. "차 끓이는 부엌 밖으론 구곡산 물이 통하고(흐르고)"라고 풀이해요. 주방 주변의 풍경을 그린 것이에요.

구곡산은 본래 중국에 있는 산으로 양나라 때의 유명한 도가 사상가인 도홍경이 거처하던 곳이에요. 이 구절은 추사 선생의 거처가 구곡산과 진배없음을 나타냄과 동시에 선생의 뜻이 어디에 있는지도 은연중 표현한 것이라고 볼 수 있어요.

한자를 뜻과 음으로 한 자씩 읽어 볼까요?
굽을 구(句), 굽을 곡(曲), 물 수(水), 통할 통(通), 차 다(茶), 부엌 조(竈), 바깥 외(外).

왼쪽 사진의 한자를 읽어 볼까요? 경정산견석란서(敬亭山見石闌西)라고 읽어요. "돌난간 서쪽으론 경정산이 보이네"라고 풀이해요. 경정산은 중국 안휘성에 있는 산인데, 이백의 시로 유명해진 산이죠. 이백은 탈속적인 도가풍의 시를 많이 지은 사람이에요. 이백 시의 제재인 경정산을 주련에 사용했다는 것은 추사 선생 역시 탈속적 기풍을 흠모했다는 것을 말해줘요. 앞쪽 사진을 보면 대문 밖으로 산이 보이죠? 아마도 추사 선생께서는 이 산자락을 보면서 주련의 표현을 생각하시지 않았을까 싶네요.

한자들을 뜻과 음으로 하나씩 읽어 볼까요? 공경 경(敬), 정자 정(亭), 뫼 산(山), 볼 견(見), 돌 석(石), 난간 란(闌), 서녘 서(西). 주련은 한 구절이 대개 5자 아니면 7자예요. 5자의 경우에는 2자 3자로 나누어 읽고, 7자의 경우에는 4자 3자로 나누어 읽어요. 그래야 의미가 통해요. 그렇지 않고 붙여 읽으면 의미가 잘 통하지 않죠. 敬亭山見石闌西은 '敬亭山見 / 石闌西'라고 띄어 읽어야 해요.

한자를 좀 자세히 알아볼까요?

句는 糾(얽힐 규)의 약자인 丩와 口(입 구)의 합자예요. 할 말이 없어 입을 다물고 있듯이 이리저리 얽혀 꼼짝 못 하고 있다는 의미예요. '구부러지다'란 의미는 여기서 연역된 것이지요. 꼼짝 못 하고 있는 상황은 그렇지 않은 상황에 비해 구부러진 상태지요. 종종 '글 귀 구'라고도 많이 읽어요. 글이라는 것이 이리저리 내용이 얽혀서 전개되잖아요? 이 역시 본 의미에서 연역된 것이라고 볼 수 있지요. 굽을 구. 句가 들어간 예는 무엇이 있을까요? 句節(구절), 句戟(구극, 구부러진 창) 등을 들 수 있겠네요.

通은 辶(걸을 착)과 甬(涌의 약자, 샘솟을 용)의 합자예요. 솟아오르듯이 거침(막힘)없이 가다란 의미예요. 통할 통. 通이 들어간 예는 무엇이 있을까요? 疏通(소통), 通過(통과) 등을 들 수 있겠네요.

茶는 艹(풀 초)와 余의 합자예요. 余는 음을 담당하는데, 지금은 人 밑에 木을 써서 표기하죠. 씁싸름한 풀 혹은 그 풀로 우려낸 음료란 뜻이에요. 차 다. 茶가 들어간 예는 무엇이 있을까요? 茶房(다방), 茶菓(다과) 등을 들 수 있겠네요.

竈는 아궁이(穴, 구멍 혈)가 있는 음식 만드는 장소란 의미예요. 穴 이외의 글자는 음을 담당해요. 부엌 조. 竈가 들어간 예는 무엇이 있을까요? 竈突(조돌, 굴뚝), 竈王(조왕, 부엌을 지배하는 신) 등을 들 수 있겠네요.

外는 夕(저녁 석)과 卜(점 복)의 합자예요. 점은 본래 주간(晝間) 행사(行事)시 치는 것인데, 날이 저물어 일을 마친 저녁에 점을 치니 본래 점치는 것과 거리가 있다는 의미예요. '바깥'이란 의미는 여기서 연역된 것이지요. 바깥 외. 外가 들어간 예는 무엇이 있을까요? 疏外(소외), 度外視(도외시) 등을 들 수 있겠네요.

敬은 ⺿(羊의 줄임 글자, 양 양)과 勹(包의 줄임 글자, 쌀 포)와 口(입 구)와 攵(칠 복)의 합자예요. 양이 입을 다물고 조용히 하듯이 엄숙하고 진중한 태도로 일에 임할 것을 스스로 채찍질한다는 의미예요. 공경 경. 敬이 들어간 예는 무엇이 있을까요? 恭敬(공경), 敬老(경로) 등을 들 수 있겠네요.

亭은 高(높을 고)의 줄임 글자와 釘(못 정)의 줄임 글자가 결합된 것이에요. 못처럼 길쭉이 높은 곳에 설치한 건물이란 의미지요. 진나라와 한나라 때는 10리에 하나씩 이 정을 설치하고 정장을 두어 치안을 담당하게 했어요. 정자 정. 亭이 들어간 예는 무엇이 있을까요? 樓亭(누정), 亭子(정자) 등을 들 수 있겠네요.

見은 目(눈 목)과 人(사람 인)의 합자예요. 주목하여 본다는 의미예요. 볼 견. 見이 들어간 예는 무엇이 있을까요? 見聞(견문), 見學(견학) 등을 들 수 있겠네요.

闌은 門(문 문)과 柬(가릴 간)의 합자예요. 출입하는 사람들을 가리기 위해 문밖에 설치한 차단물이란 의미예요. 오늘날의 바리케이드 정도에 해당하는 것이죠. 난간이란 의미는 여기서 연역된 것이에요. 난간은 출입을 선별하는 기능이 있잖아요? 欄으로 표기하기도 해요. 난간 란. 闌이 들어간 예는 무엇이 있을까요? 闌干(난간), 闌外

(난외, 정해진 테두리 바깥이란 의미예요) 등을 들 수 있겠네요.

정리 문제를 풀어 볼까요?

1. 다음의 한자를 허벅지에 열심히 연습하시오.

句 굽을 구 通 통할 통 茶 차 다 竈 부엌 조 外 바깥 외
敬 공경 경 亭 정자 정 見 볼 견 闌 난간 란

2. (　)안에 들어갈 알맞은 한자를 손바닥에 써 보시오.

度(　)視(　)王(　)節(　)外(　)房
樓(　)　恭(　)　疏(　)　(　)聞

3. 다음을 읽고 풀이해 보시오.

句曲水通茶竈外 敬亭山見石闌西

18.
추사 고택 주련(2)

전이 글씨를 보면서 이런 생각을 했어요. "음, 나도 이 정도는 쓰겠다. 이건 추사 선생이 썼다니까 잘 쓴 것처럼 느껴지는 거지, 이름 없는 사람이 썼다면 별 볼 일 없는 글씨로 취급되지 않을까?" 망령된 생각이죠? 유명한 사람과 일반 사람의 차이점은 후광 효과인 것 같아요. 별거 아닌 것도 유명인이 결부되면 빛을 발하잖아요? 평범한 사람은 그 반대이고요. 하여튼, 이 글씨를 보면서 이상하게 후광 효과를 생각했어요.

왼쪽 사진의 한자를 읽어 볼까요? 직성유궐하(直聲留闕下). "곧은 소리 대궐 안에 머무네"라는 뜻이에요. 신하가 조정에서 올곧은 간언을 한다는 의미지요.

뜻과 음으로 하나씩 읽어 볼까요?
곧을 직(直), 소리 성(聲), 머무를 류(留), 대궐 궐(闕), 아래 하(下).

오른쪽 사진의 한자를 읽어 볼까요? 수구만천동(秀句滿天東). "빼어난 구절은 하늘 동쪽에 가득하네"라고 풀이해요. 훌륭한 글이 동방 사람들(조선)에게 널리 유행하고 있다는 의미예요.

한자를 하나씩 읽어 볼까요? 빼어날 수(秀), 글귀 구(句), 가득할 만(滿), 하늘 천(天), 동녘 동(東).

'직성유궐하 수구만천동(直聲留闕下 秀句滿天東)'은 추사 선생이 교류하던 청나라의 고순에게 보낸 작품을 주련으로 만든 거예요. 당시 고순은 황제에게 직언을 했다가 파직 당했는데, 그의 올곧은 기상과 뛰어난 문장을 칭송하여 써 보낸 것이지요.

한자를 좀 자세히 알아볼까요?

聲은 耳(귀 이)와 磬(경쇠 경)의 약자가 합쳐진 거예요. 경쇠가 울릴 때 나는 것처럼 분명하고 확실하게 귀를 통해 들리는 그 무엇이란 뜻이에요. 그게 무엇이겠어요? 소리지요! 소리 성. 聲이 들어간 예는 무엇이 있을까요? 音聲(음성), 聲量(성량) 등을 들 수 있겠네요.

留는 농토(田, 밭 전)에 가서 머무르며 농사를 짓는다는 의미예요. 卯는 음을 나타내는데 소릿값이 좀 바뀌었죠(묘→류). 머무를 류. 留가 들어간 예는 무엇이 있을까요? 滯留(체류), 拘留(구류) 등을 들 수 있겠네요.

闕은 대궐 문(門: 문 문) 밖에 설치한 건물을 가리켜요. 중앙에 통로가 있고 그 위에는 망루가 있지요. 혹 광화문을 통해 경복궁에 들어가 보신 적이 있는지요? 문 앞쪽으로 타원형의 석축이 있고 그 위에 망루가 있지요. 타원형의 석축 가운데는 통로이고요. 이 통로를 지나 광화문 안으로 들어서지요. 광화문 밖의 이런 건축물을 궐(闕)이라고 해요. 이곳을 지나야 대궐에 들어설 수 있기 때문에 범칭 대궐이라는 뜻으로도 사용하다 후에 그 뜻으로 그냥 굳어졌죠. 欮은 음을 담당해요. 대궐 궐. 闕이 들어간 예는 무엇이 있을까요? 宮闕(궁궐), 大闕(대궐) 등을 들 수 있겠네요.

下는 지표면(一) 아래에 있다는 의미예요. 아래라는 표시는 丨혹은 丶로 나타냈는데 후일 이 두 개가 합쳐진 형태로 표기하게 됐어요. 아래 하. 下가 들어간 예는 무엇이 있을까요? 地下(지하), 下待(하대, 낮게 여김) 등을 들 수 있겠네요.

秀는 벼 열매가 아래로 늘어진 모양을 그린 거예요. '이삭'이란 의미지요. '빼어나다'란 의미는 여기서 연역된 것이에요. 이삭은 벼가 거둔 뛰어난 결과물이잖아요? 秀는 지금은 '빼어나다'란 의미로만 사용해요. 이삭이란 의미는 穗(이삭 수)로 표기하죠. 빼어날 수.

秀가 들어간 예는 무엇이 있을까요? 秀優美良可(수우미양가, 예전에 학교에서 사용하던 성적 평어지요), 秀麗(수려) 등을 들 수 있겠네요.

滿은 물(氵: 물 수)이 그릇 입구와 수평(㒼은 평평하다는 의미가 있어요)을 이룰 정도로 그릇에 가득 담겨있다는 의미예요. 가득할 만. 滿이 들어간 예는 무엇이 있을까요? 滿員(만원), 充滿(충만) 등을 들 수 있겠네요.

정리 문제를 풀어 볼까요?

1. 다음의 한자를 허벅지에 열심히 연습하시오.

聲 소리 성   留 머무를 류   闕 대궐 궐
下 아래 하   秀 빼어날 수   滿 가득할 만

2. ( )안에 들어갈 알맞은 한자를 손바닥에 써 보시오.

音( ) 宮( ) 地( ) 滯( ) 充( ) ( )優美良可

3. 다음을 읽고 풀이해 보시오.

直聲留闕下 秀句滿天東

19.
추사 고택 주련(3)

이 주련은 추사 선생의 서화(書畫, 글씨와 그림)에 대한 견해를 담은 주련이에요. 사진의 한자를 읽어 볼까요? 화법유장강만리(畫法有長江萬里). "화법에는 장강 만 리의 유장함이 있어야 한다"라고 풀이해요. 그림은 모름지기 다양한 내용을 함축하여 그 의취가 장강처럼 끊임없이 흘러나와야 한다는 의미지요. 볼 때마다 새로운 느낌을 주는 그림을 그려야 한다는 주문이에요. 단순 형사(形寫, 모양만 그림)만으론 이런 그림이 그려지지 않겠죠? 작가의 깊은 정신세계가 형사를 통해 표출될 때 이런 그림이 그려지겠지요. 동양화의 정수를 잘 표현한 내용이라 생각돼요.

한자를 하나씩 읽어 볼까요?
그림 화(画, 일반적으로는 畫로 표기하죠), 법 법(法), 있을 유(有), 긴 장(長), 강 강(江), 일만 만(万, 일반적으로는 萬으로 표기하죠), 이 리(里).

 왼쪽 사진의 한자를 읽어 볼까요? 서예여고송일지(書藝如孤松一枝). "서예는 외로운 소나무의 한 가지와 같아야 한다"라고 풀이해요. 글씨에는 고고(孤高, 외롭고 드높은)하고 굳건한 기상이 들어 있어야 한다는 말이지요. 이러한 글씨는, 화법과 마찬가지로, 단순히 사자(寫字, 글자를 씀)만 해서는 불가능할 거예요. 작가의 초월적인 정신세계가 있어야 가능하겠지요. 서예술의 정수를 표현한 내용이라 생각돼요.

한자를 하나씩 읽어 볼까요?
글(씨) 서(書), 재주 예(藝), 같을 여(如), 외로울 고(孤), 소나무 송(松), 한 일(一), 가지 지(枝).

한자를 좀 자세히 알아볼까요?

畫는 땅에다(田: 밭 전) 필기구(聿: 붓 율)를 들고 영역 표시(一)를 한다는 의미예요. 그림이라는 뜻은 여기서 연역된 것이지요. 그림 화. 그림 화는 畫, 畵, 画 세 가지로 표기해요. 畫가 들어간 예는 무엇이 있을까요? 畫家(화가), 畫幅(화폭) 등을 들 수 있겠네요.

法은 본래 氵(물 수)와 廌(해태 채)와 去(갈 거)의 합자 형태로 사용되다가 후에 廌(해태 채)가 빠진 형태로 사용하게 됐어요(획이 많아 귀찮아서 빼버렸나 봐요. 하하하). 그런데 사실은 이 廌가 매우 중요한 의미를 가지고 있어요. 廌는 뿔이 하나 달린 양인데 죄진 자를 알아보는 신이한 능력이 있었다고 해요. 고요(皐陶)라는 사람이 옥사를 맡았을 때 이 廌를 풀어 놓아 죄의 유무를 판단했다고 전해요. 氵는 여기서 공평하다란 의미로 사용됐어요. 종합하면, 廌처럼 죄의 유무를 분명히 가리고 물처럼 공평하게 집행되어야 할 처벌이란 의미예요. 그게 바로 '법'이지요. 법 법. 法이 들어간 예는 무엇이 있을까요? 法律(법률), 法治(법치) 등을 들 수 있겠네요.

有는 두 가지로 설명해요.
하나. 月(달 월)과 又(手(손 수)의 변형)의 합자이다. 있어서는 안될 일이 있게 됐다란 의미이다(월식이 생겼다는 의미). 又는 음만 담당(음이 좀 변했죠. 수→유).
둘. 肉(고기 육)의 변형인 月과 手(손 수)의 변형인 又의 합자로, 손에 고기를 가지고 있다는 의미이다.
둘 다 일리가 있죠? 있을 유. 有가 들어간 예는 무엇이 있을까요? 無所有(무소유), 有限(유한) 등을 들 수 있겠네요.

江은 고유명사예요. 장강 혹은 양자강으로 부르는 강을 가리켜요. 氵(물 수)가 뜻과 관계있고 工은 음을 담당하죠. 음가가 조금 바뀌었죠(공→강). 강 강. 江이 들어간 예는 무엇이 있을까요? 漢江(한강), 洛東江(낙동강) 등을 들 수 있겠네요.

書는 聿(붓 율)과 曰(諸의 줄임 글자, 모두 제)의 합자예요. 만사(萬事, 여러 가지 일)를 죽백(竹帛, 대나무와 비단)에 붓으로 써 놓은 것[글]이란 의미예요. 글씨란 의미는 여기서 연역된 거예요. 글씨를 써서 글을 남기니까요. 글(씨) 서. 書가 들어간 예는 무엇이 있을까요? 書籍(서적), 書體(서체) 등을 들 수 있겠네요.

埶는 坴과 丮의 합자예요. 坴은 土(흙 토)가 겹쳐있는데서 알 수 있듯이 여러 곳의 땅이란 뜻이에요. 丮은 잡고 있다는 의미예요. 두 글자를 합치면, 씨앗을 쥐고 땅에다 심는다는 의미가 되요. '재주'란 의미는 여기서 연역된 것이에요. 씨앗을 심는 행위가 결실을 위한 초보 행위이듯이, 재주란 일을 성사시키기 위한 토대란 의미로요. 埶는 藝로 많이 표기해요. 재주 예. 埶가 들어간 예는 무엇이 있을까요? 藝術(예술), 技藝(기예) 등을 들 수 있겠네요.

孤는 子(아들 자)와 瓜(오이 과)의 합자예요. 瓜는 오이 덩굴에 오이 하나가 덩그러니 매달린 모양을 그린 거예요. 덩그런 오이 하나처럼 부모 없는 외톨이 자식이란 뜻이에요. 외로울 고. 孤가 들어간 예는 무엇이 있을까요? 孤兒(고아), 孤獨(고독) 등을 들 수 있겠네요.

松은 木(나무 목)과 公(공 공)의 합자예요. 사사로움이 없는 공명정대함처럼 늘 변함없이 푸르름을 간직하고 있는 꿋꿋한 나무라는 뜻이에요. 그런 나무를 '소나무'라고 하지요. 소나무 송. 松이 들어간 예는 무엇이 있을까요? 松柏(송백, 소나무와 잣나무), 靑松(청송) 등을 들 수 있겠네요.

枝는 木(나무 목)과 支(가를 지)의 합자예요. 본체에서 갈라진 나무라는 뜻이에요. '가지'란 의미지요. 가지 지. 枝가 들어간 예는 무엇이 있을까요? 枝葉(지엽), 枝根(지근, 갈라진 뿌리) 등을 들 수 있겠네요.

정리 문제를 풀어 볼까요?

1. 다음의 한자를 허벅지에 열심히 연습하시오.

畫 그림 화   法 법 법   有 있을 유
江 강 강   書 글(씨) 서 埶 재주 예
孤 외로울 고 松 소나무 송 枝 가지 지

2. ( )안에 들어갈 알맞은 한자를 손바닥에 써 보시오.

漢( ) 無所( ) ( )治( )家 ( )柏
( )獨 ( )術 ( )葉 ( )體

3. 다음을 읽고 풀이해 보시오.

畫法有長江萬里　書埶如孤松一枝

20.
추사 고택 주련(4)

오른쪽 사진의 한자를 읽어 볼까요? 송풍취해대(松風吹解帶)라고 읽어요. "솔바람 불어오니 허리띠를 풀고"라고 풀이해요. 불어오는 바람에 답답한 허리띠를 푼다 했으니 계절은 아마도 여름이겠죠?

허리띠를 풀려면 남의 이목이 신경 쓰이는데 거리낌 없이 푼다 했으니 아마도 홀로 있거나 친한 친구와 함께 있겠죠? 여름이라도 밤에는 서늘하여 허리띠를 풀지 않을 테니 아마도 낮이겠죠? 더운 여름 한낮 무더위를 피해 산간에 들었는데 때맞춰 서늘한 솔바람이 불어와 허리띠를 느슨하게 풀고 한가로이 앉아 있는 선비(들)의 모습이 떠오르네요. 그 순간 자신도 모르게 물아일체의 경지에 들지 않았을까요?

한자를 하나씩 읽어 볼까요?
소나무 송(松), 바람 풍(風), 불 취(吹), 풀 해(解), 띠 대(帶).

왼쪽 사진의 한자를 읽어 볼까요? 산월조탄금(山月照彈琴)이라고 읽어요. "산의 달은 거문고 연주하는 곳을 비추네"라고 풀이해요. 달빛 아래 거문고 연주하는 모습을 그렸네요.

음식도 궁합이 있듯이 악기도 궁합이 있는 것 같아요. 거문고는 달빛 — 그것도 가급적이면 산속 — 아래 연주해야 제멋이 나는 것 같아요. 사실 밤에 연주하면 춥고 줄도 잘 안 보여, 낮에 비해, 제 곡조대로 타기가 쉽지 않을 텐데 말이죠. 거문고 소리는 은은하여서 고요하고 집중된 공간이라야 제소리를 낼 수 있고 들을 수 있을 것 같아요. 그래서 밤이란 시간과 산이란 공간 그리고 조명 역할을 하는 달이 필요했던 것 아닌가 싶어요. 무더운 한낮 더위를 삭힌 선비(들). 밤 이슥도록 산에 있다가 달 떠오르자 거문고를 꺼내 줄을 고르는 모습이 눈에 선하네요.

한자를 한자씩 읽어 볼까요?
뫼 산(山), 달 월(月), 비출 조(照), 탈 탄(彈), 거문고 금(琴).

한자를 좀 자세히 알아볼까요?

風은 두 가지로 설명해요.
하나. 동굴(凡)에서 바람이 불어오는 모양[虫]을 그린 것이다.
둘. 虫(벌레 충)과 凡의 합자로 벌레를 발생시키는 팔방의 바람

(기운)이란 의미이다. 凡은 음을 담당한다(범→풍).

둘 다 일리가 있죠? 바람 풍. 風이 들어간 예는 무엇이 있을까요? 風波(풍파), 暴風(폭풍) 등을 들 수 있겠네요.

吹는 口(입 구)와 欠(하품 흠)의 합자예요. 하품할 때, 기를 내뱉듯이 입으로 기를 뿜어낸다는 의미예요. 불 취. 吹가 들어간 예는 무엇이 있을까요? 吹口(취구), 吹打(취타) 등을 들 수 있겠네요.

帶는 옷자락을 겹치게(ㅣㅣㅣㅣ) 묶고(一) 양 끝을 가지런히 늘어뜨린(巾巾) 큰 띠라는 뜻이에요. 띠 대. 帶가 들어간 예는 무엇이 있을까요? 革帶(혁대), 帶狀疱疹(대상포진, 피곤하면 많이 생기는 질병이죠) 등을 들 수 있겠네요.

彈은 한 번에 하나씩(單: 홑 단) 화살을 활시위(弓)에 재어 쏜다는 의미예요. 연주한다는 의미의 '타다'란 뜻은 여기서 연역된 것이에요. 활줄을 당겨 쏘듯이 줄을 당기거나 쳐서 소리를 낸다는 것이지요. 탈 탄. 彈이 들어간 예는 무엇이 있을까요? 彈琴臺(탄금대, 우륵과 신립 장군의 일화로 널리 알려진 곳이죠), 彈丸(탄환) 등을 들 수 있겠네요.

琴은 거문고를 그린 것이에요. 아랫부분은 판, 윗부분은 안쪽과 줄을 그린 것이죠. 琴은 신농씨(神農氏)가 만들었다고 해요. 그런데 우리나라에서는 고구려의 왕산악(王山岳)이 만들었다고 하죠. 같은 한자를 쓰지만 약간 다른 악기가 아닌가 싶어요. 거문고 금.

琴이 들어간 예는 무엇이 있을까요? 伽倻琴(가야금), 琴瑟(금슬) 등을 들 수 있겠네요.

정리 문제를 풀어 볼까요?

1. 다음의 한자를 허벅지에 열심히 연습하시오.

風 바람 풍   吹 불 취   帶 띠 대
彈 탈 탄   琴 거문고 금

2. ( )안에 들어갈 알맞은 한자를 손바닥에 써 보시오.

( )狀疱疹 ( )打 ( )波 ( )瑟 ( )丸

3. 다음을 읽고 풀이해 보시오.

松風吹解帶 山月照彈琴

21.
추사 고택 주련(5)

세상에서 가장 훌륭한 사람과 가장 의미 있는 일은 무엇일까요? 이번에는 이에 답하는 주련을 보도록 하죠. 오른쪽 사진의 한자를 읽어 볼까요? 천하일등인충효(天下一等人忠孝)라고 읽어요. "천하에 일등가는 사람은 충효(忠孝)하는 사람이다"란 뜻이에요. 예상한 대로 맞으셨나요? 오늘날 우리가 생각하는 가장 훌륭한 인물은 어떤 사람일까요? 분명한 것은 공적 가치와 사적 가치를 둘 다 훼손시키지 않아야 된다는 점이 아닐까 싶어요. '충효하는 사람'은 왕조시대의 인물상이죠. 그러나 충이라는 공적 가치와 효라는 사적 가치를 함께 추구했다는 점에서는 높이 평가할만한 것 같아요.

한자를 하나씩 읽어 볼까요?
하늘 천(天), 아래 하(下), 한 일(一), 등급 등(等), 사람 인(人), 충성 충(忠), 효도 효(孝).

왼쪽 사진의 한자를 읽어 볼까요? 세간양건사경독(世間兩件事耕讀)이라고 읽어요. "세상에서 의미 있는 두 가지 일은 농사와 독서라네"라고 풀이해요. 왕조시대 사군자(士君子)의 이상적인 생활 모습이지요.

그런데 지금도 여전히 많은 사람이 마음속에 그리는 이상적인 생활 모습이 아닐까 싶네요.(저만 그런가요?) 삶의 굴레를 과감히 벗어 버리면 못할 바도 아니지만, 그게 말처럼 쉬운 일은 아니지요.

한자를 하나씩 읽어 볼까요?
인간 세(世), 사이 간(間), 두 량(兩), 건 건(件), 일 사(事), 밭갈 경(耕), 읽을 독(讀).

한자를 좀 자세히 알아볼까요?

等은 본래 관청(寺: 본래 관청이란 의미였어요. 지금은 절이란 뜻으로 주로 사용하죠)에서 죽책(竹: 대나무 죽)에 쓰여 있는 내용을 공평무사하게 처리한다는 의미였어요. '같을 등'으로 사용하는 게 이런 의미이죠. 주련에서는 '등급'이란 뜻으로 사용하고 있는데 본래 의미에서 연역되었다고 볼 수 있어요. '등급을 같게 한다.'란 의미로요. 등급 등. 等이 들어간 예는 무엇이 있을까요? 동등(同等), 등급(等級) 등을 들 수 있겠네요.

忠은 잘 아시죠? 中과 心의 합자예요. 불편부당한 정직한 마음으로 맡은 일에 최선을 다한다는 의미지요. 본디 개인적인 가치관이었는데 후일 공적인 가치관(국가에 대한 헌신 봉사)으로 변했죠. 충성 충. 忠이 들어간 예는 무엇이 있을까요? 忠誠(충성), 忠義(충의) 등을 들 수 있겠네요.

孝도 잘 아시죠? 耂(늙을 로)와 子(아들 자)의 합자예요. 자식이 늙은 부모를 공경하고 잘 모신다는 의미지요. 효도 효. 孝가 들어간 예는 무엇이 있을까요? 孝道(효도), 孝子(효자) 등을 들 수 있겠네요.

間은 햇살(日)이 들어오는 문(門, 문 문) 틈 사이란 뜻이에요. 처음에는 閒으로 표기했어요. 閒으로 표기하면 달빛이 들어오는 문틈 사이란 의미가 되겠죠? 사이 간. 間이 들어간 예는 무엇이 있을까요? 間隔(간격), 間歇(간헐) 등을 들 수 있겠네요.

件은 人(사람 인)과 牛(소 우)의 합자예요. 사람들이 소를 구분하여 나눈다는 뜻이에요. 세는 단위인 '건'이란 의미는 여기서 연역된 것이지요. 건 건. 件이 들어간 예는 무엇이 있을까요? 件數(건수), 件件(건건) 등을 들 수 있겠네요.

事는 두 가지로 설명해요.
하나. 㫃(깃발 기)의 약자와 冊(책 책)의 약자와 又(手(손 수)의 원형)의 합자로, 손으로 깃발을 잡거나 간책(簡册)을 들고 기록하는 일을 한다는 의미이다.

둘. 史(역사 사)와 之(갈 지)의 축약형이 결합된 글자로, 순리와 정도에 따라(之) 치우치지 않게 기록하는(史) 일을 한다는 의미이다.

둘 다 일리가 있죠? 일 사. 事가 들어간 예는 무엇이 있을까요? 事件(사건), 事業(사업) 등을 들 수 있겠네요.

耕은 耒(쟁기 뢰)와 井(우물 정)의 합자예요. 쟁기를 가지고 정전(井田)의 토지를 갈아엎는다는 뜻이에요. 밭갈 경. 耕이 들어간 예는 무엇이 있을까요? 耕作(경작), 晝耕夜讀(주경야독) 등을 들 수 있겠네요.

讀은 言(말씀 언)과 賣(價의 약자, 팔 육)의 합자예요. 물건을 팔 때 손님을 소리쳐 부르며 파는 것처럼 계속 소리를 내어 글을 읽는다는 의미예요. 읽을 독. 讀이 들어간 예는 무엇이 있을까요? 讀書(독서), 讀後感(독후감) 등을 들 수 있겠네요.

정리 문제를 풀어 볼까요?

1. 다음의 한자를 허벅지에 열심히 연습하시오.

等 등급 등   忠 충성 충   孝 효도 효
間 사이 간   件 건 건   事 일 사

耕 밭갈 경   讀 읽을 독

2. ( )안에 들어갈 알맞은 한자를 손바닥에 써 보시오.

( )道 ( )誠 ( )級 晝耕夜( )
( )業 朗( ) ( )數 ( )隔

3. 다음을 읽고 풀이해 보시오.

天下一等人忠孝 世間兩件事耕讀

22.
추사 고택 주련(6)

이번 주련은 지난 내용 — 세간양건사경독(世間兩件事耕讀) — 의 구체적 내용이라고 볼 수 있어요. 오른쪽 사진의 한자를 읽어 볼까요? 오묘종죽오묘예소(五畝種竹五畝蓺蔬).

"다섯 이랑엔 대나무를 심고 다섯 이랑엔 푸성귀를 심네"라고 풀이해요. 대나무는 사군자의 기상을 대변하는 것이니 심고, 채소는 먹을거리를 마련하기 위해 심는다는 의미지요. (논농사는 힘들어서 안 지으시나 봐요. 하하)

주목해서 볼 것은 대나무를 심는다는 내용이에요. 늘 맑고 꿋꿋한 기개를 간직하겠다는 의지의 표현이거든요. 현장에 있든 물러나 있든 항상 자신의 내면을 갈고닦겠다는 것이지요. 이런 사군자는 득의(得意) 했다 하여 자만하지 않고, 실의(失意) 했다 하여 좌절하지 않을 거예요. 실제 추사 선생도 근 10년에 가까운 유배 생활을 하셨는데, 이 기간에 추사체를 완성하셨어요. 어느 곳에 있든 내면을 갈고닦았기에 그런 업적이 가능했겠지요.

한자를 한 자씩 읽어 볼까요?

다섯 오(五), 이랑 묘(畝), 심을 종(種), 대 죽(竹), 다섯 오(五), 이랑 묘(畝), 심을 예(藝), 푸성귀 소(蔬).

왼쪽 사진의 한자를 읽어 볼까요? 반일정좌반일독서(半日靜坐半日讀書). "반나절은 정좌(靜坐)하고 반나절은 독서하네"라고 풀이해요.

정좌는 일종의 명상이라고 하겠지요. 명상은 마음에 있는 것들을 비워내는 과정이지요. 반면에 독서는 마음에 새로운 것들을 채우는 과정이고요. 비우기만 해도 미흡하고, 채우기만 해도 미흡하지요. 양쪽이 균등해야 제대로 된 수양이 될 수 있겠지요. 얼핏 읽으면 대단히 목가적이고 한가한 내용 같아 보이지만 사실은 치열한 구도 정신을 표현한 내용이라고 봐야 할 것 같아요.

한자를 하나씩 읽어 볼까요?

절반 반(半), 날 일(日), 고요할 정(靜), 앉을 좌(坐), 절반 반(半), 날 일(日), 읽을 독(讀), 글 서(書).

한자를 좀 자세히 알아볼까요?

畝는 田(밭 전)과 十(열 십)과 久(오랠 구)의 합자예요. 한 변의 길이와 넓이가 10보(步)가 되는 총 100보의 땅을 가리켜요. 한 번 토지의 구획이 정해지면 오래도록 변치 않기에 久로 음을 삼았지요(소릿값이 좀 변했죠. 구→묘). 이랑 묘. 畝가 들어간 예는 무엇이 있을까요? 畎畝(견묘, 밭도랑과 밭이랑이란 뜻이에요. 전답 혹은 시골이란 의미로 사용해요), 田畝(전묘, 논밭이란 뜻으로 사용해요) 등을 들 수 있겠네요.

種은 본래 늦벼라는 뜻이에요. 심고 한참이 지나야(重: 거듭 중) 익는 벼(禾: 벼 화)라는 의미지요. 種은 '씨앗'이란 의미로도 사용해요. 심을 종. 種이 들어간 예는 무엇이 있을까요? 種子(종자), 種德(종덕, 다른 사람에게 은덕이 될 일을 함) 등을 들 수 있겠네요.

竹은 이파리를 드리운 두 그루의 대나무를 그린 거예요. 대 죽. 竹이 들어간 예는 무엇이 있을까요? 竹葉(죽엽), 竹馬故友(죽마고우) 등을 들 수 있겠네요.

蔬는 ++(풀 초)와 疏(성글 소)의 합자예요. 저절로 나거나 재배하는 거친 채소나 나물을 의미해요. 푸성귀 소. 蔬가 들어간 예는 무엇이 있을까요? 菜蔬(채소), 蔬果(소과, 채소와 과일이란 뜻이에요) 등을 들 수 있겠네요.

半은 分(나눌 분)의 약자인 八과 牛(소 우)의 합자예요. 소처럼 큰 물체를 양쪽으로 동일하게 나눠 놓았다는 의미지요. 절반 반. 半이 들어간 예는 무엇이 있을까요? 太半(태반), 折半(절반) 등을 들 수 있겠네요.

坐는 두 사람[人人]이 흙(土: 흙 토) 위에 앉아 있는 모습을 그린 거예요. 앉을 좌. 坐가 들어간 예는 무엇이 있을까요? 坐定(좌정), 坐忘(좌망, 무아의 경지에 들어감) 등을 들 수 있겠네요.

정리 문제를 풀어 볼까요?

1. 다음의 한자를 허벅지에 열심히 연습하시오.

畝 이랑 묘   種 심을 종   竹 대 죽
蔬 푸성귀 소   半 절반 반   坐 앉을 좌

2. ( )안에 들어갈 알맞은 한자를 손바닥에 써 보시오.

( )馬故友 茱( ) ( )子 田( ) ( )定 太( )

3. 다음을 읽고 풀이해 보시오.

五畝種竹五畝執蔬 半日靜坐半日讀書

23.
스승

스승의 은혜는 하늘같아서
우러러볼수록 높아만 지네
참되거라 바르거라 가르쳐 주신
스승은 마음의 어버이시다…

사진의 한자를 읽어 볼까요? 학불염교불권(學不厭敎不倦)이라고 읽어요. "배우는데 싫증을 내지 않고, 가르치는데 게으르지 않는다."라고 풀이해요. 만세(萬世)의 스승이신 공자께서 하신 말씀이에요. 공자가 공자일 수 있었던 그만의 특징이자 자부심을 표현한 말이죠.

　사실 배운다는 것은 고단한 과정이라 싫증 나기가 쉽고, 가르친다는 것도 대부분 반복되는 것을 가르치게 되기에 게을러지기가 쉽죠. 그런데 그러한 것을 남들과 다르게 싫증 내지 않고 게으르게 하지 않는다면, 그는 분명 보통 사람은 아니겠죠? 잘 알려진 것처럼, 공자는 특정한 스승을 두지 않은 채 독학했던 사람이죠. 조실부모 했기에 일찍부터 생활 전선에 뛰어들어야 했지만, 배움을 게을리 하지 않았죠. 그는 자신의 주변 사람 모두를 자신을 가르쳐주는 스승으로 생각했죠. "세 사람이 가면 그중에 반드시 나의 스승이 있다(三人行 必有我師焉)."는 공자의 말은 그런 배움의 과정을 피력한 말이지요.

공자의 제자였던 안연은 스승을 술회하면서 "선생님께서는 차근차근 잘 지도해 주신다. 글로써 견식을 넓혀 주시며 예로써 단속시켜 주시니 그 배움을 그만두고자 해도 그만둘 수가 없다(夫子 循循然善誘人 博我以文 約我以禮 欲罷不能)."라고 말한 적이 있어요. 공자는 제자의 상태에 맞추어 차근차근 지도해주는 근면한 스승이었던 것이지요. '그만두고자 해도 그만둘 수가 없다'라는 안회의 말은 공자가 얼마나 노련한 스승이었나 하는 것을 보여주는 언급이에요. 이런 스승 밑에서 배우면 정말 배우는 게 한없이 즐거울 것 같아요.

요즘 교육현장에 스승다운 선생님이 없고 제자다운 학생이 없다고 많이 아쉬워하지요. 뭐, 과거와 다른 시대니까 그런 것을 기대하는 것은 무리한 일이지요. 그래도 마음 한쪽에 그런 것을 그리워하는 것은 공자 이래의 오랜 교학(敎學) 전통이 우리의 유전자에 박혀있기 때문이 아닐까 싶어요.

한자를 하나씩 읽어 보도록 할까요?

배울 학(學), 아니 불(不), 싫어할 염(厭), 가르칠 교(敎), 아니 불(不), 게으를 권(倦).

한자를 좀 자세히 알아볼까요?

厭은 厂(언덕 한)과 猒(편안할 염)의 합자예요. 돌덩어리(厂, 언덕에는 돌덩어리가 많죠)로 무겁게 눌러놓아 안정되게(猒) 한다는 뜻이에요. '누르다'란 의미지요. '싫어하다'란 의미는 '누르다'에서 연역된 것이에요. 계속 눌려있는데 누가 좋아하겠어요? 厭은 지금은 '싫어하다'란 뜻으로 사용하고 본래의 뜻인 '누르다'란 의미는 壓(누를 압)으로 표기해요. 싫어할 염. 厭이 들어간 예는 무엇이 있을까요? 厭症(염증), 厭世(염세) 등을 들 수 있겠네요.

敎는 爻(본받을 효)와 攵(칠 복)의 합자예요. 윗사람이 지도해주는 것을 아랫사람이 본받는다는 의미예요. 가르칠 교. 敎가 들어간 예는 무엇이 있을까요? 敎育(교육), 敎導(교도) 등을 들 수 있겠네요.

倦은 人(사람 인)과 卷(굽을 권)의 합자예요. 본래 '피로하다'는 의미였어요. 피로하면 숨도 제대로 못 쉬고 일도 대충대충 하겠지요? 卷에 그런 의미가 내포되어 있어요. '게으르다'란 의미는 '피로하다'라는 의미에서 연역된 것이지요. 게으를 권. 倦이 들어간 예는 무엇이 있을까요? 倦怠(권태), 倦色(권색, 피곤한 기색) 등을 들 수 있겠네요.

정리 문제를 풀어 볼까요?

1. 다음의 한자를 허벅지에 열심히 연습하시오.

　　厭 싫어할 염　　教 가르칠 교　　倦 게으를 권

2. (　)안에 들어갈 알맞은 한자를 손바닥에 써 보시오.

　　(　)育　(　)症　(　)怠

3. 다음을 읽고 뜻을 풀이해 보시오.

　　學不厭 教不倦

24.
/
양귀비

양귀비꽃이에요. 정확하게 말하면 개양귀비꽃이죠. 꽃양귀비라고도 부르죠. 언제부턴가 주변에서 흔히 보는 꽃이 되었어요. 하늘거리는 꽃대궁에 연하디 연한 붉은색  꽃잎 몇 장 피워 올린 모습을 보면 아름다움에 앞서 측은한 마음이 먼저 들어요. 그뿐인가요. 미풍이라도 불어 꽃잎이 떨어지면 그 애잔한 모습은 또 어떻고요.

그런데 이런 유약하고 애잔한 모습과는 달리 그 번식과 자생력은 생각 외로 강해요. 단속을 안 하면 그 개체 수를 거의 무한대로 불려요. 지난해 마당가에 몇 개 보이는가 싶었는데 올해는 그 주변을 온통 붉게 물들였더군요. 좀 과하다 싶어 뽑으려고 했는데, 이상하게 손길이 자꾸 멈칫거려지더군요. 결국은 포기했죠. 유약하고 애잔한 아름다움에는 상대의 판단을 흐리는 약간의 마성(魔性)이 있나 봐요.

문득 든 생각인데, 당 현종이 양귀비에게 빠진 것도 그런 마성에 휘둘린 것이 아니었나 싶어요. 마음 한편에 "이건 아닌데…"하면서도 돌이키지 못하고 수렁에 빠진 듯 빨려 들어갔던 것 아니었을까요? 그런데 진짜 양귀비는 개양귀비처럼 여리지 않아요. 어떻게 아냐고요? 어렸을 때 보았거든요! 당 현종이 총애했던 양귀비도 호리호리한 미녀가 아니라 비만에 가까운 미녀였다고 해요. 유약하고 애잔하든 혹은 튼튼하든 간에 아름다움에는 분명 마성이 있는 것 같아요.

양귀비는 한자로 楊貴妃라고 써요. 楊은 버들 양, 貴는 귀할 귀, 妃는 왕비 비라고 읽어요. '양 씨 성을 가진 귀비(왕의 처첩에게 내리는 칭호 중의 하나)'란 뜻이지요. 꽃이 양귀비처럼 아름다워서 붙여진 이름이에요. 양귀비는 罌粟(앵속)이라고도 부르는데, 罌은 항아리 앵, 粟은 조 속이라고 읽어요. 양귀비의 씨주머니를 강조하여 부른 이름이에요. 양귀비의 씨주머니는 항아리처럼 동그스름하고 그 안에 좁쌀처럼 자디잔 씨앗들이 많이 들어 있거든요.

한자를 좀 자세히 알아볼까요?

楊은 木(나무 목)과 昜(볕 양, 陽의 초기 형태)의 합자예요. 昜에는 번성하다란 의미가 내포되어 있어요. 이식이 잘 되며 주로 물가에서 자라는 나무라는 뜻이에요. 흔히 수양버들이라고 부르는 나무예요. 버들 양. 楊이 들어간 예는 무엇이 있을까요? 垂楊(수양), 楊柳(양류) 등을 들 수 있겠네요.

貴는 貝(조개 패, 재물 혹은 돈의 의미로 쓰임)와 蕢(삼태기 궤)의 초기 형태인 臾의 합자예요. 삼태기에 재물(돈)을 담아 지불해야 할 정도로 값비싼 물건이란 의미예요. 귀할 귀. 貴가 들어간 예는 무엇이 있을까요? 貴金屬(귀금속), 貴賓(귀빈) 등을 들 수 있겠네요.

妃는 女(계집 녀)와 己(자기 기)의 합자예요. 본래 자신의 짝이 되는 여인, 즉 배필이란 뜻이었어요. 후에 왕의 배필을 뜻하는 특정 명사로 변했지요. 왕비 비. 妃가 들어간 예는 무엇이 있을까요? 王妃(왕비), 妃嬪(비빈, 왕과 왕세자의 부인을 함께 부르는 말) 등을 들 수 있겠네요.

罌은 주둥이가 작고 배가 큰 단지[缶: 장군(단지) 부]를 가리켜요. 缶를 제외한 나머지 글자는 음을 담당하죠. 항아리 앵. 罌이 들어간 예는 일반적인 게 별로 없네요. 銀罌(은앵, 은으로 만든 단지), 壺罌(호앵, 호리병과 단지) 정도를 들 수 있겠네요.

粟은 본래 곡식 열매(米:쌀 미, 여기서는 모든 곡식의 대표로 사용된 것이죠)란 의미였어요. 西는 음을 담당하는데 음가가 약간 바뀌었죠(서→속). 후에 특정 곡식인 '조'를 의미하는 글자로 한정 사용하게 되었죠. 조 속. 粟이 들어간 예는 무엇이 있을까요? 米粟(미속), 粟粒(속립, 곡식 낱알) 등을 들 수 있겠네요.

정리 문제를 풀어 볼까요?

1. 다음의 한자를 허벅지에 열심히 연습하시오

楊 버들 양　　貴 귀할 귀　　妃 왕비 비
罌 항아리 앵　　粟 조 속

2. (　)안에 들어갈 알맞은 한자를 손바닥에 써 보시오.

(　)賓　王(　)　(　)柳　(　)粒　壺(　)

백거이(白居易)는 '장한가'에서 양귀비가 받은 현종의 총애를 이렇게 그렸어요.

아름다운 후궁 3천인이나
그 모든 사랑 한 사람에게 고였네
천하의 부모들이
아들보다 딸 귀하게 만들었다네

後宮佳麗三千人
三千寵愛在一身
遂令天下父母心
不重生男重生女

아름다움의 마력을 드러낸 수구(秀句: 뛰어난 글귀)예요.

25.
/
질경이

질경이에요. 민들레와 더불어 생명력이 강한 식물로 널리 알려져 있죠. 질경이의 한자 이름은 차전초(車前草)예요. 수레 거(車), 앞 전(前), 풀 초(草), '수레 앞에 있는 풀'이란 의미죠.

차전초란 이름의 유래가 있어요. 한나라 때 마무(馬武)라는 장수의 부하들이 굶주림과 풍토병에 걸려 피오줌을 누고 고생을 하고 있었어요. 말들도 똑같은 증세를 보여, 제 살길을 찾으라고 풀어 줬어요. 그런데 한 이틀 지나자 말들의 병증(病症)이 나은 거예요. 신기해서 말들이 무엇을 먹나 살펴봤더니 바로 마차 앞에 있는 돼지귀 비슷한 모양의 풀을 먹고 있었어요. 하여 이 풀을 달여 병사들에게도 먹였더니 병사들의 병이 나았어요. 마무는 풀의 이름이 없는 것을 알고 무슨 이름을 붙일까 궁리하다, 수레 앞에 있던 풀이라 하여 '차전초'라고 붙였어요.

단순하게 붙여진 명칭 같지만, '수레바퀴에 끊임없이 짓밟히면서도 다시 소생하는 강인한 풀'이란 의미도 은연중 포함시킨 것 같아요. 차전초는 두통과 기관지염 암 치료 등에 효능이 있다고 알려져 있어요. 문제는 요즘 어디나 농약과 매연이 만연해 있어서 온전한 효과가 있겠냐는 거지요. 혹, 모르겠네요. 워낙 생명력이 강하니 그조차 정화를 시키는지도. 그래도 함부로 복용하는 것은 삼가해야 할 듯싶어요.

한자를 좀 자세히 알아볼까요?

車는 본래 전차를 그린 거예요. 위아래의 一은 수레바퀴, ㅣ은 연결축, 曰은 탑승 대를 그린 거지요. 車는 큰 물체일 때는 '차'로 읽고 작은 물체일 때는 '거'로 읽어요. 활용 예로 戰車(전차), 自轉車(자전거)를 들 수 있겠네요.

前은 본래 止(그칠 지)와 舟(배 주)의 합자예요. 지금은 모양이 많이 바뀌었죠. 止는 본시 발을 그린 것이에요. 前은 배에 올라타서 발을 움직이지 않은 채 배가 가는 것에 의지하여 앞으로 나간다란 의미예요. 에스컬레이터를 타고 가는 것과 같은 형국이지요. 앞 전. 前이 들어간 예는 무엇이 있을까요? 前後左右(전후좌우), 前進(전진) 등을 들 수 있겠네요.

정리 문제를 풀어 볼까요?

1. 다음의 한자를 허벅지에 열심히 연습하시오.

　　車 수레 거　　　　前 앞 전

2. (　)안에 들어갈 알맞은 한자를 손바닥에 써 보시오.

　　戰(　) (　)進

3. '차전초'를 한자로 써 보시오.

가을길에 주운 漢字

01.
동학 농민혁명 기념 공원(1)

충북 보은에 갔다 오다 동학 농민혁명 기념 공원에 들러 사진 몇 장을 찍었어요. 공원에서는 동학의 제2차 교조신원 운동이었던 보은취회(報恩聚會)를 기념하여 문화제가 열렸더군요. 메르스 때문에(2015년) 집회 자체를 꺼리는 분위기인데 여기 참석하신 분들은 모두 대범하신 분들인가 봐요. 좋은 뜻으로 참석하신 분들일 테니 다들 아무 일 없기를, 속으로 기원드렸네요.

보시는 사진은 동학 농민혁명위령탑이에요. 동학 농민군이 기치(旗幟)로 내건 구호들을 써 놓았어요. 바람에 휘날리는 깃발의 형태를 취하여 한결 생동감 있게 느껴지더군요.

오른쪽부터 읽어 볼까요? 대동세상(大同世上), 척왜양창의(斥倭洋倡義), 제폭구민(除暴救民), 동학(東學) 이에요.

대동(大同)은 『예기(禮記)』 예운편(禮運篇)에 나오는 말로, 대도(大道)가 행해져 타인을 배려하여 소외당하는 사람들이 없고 모두가 욕심 없이 안분자족(安分自足)하는 이상사회를 가리키는 말이에요. 크게 하나 된다는 뜻이지요. 척왜양(斥倭洋)은 왜(일본)와 양(서양)을 배척한다는 의미이고, 창의(倡義)는 의로운 거사를 일으킨다는 뜻이에요. 제폭구민(除暴救民)은 포악무도한 관리와 정사를 폐하고 백성을 구제한다는 의미지요. 동학(東學)은, 잘 아시는 것처럼, 최제우(崔濟愚)가 창시한 우리의 민족 종교이죠. 서교(西敎, 천주교)에 대항하여 동방인 우리나라에서 도를 일으킨다는 의미에서 붙인 이름이죠.

동학 농민혁명위령탑을 바라보면서, 세월이 많이 흘렀지만, 당시 동학 농민혁명군이 내걸었던 기치의 내용이 아직도 우리에게는 현재진행형이 아닌가 하는 생각이 들더군요. 사회는 자꾸 양극화되어 계층간 위화감이 깊어지고, 주변의 강대국들은 패권주의로 치닫고 있는데 정부는 남북 관계를 풀기는커녕 자꾸 경색되게 하여 국제무대에서의 입지를 위축시키고 있으니 말이에요.

한자를 좀 자세히 알아볼까요?

上은 땅[一] 위에 있다[卜]란 의미예요. 卜은 단순히 위에 있다는 표시로 보기도 하고, 양기(陽氣)가 위로 솟구치는 모양을 표현한 것이라고 보기도 해요. '위 상'이라고 읽어요. 잘 아시죠? 上이 들어간 예는 무엇이 있을까요? 上下(상하), 천상(天上) 정도를 들 수 있겠네요.

倡은 人(사람 인)과 昌(아름다울 창)의 합자예요. 倡은 본래 한나라 때 궁중에서 오락을 담당하던 환관(人)을 의미하는 말이었어요. 昌은 '아름다운 말'이란 뜻인데 사람들은 '아름다운 말'을 즐거워하기에 이 글자로 음을 삼은 거예요. 倡이 '외치다(일으키다)'란 의미로 사용하게 된 것은 오락을 맡은 환관이 무대 앞에 나서서 사람들을 웃기는 데에서 연역된 거예요. '광대 창, 외칠 창'이라고 읽어요. 倡이 들어간 예는 무엇이 있을까요? 倡和(창화, 한쪽에서 부르고 한쪽에서 화답하는 것), 倡優(창우, 광대) 등을 들 수 있겠네요.

정리 문제를 풀어 볼까요?

1. 다음의 한자를 허벅지에 열심히 연습하시오.

   上 위 상   倡 외칠 창

2. ( )안에 들어갈 알맞은 한자를 손바닥에 써 보시오.

   ( )和 ( )下

3. '대동세상'을 한자로 쓰시오.

02.
동학 농민혁명 기념 공원(2)

꼭 지켜야 할 동학의 덕목

첫째, 집안의 모든 사람을 한울님같이 공경하라. 며느리를 사랑하라. 노예를 자식같이 사랑하라. 우마육축을 학대하지 마라. 그렇지 못하면 한울님이 노하실 것이다.

둘째, 하루 세 끼의 식사 때 한울님께 심고하라. 청결한 물을 길어 음식을 청결하게 하라.

셋째, 묵은 밥을 새 밥에 섞지 마라. 흐린 물을 함부로 버리지 마라. 가래침이나 콧물을 아무 데에나 토하지 마라. 만일 길이거든 반드시 묻어라. 그렇게 하면 한울님이 감응하실 것이다.

넷째, 모든 사람을 한울님으로 인정하라. 손님이 오거든 한울님이 오셨다 하라. 어린이를 때리지 마라. 이는 한울님을 치는 것이다.

이것이 1세기 전의 덕목이라니 믿기지 않죠? 비록 간결한 덕목이지만 깊이 음미해보면 현금 인류가 당면한 과제인 환경과 교육 그리고 분쟁에 대한 해결의 실마리를 제시해 주는 위대한 덕목이라는 생각이 들어요. 우리에게 이런 사상이 1세기 전에 있었다는 것이 참으로 놀라울 뿐이에요.

덕목의 용어 중에서 육축과 심고가 좀 낯설어 보이네요. 육축은 한자로 六畜이라고 표기하고, 심고는 한자로 心告라고 표기해요. 六畜은 여섯 가축이란 뜻인데, 소, 말, 양, 닭, 개, 돼지를 가리켜요. 心告는 '마음속으로 (한울님께) 고한다.'란 의미예요.

한자를 좀 자세히 알아볼까요?

六은 두 가지로 설명해요.
하나. 入(들 입)과 八(여덟 팔)의 합자이다. 『주역』에서 육과 팔은 음수(陰數)로 취급한다. 육은 변(變)의 음수이며 팔은 정(正)의 음수이다. 六은 팔[八]로 들어간다(入)는 의미이니, 변이 정으로 바뀌는 것이며 그 수는 여섯이다.
둘. 본래 入(들입)과 같은 의미로 사용된 것이며, 入에다 八(分(나눌 분)의 초기 형태)을 추가하여, 나누어 집어넣는다는 의미로, 집어넣다란 의미를 구체화한 것이다. 후에 두 글자를 분리하여 入은 '집어넣다'란 의미로만 사용하고, 六은 세 개씩 나누어 넣는다는 의미의 여섯이란 의미로 사용하게 되었다.
둘 다 일리가 있죠? 여섯 륙. 六이 들어간 예는 무엇이 있을까요?

六甲(육갑), 육기(六氣, 추위, 더위, 메마름, 습함, 바람, 비) 등을 들 수 있겠네요. 참고로 六은 위조를 막기 위해 陸(땅 륙)으로 표기하기도 해요.

畜은 玆(불을 자)의 축약형인 玄과 田(밭 전)의 합자예요. 열심히 농사지어 수확물을 많이 쌓아 올렸다는 뜻이에요. '쌓을 축'이라고 읽죠. 지금은 '가축 축'으로 많이 사용하는데, 농사를 짓는데 가축의 도움을 받기 때문에 파생된 의미예요. '쌓을 축'은 畜으로도 표기하지만 蓄으로도 표기해요. 가축 축. 畜이 들어간 예는 무엇이 있을까요? 家畜(가축), 畜産(축산) 등을 들 수 있겠네요.

告는 牛(소 우)와 口(입 구)의 합자예요. 소는 말을 못하므로 뿔로 자신의 의사를 표현한다는 의미예요. 알릴 고. 告가 들어간 예는 무엇이 있을까요? 忠告(충고), 警告(경고) 등을 들 수 있겠네요.

정리 문제를 풀어 볼까요?

1. 다음의 한자를 허벅지에 열심히 연습하시오.

六 여섯 륙   畜 가축 축   告 알릴 고

2. (　)안에 들어갈 알맞은 한자를 손바닥에 써 보시오.

(　)産　忠(　)　(　)甲

3. 다음을 1주일 동안 실천해 보시오.

모든 사람을 한울님으로 인정하라.

03.
동학 농민혁명 기념 공원(3)

때를 만나서는 천하도
내 뜻과 같더니
운 다하니 영웅도 스스로
어쩔 수 없구나
백성을 사랑하고 정의를
위한 길이 무슨 허물이랴
나라 위한 일편단심
그 누가 알리

殞命
時來天地皆同力
運去英雄不自謀
愛民正義我無失
爲國丹心誰有知

시대가 영웅을 만드는 것일까요? 영웅이 시대를 만드는 것일까요? 아무래도 시대가 먼저 아닐까 싶네요. 영웅이란 대개 난세에 등장하는 것이니까요. 그러나 그 난세를 또 치세로 만드는 게 영웅이기도 하니 영웅이 시대를 만든다는 말도 틀린 말은 아니겠지요.

　녹두장군 전봉준도 난세에 활약한 분이니 분명 영웅이지요. 그러나 새로운 세상의 영웅은 되지 못했지요. 왜 새로운 세상의 영웅이 되지 못했을까요? 장군은 자신의 시에서 '운이 다했다(運去)'는 말로 그 이유를 말했지만, 제가 보기엔 '나라 위한 일편단심(愛國丹心)'이 가장 큰 이유인 것 같아요. 주인(임금)이 되려 하지 않고 스스로 아랫사람(신하)이 되려 했던 것이 패착(敗着)의 가장 큰 원인이었던 것 같아요. 첫 구에 나오는 것처럼 때를 만났는데 스스로 자신을 위축 시켰으니 운이 다할 수 밖에요. 너무 가혹한 평가일까요?

　한자를 한 자씩 읽어 볼까요?

殞命	죽을 운 / 목숨 명
時來天地皆同力	때 시 / 올 래 / 하늘 천 / 땅 지 / 다 개 / 한가지 동 / 힘 력
運去英雄不自謀	운 운 / 갈 거 / 빼어날 영 / 뛰어날 웅 / 아닐 부 / 스스로 자 / 꾀할 모
愛民正義我無失	사랑 애 / 백성 민 / 바를 정 / 옳을 의 / 나 아 / 없을 무 / 잃을 실
爲國丹心誰有知	위할 위 / 나라 국 / 붉을 단 / 마음 심 / 누구 수 / 있을 유 / 알 지

한자를 좀 자세히 알아볼까요?

殞는 死(죽을 사)의 약자 歹와 隕(떨어질 운)의 약자인 員의 합자예요. 말 그대로 죽었다란 의미예요. 죽으면 시신을 땅 아래 묻기에 員으로 음을 삼았어요. 죽을 운. 殞이 들어간 예는 무엇이 있을까요? 殞碎(운쇄, 殞命과 같은 의미), 殞石(운석, 隕石(운석)과 같은 의미예요. 다 타지 않고 떨어진 유성을 가리키죠) 등을 들 수 있겠네요.

皆는 比(나란할 비)와 白의 합자예요. 여기서 白은 自의 초기 형태로, 코를 그린 거예요. 중국 고대에는 자신을 타인에게 소개할 때 코를 가리키며 소개했기에 白은 '자신, 스스로' 등의 의미를 갖게 됐어요. 따라서 皆는 사람들이 스스로 나란히 서서 하나가 되었다란 의미예요. 여기에서 '다, 전부' 등의 의미가 나온 것이지요. 다 개. 皆가 들어간 예는 무엇이 있을까요? 擧皆(거개), 皆勤(개근) 등을 들 수 있겠네요.

力은 본래 힘줄을 그린 거예요. 힘줄을 통해 힘쓰는 정도가 나타나기 때문에 '힘'이란 뜻으로도 사용하게 되었지요. 힘 력. 力이 들어간 예는 무엇이 있을까요? 筋力(근력), 力士(역사) 등을 들 수 있겠네요.

運은 辶(쉬엄쉬엄 갈 착, 여기서는 이동의 의미)과 軍(군사 군)의 합자예요. 군사들을 위한 각종 병기와 보급품을 이동시킨다는 의미예요. '운'이란 의미는 본뜻에서 연역된 거예요. '운'은 고정되어 있지 않고 움직이잖아요? 항상 운이 좋은 사람이 어디 있던가요? 운운. 運이 들어간 예는 무엇이 있을까요? 運轉(운전), 幸運(행운) 등을 들 수 있겠네요.

去에서 土는 人이 변형된 것이고, 厶는 凵이 변형된 것으로 문을 의미해요. 문을 나서 밖으로 나간다란 의미지요. 갈 거. 去가 들어간 예는 무엇이 있을까요? 去來(거래), 去就(거취) 등을 들 수 있겠네요.

雄은 隹(새 추)와 厷(팔뚝 굉)의 합자예요. 厷에는 힘이 세다는 의미가 내포되어 있어요. 암컷에 비해 힘이 센 수컷 새란 뜻이지요. '뛰어나다'란 의미는 여기서 연역된 거예요. 뛰어날 웅. 雄이 들어간 예는 무엇이 있을까요? 雌雄(자웅), 雄壯(웅장) 등을 들 수 있겠네요.

謀는 言(말씀 언)과 某(梅(매화 매)의 초기 형태예요. 여기서는 매실이란 의미로 사용)의 합자예요. 매실이 시고 떫은 맛에서 단맛으로 바뀌듯, 어려운 상황을 만나 극복할 방도를 타인에게 물어보거나 깊이 생각하여 헤쳐나간다란 의미예요. 꾀할 모. 謀가 들어간 예는 무엇이 있을까요? 圖謀(도모), 謀議(모의) 등을 들 수 있겠네요.

失은 手(손수)와 乙의 합자예요. 乙에는 빠져나온다는 의미가 있어요. 손에서 빠져나왔다는 뜻이에요. 잃어버렸다는 의미지요. 잃을 실. 失이 들어간 예는 무엇이 있을까요? 失手(실수), 失望(실망)

등을 들 수 있겠네요.

爲는 두 가지로 설명해요.
하나. 손으로 코끼리를 이끌고 일을 하는 모습을 그린 것이다.
둘. 爪(손톱 조)와 원숭이를 나타낸 글자의 합으로, 손톱으로 긁기를 좋아하는 원숭이를 표현한 것이다.
지금은 '하다, 되다, 위하다'란 의미로 사용하죠. 모두 본래의 의미에서 연역된 의미라고 볼 수 있어요. 할(위할) 위. 爲가 들어간 예는 무엇이 있을까요? 行爲(행위), 爲人(위인), 爲我(위아) 등을 들 수 있겠네요.

丹은 본래 주사[丶]라는 광물을 캐내는 광산을 그린 거예요. '붉다'란 의미는 주사(朱砂)라는 광물의 색깔이 붉은데서 나온 거예요. 붉을 단. 丹이 들어간 예는 무엇이 있을까요? 丹心(단심), 丹楓(단풍) 등을 예로 들 수 있겠네요.

誰는 무엇인지 몰라서 물어본다(言, 말씀 언)란 의미예요. 隹는 음을 담당하는데 소릿값이 약간 바뀌었죠(추→수). 누구 수. 誰가 들어간 예는 무엇이 있을까요? 誰何(수하), 誰某(수모, 아무개) 등을 들 수 있겠네요.

정리 문제를 풀어 볼까요?

1. 다음의 한자를 허벅지에 열심히 연습하시오.

殞 죽을 운   皆 다 개   力 힘 력
運 운 운   去 갈 거   雄 뛰어날 웅
謀 꾀할 모   失 잃을 실   爲 할(위할) 위
丹 붉을 단   誰 누구 수

2. ( )안에 들어갈 알맞은 한자를 손바닥에 써 보시오.

雌( ) ( )就 幸( ) 擧( ) ( )士 ( )何
( )我 ( )碎 ( )楓 ( )望 ( )議

3. 다음 시를 읽고 풀이해 보시오.

時來天地皆同力
運去英雄不自謀
愛民正義我無失
爲國丹心誰有知

04.
경고

어떤 지인이 이런 말을 하더군요. "머리에 있는 것이 가슴에 내려가기까지는 70년이 걸린데…." 지인의 말이 사실이라면, 우리는 평생 '아는 척'만 하다 생을 마감하는 것이 아닐까 싶더군요. 더불어 '안다는 것'이 되레 온전한 삶을 방해할 수도 있겠다는 생각도 들고요.

사진의 내용은 그런 '척'하는 앎을 버리라는 경고의 메시지예요. 입차문내막존지해(入此門內莫存知解). "이 문에 들어서는 자, 절대 알음알이를 간직하지 말라!"라는 뜻이에요.

섣부른 '앎'에 대한 경고이자 '앎' 그 자체에 대한 경고이기도 하죠. 이는 불립문자(不立文字)를 강조하는 선종(禪宗)의 강조점인데, 정보의 홍수 속에 살고 있는 현대인에게 시사하는 바가 큰 것 같아요. '앎=삶'의 생활을 하긴 하지만, 그 앎이 과연 우리 삶의 질(행복)에 얼마만 한 기여를 하고 있는지는 반성해 볼 여지가 있는 것 같아요. 얼마나 알아야 삶의 질(행복)이 나아지는 걸까요? 앎을 버리면 삶의 질(행복)은 형편없이 퇴락할까요?

한 글자씩 읽어 볼까요?
들 입(入), 이 차(此), 문 문(門), 안 내(內), 말 막(莫), 있을 존(存), 알 지(知), 이해할 해(解).

한자를 좀 자세히 알아볼까요?

入은 식물의 뿌리가 땅속으로 파고 들어가는 모양을 그린 거예요. ㅣ은 줄기를, 八은 뿌리를 그린 것이지요. 들 입. 入이 들어간 예는 무엇이 있을까요? 出入(출입), 入場(입장) 등을 들 수 있겠네요.

此는 止(그칠 지)와 匕(比(나란할 비의 옛 글자)의 합자예요. 나란히 차례대로 자신이 서야 할 곳에 서 있다는 의미예요. '이'란 의미는 본뜻에서 연역된 것이에요. 서 있어야 할 곳은 바로 '이(곳)'이란 의미로요. 이 차. 此가 들어간 예는 무엇이 있을까요? 彼此(피차), 此際(차제) 등을 들 수 있겠네요.

內는 冂(멀 경)과 入(들 입)의 합자예요. 먼데서(밖에서) 가까운 곳으로(안으로) 들어온다는 뜻이에요. 冂을 집으로 보고, 집안에 들어갔다는 뜻으로 풀이하기도 해요. 안 내. 內가 들어간 예는 무엇이 있을까요? 內外(내외), 內面(내면) 등을 들 수 있겠네요.

莫은 해(日)가 풀들이(十十과 大는 艸(풀 초)의 변형이에요) 우거진 속에 들어간 모습을 그린 것으로, 해가 져서 어둑어둑하다는 의미예요. '저물다'란 의미지요. 지금은 '저물다'란 의미를 暮(저물 모)로 표현하고, 莫은 주로 '없다, ~하지 말라' 등의 의미로 사용해요. '없다, ~하지 말라'는 본뜻에서 연역된 의미예요. 말 막. 莫이 들어간 예는 무엇이 있을까요? 莫大(막대), 莫重(막중) 등을 들 수 있겠네요.

存은 子(아들 자)와 才(재주 재)의 합자예요. 才는 초목이 막 싹을 틔우는 모습을 표현한 것이에요. 막 싹을 틔우는 초목을 잘 보호하듯이 어린 자식을 애지중지하며 애틋한 마음을 갖는다란 의미예요. 있을 존. 存이 들어간 예는 무엇이 있을까요? 存在(존재), 保存(보존) 등을 들 수 있겠네요.

知는 矢(화살 시)와 口(입 구)의 합자예요. 矢에는 '예리하다, 정확하다'란 의미가 내포되어 있어요. 대상에 대해 정확하고 예리하게 말할 수 있을 만큼 대상을 잘 알고 있다는 의미예요. 알 지. 知가 들어간 예는 무엇이 있을까요? 知識(지식), 知性(지성) 등을 들 수 있겠네요.

정리 문제를 풀어 볼까요?

1. 다음의 한자를 허벅지에 열심히 연습하시오.

入 들 입 此 이 차 內 안 내
莫 말 막 存 있을 존 知 알 지

2. (　)안에 들어갈 알맞은 한자를 손바닥에 써 보시오.

　　保(　) 彼(　) (　)外 (　)場 (　)重 (　)性

3. 다음을 읽고 뜻을 풀이해 보시오.

　　入此門內莫存知解

05.
보양식

저하고 몸보신 좀 하실까요? 뭐 드시겠어요? 보신탕? 장어구이? 토끼탕? 생사탕? 토룡탕? 삼계탕? 메뉴가 많으니 혼란스럽다고요? 저보고 고르라고요? 저는 삼계탕으로 하고 싶은데, 괜찮으시겠어요? 좋다고요? 그런데, 어디로 갈 거냐고요? 음, 황후삼계탕요! 맛이 괜찮냐고요? 그럼요, 명색이 황후삼계탕인데. 어디에 있냐고요? 경복궁 근처예요. 연락드릴 테니 꼭 오세요!

사진은 서울 경복궁 근처에 갔다가 찍은 거예요. 밑에 일본어가 붙어 있는데, 일본어는 뺐어요. 어떻게 읽는지는 위의 이야기에 나왔어요. 한 번 읽어 보실까요?

그렇죠! 황후삼계탕. 임금 황(皇), 황후 후(后), 인삼 삼(蔘), 닭 계(鷄), 끓인물 탕(湯). 삼계탕 간판치고는 이름이 너무 거창한 것 같아요. 맛이 정말 괜찮으냐고요? 그게, 실은… 저도 먹어보진 않았어요. 보양식을 꺼리는 편이라. 그럼 위에 든 보양식들은 다 뭐냐고요? 그냥 주위들은 것을 늘어놨을 뿐이에요.

삼계탕을 혹자는 계삼탕으로 불러야 한다고 하더군요. 닭이 주재료이고 인삼은 보조 재료이기 때문이래요. 맞는 말 같죠?

낯선 글자를 좀 자세히 알아볼까요?

皇은 두 가지로 설명해요.
하나. 면류관을 쓰고 단정히 옥좌에 앉아 있는 모습을 그린 것이다.
둘. 白(自(부터 자)의 변형)과 王(임금 왕)의 합자로, 처음으로 [白(自)] 임금 노릇한 위대한 자라는 뜻이다.
둘 다 일리가 있죠? 임금 황. 皇이 들어간 예는 무엇이 있을까요? 皇帝(황제), 皇上(황상) 등을 들 수 있겠네요. 皇帝라는 명칭을 처음 사용한 사람은 진(秦)나라 왕이었던 정(政)이에요. 전국시대를 통일한 후 자신의 업적은 고대의 위대한 통치자였던 三皇(삼황: 복희·신농·황제)과 五帝(오제: 소호·전욱·고신·당요·우순)의 업적을 합친 것과 같다 하여 사용한 명칭이에요(삼황오제가 누구누구냐는 의견이 조금씩 달라요). 이 명칭이 자손 대대로 사용되길 소망하여, 자신이 그 첫 번째란 의미로 '始皇帝(시황제)'란 명칭을 사용했지요.

后는 두 가지로 설명해요.
하나. 口(입 구) 위에 있는 글자는 亻(사람 인)을 가로로 쓴 것이다. 명령을 내리는(口) 사람, 즉 임금이란 뜻이다.
둘. 厂(언덕 한)과 一과 口의 합자이다. 높은 곳에서 한 번 명령을 내림에 사방에 전달되게 하는 자, 즉 임금이란 뜻이다.
后는 본래 천자와 제후에게 사용하던 명칭이었는데, 후에 천자나 임금의 아내에게 사용하는 명칭으로 변경되었어요. 황후 후. 后가 들어간 예는 무엇이 있을까요? 后宮(후궁, 궁녀가 있는 궁전), 后妃(후비, 황후) 등을 들 수 있겠네요.

蔘은 ++(풀 초)와 參(侵의 변형, 차츰 나갈 침)의 합자예요. 점진적으로 자라며 맛도 쓴맛에서 차츰 단맛으로 변해가는 약초란 의미예요. 피로를 제거하고 위를 보호하는 약재로 널리 알려져 있죠. 인삼 삼. 蔘이 들어간 예는 무엇이 있을까요? 人蔘(인삼), 紅蔘(홍삼) 등을 들 수 있겠네요.

湯은 氵(물 수)와 陽(볕 양)의 옛 글자와의 합자예요. 햇볕을 쬐면 뜨겁듯이 그처럼 온도가 높은 물이란 의미예요. 끓인물 탕. 湯이 들어간 예는 무엇이 있을까요? 溫湯(온탕), 沐浴湯(목욕탕) 등을 들 수 있겠네요.

정리 문제를 풀어 볼까요?

1. 다음의 한자를 허벅지에 열심히 연습하시오.

皇 임금 황   后 황후 후   蔘 인삼 삼   湯 끓인물 탕

2. ( )안에 들어 갈 알맞은 한자를 손바닥에 써 보시오.

紅( ) 溫( ) ( )宮 ( )帝

3. 본인이 즐겨 먹는 보양식을 소개해 보시오.

06.
어떤 환약

어디 아픈 데 있으신가요? 머리? 어깨? 팔? 무릎? 다 아프시다고요? 이런… 힘드시겠네요? 제가 그것들을 낫게 해드릴 약을 하나 소개해 드릴게요. 그 약은 바로, 가야환(可也丸)이에요. 이름하여 '괜찮다(다 낫는다) 알약'이지요. 이름처럼 정말 효과가 있냐고요?

위약(僞藥) 효과 혹은 플라시보 효과라고 들어 보셨는지요? 아무 효과가 없는 약인데도 효과가 있는 것인 양 믿고 먹으면 효과가 나타난다는 주장이지요. 가야환은 거짓 약도 아니니 믿고 드시면 정말 이름처럼 효과를 보실 거예요. 파는 곳이 어디냐고요? 하하하, 그것은 비밀이에요.

사실 사진에 나온 '가야환'은 소화제예요. 처가에서 얻었는데, 소화제 계통의 이름을 사용하지 않고 재미있는 이름을 사용해서 자료로 사용해 봤어요. 이름 값을 하는지, 꽤 효과가 있더군요. 이 알약을 조제한 한의사 분은 유머 감각이 남다르실 것 같아요.

한자를 좀 자세히 알아볼까요?

也는 본래 손대야를 그린 거예요. ㅣ은 물을 넣는 입구를, ㄱ은 몸체를, ㄴ은 물이 흘러나오는 주둥이 부분을 그린 거예요. 후에 손대야를 의미하는 글자는 匜(손대야 이)로 쓰이게 되었고, 也는 '~이다'라는 단정의 의미를 나타내는 어조사로만 사용하게 되었지요. '어조사 야'라고 읽어요. 어조사로 사용되기 때문에 특별히 예를 들 만 한 것이 없군요. 그래도 아쉬우니⋯ 혹시 천자문의 마지막 구절이 무엇인지 아세요? 바로 焉哉乎也(언재호야)예요. 也처럼 焉과 哉와 乎는 모두 문장의 말미에 사용되는 어조사들이에요. 그 뜻은 각각 '~이다' '~인가(저)' '~인가(이리요)'예요.

丸은 두 가지로 설명해요.
하나. 仄(기울 측)과 反(되돌릴 반)의 합자로, 똑바로 서지 못하고 계속 기울어서 뒹굴어 다니는 상태라는 의미이다.
둘. 본래 ⊙의 모양이었는데, 형태가 변한 것이다. 丶은 둥글게 만들려고 만지는(반죽하는) 동안 일시적으로 오목하게 들어간 부분을 표현한 것이다.
둘 다 일리가 있죠? '알 환, 둥글 환'이라고 읽어요. 丸이 들어간 예는 무엇이 있을까요? 丸藥(환약), 彈丸(탄환) 등을 들 수 있겠네요.

정리 문제를 풀어 볼까요?

1. 다음의 한자를 허벅지에 열심히 연습하시오.

　　　也 어조사 야　　　　丸 둥글 환

2. (　)안에 들어갈 알맞은 한자를 손바닥에 써 보시오.

　　(　)藥　焉哉乎(　)

3. '괜찮다(다 낫는다) 알약'을 한자로 바꾸어 써 보시오.

07.
어떤 학원

연탄재 함부로 발로 차지 마라
너는 누구에게 한 번이라도 뜨거운 사람이었느냐!

안도현 시인의 '연탄재'라는 시의 첫 대목이에요. 사진의 한자를 대하면서 자연스럽게 떠오른 시였어요. 언제 가슴이 뜨거웠었는지, 아니 뜨거운 적이 있었는지 모르겠네요. 시인의 말처럼 함부로 연탄재를 차면 안 되겠어요.

사진의 한자는 더울 열(熱), 피 혈(血), 열혈(熱血)이라고 읽어요. 더운 피 혹은 뜨거운 피라는 뜻이지요. 학원 이름이에요. 이 학원에서 가르치는 선생님과 학생들은 모두 열정이 넘칠 것 같군요(혹 열정이 지나쳐 때리거나 맞는 일은 없기를!). 교육이라는 행위는 단순히 가르치고 배운다는 행위 자체만으로 이뤄지는 것이 아니고 정서의 교류가 밑받침돼야 제대로 이뤄지지요. 가르치는 자의 뜨거운 열정과 배우는 자의 성실한 마음이 결합해야 제대로 교육이 되는 것이지요.

여기서 굳이 방과 후에도 학원에 다녀야 하는 우리나라 학생들의 힘든 학습 현실과 학원의 문제점을 지적할 필요는 없을 것 같네요. 다만 어린 학생들이 힘든 학습 현실 속에서도 열정 있는 선생님의 따뜻한 위로를 받으며 좌절하지 않고 성장하기만을 기원할 뿐이에요. 이 학원에 다니는 학생들도 그런 선생님의 가르침을 받기를!

한자를 좀 자세히 알아볼까요?

熱은 埶(심을 예)와 灬(火의 변형, 불 화)의 합자예요. '덥다, 뜨겁다'란 의미예요. 불기운으로 말미암아 더워지기에 灬로 뜻을 나타냈고, 埶는 음을 나타내는데(예→열) 뜻도 일부분 담당해요. 심은 것이 잘 자라려면 필요한 것이 더운 기운이라는 의미로요. 더울 열. 熱이 들어간 예는 무엇이 있을까요? 以熱治熱(이열치열), 熱氣(열기) 등을 들 수 있겠네요.

血은 皿(그릇 명)과 피를 상징적으로 나타낸 글자(丶)의 합자예요. 그릇에 피가 담겨있는 모습을 나타낸 글자지요. 이 그릇은 제(祭: 제사 제)를 지낼 때 사용하는 그릇이고, 이 피는 희생(犧牲: 제사에 쓰는 동물)의 피예요. 피 혈. 血이 들어간 예는 무엇이 있을까요? 血盟(혈맹), 血書(혈서) 등을 들 수 있겠네요.

정리 문제를 풀어 볼까요?

1. 다음의 한자를 허벅지에 열심히 연습하시오.

　　熱 더울 열　　　血 피 혈

2. (　)안에 들어갈 알맞은 한자를 손바닥에 써 보시오.

　　以(　)治(　) (　)盟

3. 안도현 시인의 시 '연탄재' 나머지 부분을 마저 읽어 볼까요?

　　자신의 몸뚱아리를
　　다 태우며 뜨끈뜨끈한
　　아랫목을 만들던
　　저 연탄재를
　　누가 함부로 발로 찰 수 있는가?

　　자신의 목숨을 다 버리고
　　이제 하얀 껍데기만 남아있는
　　저 연탄재를
　　누가 함부로 발길질할 수 있는가?

08.
어떤 계란

사진은 집 냉장고에 있는 계란 포장을 찍은 거예요. 목초(木醋)라는 말이 궁금해서 찍었어요. 木은 다 아시죠? 나무 목, 醋는 초(산) 초라고 읽어요.

사전을 찾아보니, '동물 사료용 풀'이라고 풀이가 돼 있더군요. 제가 보기엔 정확한 풀이가 아닌 것 같아요. 醋는 발효의 의미가 있기 때문에 '풀을 베어 건조 발효시킨 동물용 사료'라고 해야 맞는 풀이일 것 같아요.

목초라는 말을 사용한 것을 보니 닭에게 인공 합성 사료가 아닌 자연 발효 사료를 먹였다는 의미 같아요. 그런데 정말 그런 계란인지는 의문이에요. 일반 소규모 생산도 아니고 대량 생산을 하는 업체에서 과연 그런 자연 발효 사료를 닭들에게 먹일 수 있을까 싶어요. 또 한 가지. 설령 그런 사료를 먹인다 해도 닭을 방사시킨 상태에서 키워야 하는데, 대규모로 계란을 생산하는 업체에서 비용이 많이 들어갈 그런 방식의 사육을 과연 하겠느냐는 것이지요. '목초…'는 그저 선전에 불과할 뿐일 것 같다는 생각이에요. 너무 부정적인가요?

한자를 좀 자세히 알아볼까요?

木은 나무를 그린 거예요. 상단의 ㅣ과 ㅡ은 줄기와 가지를, 하단의 ㅣ과 ㅅ은 중심 뿌리와 곁뿌리를 그린 거예요. 나무 목. 木이 들어간 예는 무엇이 있을까요? 樹木(수목), 草木(초목) 등을 들 수 있겠네요.

醋는 酉(酒의 옛 글자, 술 주)와 昔(옛 석, 여기서는 음만 담당. 석 → 작으로 음이 변함)의 합자예요. 손님이 주인에게 감사의 술을 올린다는 의미예요. '잔 돌릴 작'이라고 읽어요. '초(산)'이란 의미는 여기서 연역된 거예요. 오래도록 술을 돌리다 보니 맛이 변해서 신맛이 됐다는 의미로요. 음도 바뀌고요(작→초). 지금은 거의 '초(산) 초'로만 사용해요. 초(산) 초. 醋가 들어간 예는 무엇이 있을까요? 氷醋酸(빙초산, 엄청나게 시죠), 食醋(식초) 등을 들 수 있겠네요.

정리 문제를 풀어 볼까요?

1. 다음의 한자를 허벅지에 열심히 연습하시오.

    木 나무 목   醋 초(산) 초

2. (   )안에 들어갈 알맞은 한자를 손바닥에 써 보시오.

   食(   ) 樹(   )

3. 본인이 잘하는 계란 요리 한 가지를 소개해 보시오.

09.
/
어떤 과자

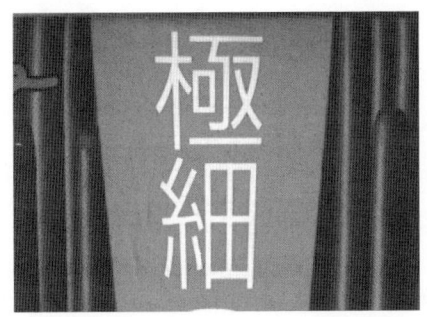

뭘까요? 바로 아시면 젊은 분. 기억을 더듬으시면 중년 이상. 이건 빼빼로 봉투예요. 정확하게 얘기하면 빼빼로가 아니고 포키(Pocky) 봉투지요.

인터넷을 찾아보니 빼빼로는 국산 제품으로 롯데에서 1983년부터 만든 제품이고 포키는 한일합작 제품으로 글리코해태에서 2013년부터 만든 제품이라고 나와 있더군요. 일본 회사인 글리코는 빼빼로, 즉 스틱형 초코과자의 원조는 바로 자신이라고 주장하고 있더군요(1966년부터 만들었대요).

한자를 읽어 볼까요? 극세(極細)라고 읽어요. 사실 이 포장에는 한자 밑에 한글이 나와 있는데, 제가 학습을 위해 일부러 생략했어요. 極은 다할 극, 細는 가늘 세라고 읽어요. 굳이 풀이한다면 '극도로 가늘다'라고 풀이할 수 있겠네요. '굳이'라는 말은 쓴 것은 왠지 이 표현이 일본식 한자 표기 같다는 생각이 들어서예요. 의미는 통하지만, 한문 식 표기는 아닌 것 같아 '굳이'라는 표현을 쓴 것이지요. 한문 식으로 표기하려면 우세(尤細)나 심세(甚細)로 표현해야 할 것 같거든요.

이 과자에 대한 평을 찾아보니 호평이 많더군요. 이 평들이 사실이라면 포키의 한국 공략은 성공한 것 같아요. 이쯤 되면 저도 이 과자를 시식해 봐야 하는데, 제가 과자를 별로 좋아하질 않아서…. 그러면, 이 과자 봉투는 어디서 찍은 거냐고요? 그게… 동네의 폐휴지 쌓아 놓은 데에서….

한자를 좀 자세히 알아볼까요?

極은 木(나무 목)과 亟(빠를 극)의 합자예요. 지붕의 물을 양쪽으로 빠르게 흘려보내는 최정상부에 있는 목재라는 의미예요. 이런 목재를 용마루라고 부르지요. 아래 사진을 보시면 금방 이해가 되실 듯.

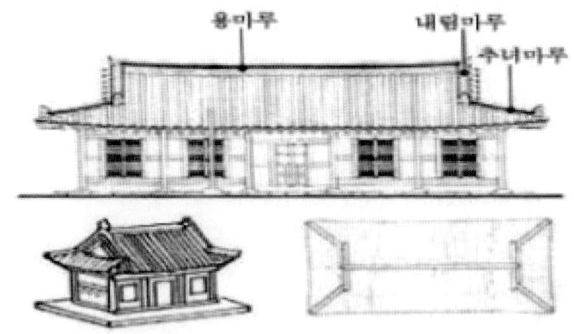

(인용 출처: http://blog.daum.net/seed/1880)

이 글자의 일반적 의미인 '다하다'는 본뜻에서 연역된 거예요. 최정상부란 의미에서 '할 때까지 다했다. 끝까지 이르렀다.'란 의미를 연역해 낸 것이지요. 지금은 '다하다'란 의미로만 사용하고, 용마루 란 의미는 '棟(동)'으로 사용해요. 다할 극. 極이 들어간 예는 무엇이 있을까요? 太極旗(태극기), 窮極(궁극) 등을 들 수 있겠네요.

細는 糸(실 사)와 어린아이의 숨골을 그린 田의 합자예요. 두개골도 봉합 안 된 어린아이처럼 작고 실처럼 가늘다란 의미지요. 가늘 세. 細가 들어간 예는 무엇이 있을까요? 微細(미세), 纖細(섬세) 등을 들 수 있겠네요.

정리 문제를 풀어 볼까요?

1. 다음에 해당하는 한자를 허벅지에 열심히 연습하시오.

   極 다할 극   細 가늘 세

2. (   )안에 들어갈 알맞은 한자를 손바닥에 써 보시오.

   (   )細   窮(   )

3. '빼빼로 데이'에 대한 소견을 말해 보시오.

10.
양 꼬치

양두구육(羊頭狗肉)이라는 말이 있어요. 양의 머리를 내걸고 개고기를 판다는 의미예요. 겉과 속이 다른 위선적인 경우에 사용하는 말이죠. 그런데 개고기가 양고기 보다 좋다면 양머리를 내걸고 개고기를 팔아도 별문제 없을 거예요. 문제는 개고기가 양고기보다 좋지 않다는데 있는 거겠지요. 이로 미뤄보면 중국에서는 개고기보다 양고기가 더 비싼 고기가 아닌가 싶어요

최근 양고기를 취급한다는 간판이, 제가 사는 지역에, 눈에 띄게 늘었어요. 제가 사는 곳은 지방 소도시인데, 여기가 이런 정도라면 대도시는 굉장하겠구나 하는 생각이 들더군요.

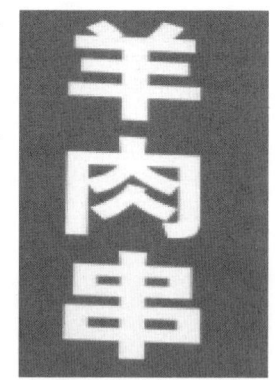

이곳에 주로 들르는 분들은 조선족 분들이나 중국 분들이에요. 그런데, 이건 다소 황당한 추측인데, 이분들이 중국에 계실 때는 양고기를 그리 쉽게 드시지 못했을 것 같아요. 위에서 말했지만, 양고기가 상품의 고기이기에 가격이 비쌀 테니 말이지요. 하지만 한국에서는 한화가 위안화보다 가치가 높으니 양

고기 먹는 것이 그리 어렵지 않을 거예요. 먹고 싶은 마음만 있으면 돈은 그리 큰 문제가 안 될 것 같아요. 어쩌면 조선족 분들이나 중국 분들이 한국에서 양고기를 드시며 "야, 이거 한국이나 되니까 먹지 고향에서는 어림도 없지!" 하지 않으실까 모르겠어요.

사진의 한자를 읽어 볼까요?
羊은 양 양, 肉은 고기 육, 串은 꼬치 찬이라고 읽어요. 양육찬, '양(고기) 꼬치'란 뜻이지요.

한자를 좀 자세히 알아볼까요?

羊은 양을 그린 거예요. 맨 위에 있는 점 두 개는 뿔을 그린 것이고, 두 점 밑에 있는 一은 머리를 그린 거예요. ㅣ은 몸통과 꼬리를, 二는 네 다리를 그린 거예요. 양 양. 羊이 들어간 예는 무엇이 있을까요? 九折羊腸(구절양장, 양의 창자가 엄청나게 꼬여 있다는 뜻으로 길이 매우 꼬불꼬불하다는 의미로 사용하죠), 羊皮(양피, 양가죽) 등을 들 수 있겠네요.

肉은 고깃덩어리를 그린 거예요. 冂은 고기의 외형을, 내부에 있는 人 두 개는 살결을 그린 거예요. 고기 육. 肉이 들어간 예는 무엇이 있을까요? 肉食(육식), 肉體(육체) 등을 들 수 있겠네요.

串은 '꿰다'란 의미예요. ㅣ은 가운데로 관통시킨 것을 나타낸 것이고, 口 두 개는 관통된 물건을 나타낸 것이지요. 꼬치라는 의미는 이런 본뜻에서 연역된 것이지요. 이 한자는 '곶 곶'이란 뜻과 음으로도 사용하는데, 이 경우는 한국에서만 사용해요. '곶'은 바다 쪽으로 길고 좁게 내민 땅을 말해요. 꼬치 찬. 곶 곶. 串이 들어간 예는 무엇이 있을까요? 魚串(어찬, 물고기 꿰미), 長山串(장산곶, '매'로 유명한 곳이죠) 등을 들 수 있겠네요.

정리 문제를 풀어 보실까요?

1. 다음의 한자를 허벅지에 열심히 연습하시오.

羊 양 양   肉 고기 육   串 꼬치 찬, 곶 곶

2. ( )안에 들어갈 알맞은 한자를 손바닥에 써 보시오.

( )食   九折( )腸   魚( )

3. 양고기를 이용한 요리를 한 가지 소개해 보시오.

11.
어떤 보약

언제부턴가 탕제원, 건강원 등의 이름으로 여러 가지 것들을 즙 내어 파는 곳이 많아졌어요. 처음에는 편리해서 좋은 줄 알았는데, 부정적으로 보는 시각도 있더군요. 특히 약재와 관련해서요. 요지는 이거예요. 약을 한 첩씩 달이는 것 하고 전체 약재를 한꺼번에 달이는 것은 달이는 과정에서 나타나는 화학반응이 달라질 수 있기 때문에 제대로 된 약효를 기대하기 어렵다는 것이지요. 약탕기가 없으면 냄비 같은 데에다 한 첩씩 달여 먹는 게 좋다고 해요. 일리 있는 의견 같아요.

사진은 여러 가지 과일과 견과류를 추출한 속칭 헤모글로빈 탕이라고 부르는 보약이에요. 이름은 내용물하고 별 상관없이 붙인 것 같아요. (조혈탕(造血湯)이라고 썼으면 좋았을텐데…)

지인이 맛보라고 몇 개 줬는데 약간 시큼털털하더군요. 혹 이도 한꺼번에 여러 가지를 많이 다려 약효가 반감된 것 아닌가 싶더군요.

한자를 읽어 볼까요?

抽는 뽑을 추, 出은 날 출, 液은 즙 액이에요. 추출액, '뽑아낸 즙'이란 뜻이지요.

한자를 좀 자세히 알아볼까요?

抽는 扌(手의 변형, 손 수)와 由(말미암을 유)의 합자예요. 손으로 끌어당겨 밖으로 나오게 한다는 의미예요. 由는 음을 담당하면서(유→추로 변함) 뜻도 일부분 담당해요. 끌어당겨 밖으로 나오게 하려면 외부로부터의(由) 힘이 필요하다는 의미로요. 뽑을 추. 抽가 들어간 예는 무엇이 있을까요? 抽象(추상), 抽拔(추발, 발탁과 같은 의미임) 등을 들 수 있겠네요.

出은 두 가지로 설명해요.
하나. 문 입구(凵)에서 밖으로 나가려는 사람의 발(屮)을 그린 것이다.
둘. 땅속에(凵) 있는 식물의 싹이 밖으로 돋아 나오는(屮) 모습을 그린 것이다.
둘 다 일리가 있죠? 날 출. 出이 들어간 예는 무엇이 있을까요? 外出(외출), 出他(출타) 등을 들 수 있겠네요.

液은 氵(水의 변형, 물 수)와 夜(밤 야)의 합자예요. 어떤 물체의 내부에서 나오는 진액(氵)이란 의미예요. 夜는 음을 담당하면서(야→액으로 변함) 뜻도 일부분 담당해요. 진액은 곧 물기인데 물기는 대개 밤에 생긴다는 의미로요. 즙 액. 液이 들어간 예는 무엇이 있을까요? 液汁(액즙), 액체(液體) 등을 들 수 있겠네요.

정리문제를 풀어 볼까요?

1. 다음의 한자를 허벅지에 열심히 연습하시오.

    抽 뽑을 추   出 날 출   液 즙 액

2. (   )안에 들어갈 알맞은 한자를 손바닥에 써 보시오.

    (   )體   (   )象   外(   )

3. 좋아하는 추출액이 있으면 소개해 보시오.

12.
술타령

술집 광고가 재미있어서 찍었어요. 그런데 내용이 범상치 않아요. 인터넷을 찾아보니 신천희라는 시인의 작품으로 나와 있더군요. 재미있는 것은 이 분이 스님이라는 거예요. 게다가 아동문학에 주력하고 계신 분이고요. 그래서 그런지 이 시에는 동시에서 많이 사용하는 각운법이 사용되고 있어요. '~야, ~라, ~나, ~지' 등이 그것이지요. 어떤 예가 있을까요? '산토끼'와 '달맞이'가 떠오르네요. "산토끼 토끼야, 어디를 가느냐…" "동무야 나오너라 달맞이 가자…"

이 시에 등장하는 핵심어는 날씨, 옷, 술이에요. 날씨, 특히 추운 날씨는 혹독한 시련을 상징하죠. 구체적으로는 물질적 궁핍으로 인한 고통을 의미하죠. 그런데 그런 궁핍에 대처하는 시인의 해법은 물질적 충족[옷]이 아니예요. 정신적 충족[술]이에요. 술을 마시면 마음이 넓어지고 훈훈해지잖아요? 이런 면에서, 이 시는 외형적으론 주태백의 술타령인 것 같지만 실제는 보살 정신을 담은 구도의 시라고 볼 수 있어요. 무슨 말이냐고요? 혹독한 시련을 넓은 마음과 훈훈한 인정으로 극복하려는 사람은 타인의 고통에 대해서도 무관심하지 않을 테니까요. 그런데 그런 사람을 보살이라고 하잖아요? 그러니 이 시를 보살 정신을 담고 있는 구도의 시라고 할 수 있는 것이지요. 스님다운 시예요.

한자를 좀 자세히 알아볼까요?

酒는 두 가지로 풀이해요.
하나. 술병에서 술이 흘러나온 모양을 그린 것이다. 이 경우 氵(물 수)는 흘러나온 술 방울을, 酉는 술병을 그린 것이라고 봐요(兀은 술병의 입구와 목을, 曰은 술병의 몸체와 거기에 담긴 술을 그린 것이에요).
둘. 氵(물 수)와 酉(열째지지 유, 여기서는 음력 8월이란 의미로 사용됨)의 합자이다. 음력 8월에 추수한 곡식과 물을 혼합 발효하여 만든 식품을 술이라 한다. 술 주. 酒가 들어간 예는 무엇이 있을까요? 酒店(주점), 淸酒(청주) 등을 들 수 있겠네요.

제가 아는 어떤 분은 미혼인 후배들에게 결혼 상대자와 꼭 술을 먹어 보라고 권해요. 술을 먹어보면 그 사람의 됨됨이를 평가할 수 있다는 것이지요. 나름대로 일리가 있는 것 같아요. 취하면 본색이 드러나기 마련이니까요. 이번엔 정리 문제를 아니 내도 괜찮겠지요? 그나저나 신천희 시인께서 이 술집에 써 붙인 자신의 시를 보면 무슨 생각이 드실지 매우 궁금해지네요.

13.
광한루원 현판(1)

『춘향전』읽어 보셨는지요? 전, 부끄럽게도, 못 읽어 봤어요. 하지만 너무 유명해서 꼭 읽은 것 같은 착각이 들어요. 사진은 광한루원의 중심 건물인 광한루 현판이에요. 광한루는 춘향과 이도령이 첫 대면을 한 장소이지요. 광한루를 대하는 순간 두 사람이 왠지 가공의 인물이 아니라 실제 인물이었던 것처럼 느껴지더군요. 그만큼 『춘향전』의 내용이 우리에게 친숙하다는 얘기겠지요. 만일 춘향과 이도령의 이야기가 없었다면 광한루는 어떠했을까요? 아래 설명과 같은 그저 그런 누각 중의 하나이지 않았을까요?

> 이 건물은 조선 시대 이름 난 황희 정승이 남원에 유배되었을 때 지은 것으로 처음에는 광통루(廣通樓)라 불렸다. 세종 26년(1444) 정인지가 건물이 전설 속의 달나라 궁전인 광한청허부(廣寒淸虛府)를 닮았다 하여 광한루(廣寒樓)로 고쳐 부르게 되었다. 이후 선조 15년(1582)에는 정철이 건물 앞에 다리를 만들고 그 위를 가로질러 오작교라는 반월형 교각의 다리를 놓았다. 지금의 건물은 정유재란(1597) 때 불에 탄 것을 인조 4년(1626)에 다시 지은 것이다. 건물 북쪽 중앙의 층계는 점점 기우는 건물을 지탱하기 위해 고종 때 만들었다.

우리 건축은 선이 아름답죠. 측면에서 한 컷 찍었네요.

아쉽게도 광한루엔 오를 수가 없었어요. 훼손 방지를 위해 출입을 금지하고 있더군요. 광한루의 참 멋은 건물 자체가 아니라 이곳에 올라 바라보는 경치일 터인데, 무척 아쉽더군요.

한자를 읽어 볼까요?

廣은 넓을 광, 寒은 찰 한, 樓는 다락 루라고 읽어요. '광한(廣寒)'은 설명판에 나온 것처럼 '광한청허부(廣寒清虛府)'의 줄임말이에요. '광한청허'는 '더없이 차가우며 맑고 비어있다'란 의미인데, 달을 묘사한 내용이죠. '부'는 관청이란 의미인데, 특정 관할 지역을 가리키는 명칭이에요. 한성부(漢城府, 지금의 서울특별시) 등이 그 예이죠. 설명판에 광한청허부를 달나라 궁전이라고 설명한 것은 정확한 풀이가 아닌 것 같아요. 광한이 달을 가리키니 광한루의 진경은 낮이 아닌 밤에 있을 것 같아요. 그래서 그럴까요? 광한루원은 야간에도 개장을 하더군요. 게다가 요금도 안 받고. 남원 시민들은 좋으시겠어요.

한자를 좀 자세히 알아볼까요?

廣은 广(집 엄)과 黃(橫(가로 횡)의 줄임 자)의 합자예요. 사면에 벽이 없이 가로로 길게 된[黃] 큰 집[广]이란 뜻이에요. 종묘를 생각하시면 되겠네요. '넓다'란 의미는 여기서 연역된 것이죠. 넓을 광. 廣이 들어간 예는 무엇이 있을까요? 廣野(광야), 廣域(광역) 등을 들 수 있겠네요.

寒은 宀(집 면)과 艸(풀 초)의 약자와 人(사람 인)과 二(둘 이)의 합자예요. 궁벽한 곳(집)에 살아 너무 추워서 위, 아래로[二] 풀을 덮어 온기를 유지하려 한다는 의미예요. 찰 한. 寒이 들어간 예는 무엇이 있을까요? 寒氣(한기), 酷寒(혹한) 등을 들 수 있겠네요.

樓는 木(나무 목)과 婁(여러 루)의 합자예요. 목재를 이용하여 겹쳐 지은 집이란 뜻이에요. 똑같은 형태의 집을 겹치게 지은 이층집이란 의미지요. '다락'이란 의미는 본뜻에서 연역된 거예요. 이층집처럼 높은 곳에 마련한 공간이란 의미로요. 다락 루. 樓가 들어간 예는 무엇이 있을까요? 摩天樓(마천루), 戍樓(수루) 등을 들 수 있겠네요.

정리 문제를 풀어 볼까요?

1. 다음의 한자를 허벅지에 열심히 연습하시오.

   廣 넓을 광   寒 찰 한   樓 다락 루

2. ( )안에 들어갈 알맞은 한자를 손바닥에 쓰시오.

   (　)氣　(　)閣　(　)域

3. 춘향과 이도령의 만남을 '광한루'를 이용하여 3행시로 지어 보시오.

14.
광한루원 현판(2)

광한루 뒤편과 안쪽에 있는 현판이에요. 오른쪽 것을 읽어 볼까요? 호수 호(湖), 남녘 남(南), 차례 제(第), 한 일(一), 다락 루(樓), 호남제일루(湖南第一樓)라고 읽어요.

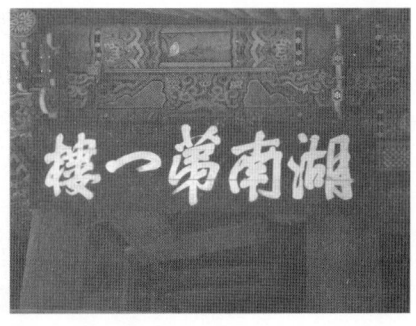

왼쪽 것을 읽어 볼까요? 계수나무 계(桂), 누각(볼) 관(觀), 계관(桂觀)이라고 읽어요.

호남제일루는 말 그대로 호남지방의 으뜸가는 누각이란 의미예요. 호남은 전라남북도 지역을 가리키는 명칭이죠. 김제 벽골제의 남쪽에 있는 지방이라는 데서 유래한 명칭이에요. 계관은 계수나무가 있는 누각이란 뜻인데 달에 있는 누각이란 의미예요. 둘 다 광한루에 대한 최고의 상찬(賞讚)이죠.

그런데 두 현판은 옥상옥(屋上屋) 같다는 생각이 들더군요. 내용이 그런 것이 아니라 부착 위치가요. 호남제일루는 광한루 뒤편 왼쪽에 붙어 있는데 편액(扁額) 형태도 아니고 판자(板子) 형태라 어색하고 부착한 것도 왠지 건물 보수용으로 붙여놓은 듯한 느낌이 들더군요. 계관은 편액이 과도하게 커서 보는 이를 주눅 들게 해요. 경치를 감상하러 오는 이에게 — 지금은 올라가서 감상할 수도 없지만 — 불필요한 압박감을 주는 현판이란 생각이 들더군요. 큰 문제가 안 된다면 둘 다 떼어서 박물관에 보관하는 것이 어떨까 싶더군요.

한자를 좀 자세히 알아볼까요?

第는 竹(대 죽)과 弟(차례 제)의 줄임 글자가 합쳐진 거예요. 죽간의 선후 차서를 정한다란 의미예요. 차례 제. 第가 들어간 예는 무엇이 있을까요? 次第(차제), 第三者(제삼자) 등을 들 수 있겠네요.

一은 잘 아시죠? 최초의 수(數)인 하나를 표시한 것이지요. 세로로 표시할 수도 있는데, 평이하면서 보기 쉽고 아울러 이후의 숫자를 덧보태기 용이하도록 하기 위해 가로로 표시했다고 보고 있어요. 한 일. 一이 들어간 예는 무엇이 있을까요? 一貫(일관), 一定(일정) 등을 들 수 있겠네요.

桂는 木(나무 목)과 圭(서옥 규, 홀 규라고도 하죠)의 합자예요. 서옥처럼 특별한 나무란 뜻이에요. 백약(百藥)의 우두머리란 호칭을 갖고 있죠. 특히 이 나무의 껍질을 약재로 많이 사용하죠. 달나라의 계수나무와 지상의 계수나무는 이름만 동일할 뿐 서로 다른 나무라고 해요. 달나라의 계수나무는 상상의 나무일 뿐이죠. 계수나무 계. 桂가 들어간 예는 무엇이 있을까요? 桂皮(계피), 桂冠(계관) 등을 들 수 있겠네요.

觀은 雚(황새 관)과 見(볼 견)의 합자예요. 황새처럼 세밀하게 잘 본다는 의미예요. 황새가 물가에서 물고기 잡을 때 집중하는 모습을 연상하시면 되겠네요. 계관(桂觀)에서 '관'은 본다는 의미가 아니고 누각이란 의미로 쓰였는데, 본 의미에서 연역된 거예요. 경치를 바라보는 곳이 누각이란 의미로요. '관'은 도교 사원의 의미로도 사용해요. 누각(볼) 관. 觀이 들어간 예는 무엇이 있을까요? 觀光(관광), 道觀(도관, 도교 사원) 등을 들 수 있겠네요.

정리 문제를 풀어 볼까요?

1. 다음의 한자를 허벅지에 열심히 연습하시오.

   第 차례 제   一 한 일   桂 계수나무 계   觀 누각(볼) 관

2. (   )안에 들어갈 알맞은 한자를 손바닥에 써 보시오.

   (   )皮   (   )貫   道(   )   (   )三者

3. '호남제일루'와 '계관'을 한자로 쓰시오.

15.
광한루원 현판(3)

신선이 사는 곳을 한 번 가보실까요? 신선이 사는 곳을 흔히 삼신산(三神山)이라고 부르죠. 신선이 사는 세 곳의 산이란 뜻인데, 영주산(瀛洲山)·봉래산(蓬萊山)·방장산(方丈山)을 가리켜요. 이중 영주산을 가보도록 하죠. 자, 채비 차리셨나요? 그럼, 출~ 발. 자, 도착했습니다. 오잉, 벌써? 그럼요, 영주산은 광한루 바로 코앞에 있는걸요.

사미인곡으로 유명한 송강 정철 선생이 이곳 남원을 다스릴 때 광한루 앞에 물을 끌어들이고 인공의 삼신산을 조성했어요. 그리고 영주산에는 누각도 세웠지요. 누각의 이름은 영주각(瀛洲閣)이라고 했고요. 위 왼쪽 사진이 영주각 현판이고 오른쪽 사진이 영주각 건물이에요. 어떠세요? 신선이 사는 곳에 오시니. 옛날 분들은 이 영주각에 올랐을 때 어떤 느낌이 드셨을까요? 임께서 느끼신 기분과 한 번 비교해 보는 것도 재미있겠지요?

늘어진 버들가지 시원한 대숲 아래 작은 시내 동으로 흐르는데
날 듯한 선각(仙閣)이 진토(塵土) 중에 솟아있네.
누각에 오른 날 가슴 속이 시원하고 깨끗하니
삼청(三淸) 상계(上界)의 바람이 불어온 듯하여라.

* 三淸 上界 : 도가에서 말하는 하늘 세계

누각에 걸린 시들 중 하나를 읽어 보았어요. 어때요? 비슷한 느낌이신가요? 오신 김에 한참 쉬었다 가셔요.

한자를 좀 자세히 알아볼까요?

瀛은 氵(물 수)와 贏(가득할 영)의 합자예요. 육지를 가득 둘러싼

끝 모를 바다란 뜻이에요. '바다 영'이라고 읽어요. '신선이사는섬 영'이라고도 읽는데 본뜻에서 연역된 것이지요. 이 '신선이 사는 섬' 은 동해에 있거든요. 瀛이 들어간 예는 무엇이 있을까요? 일상적인 예는 별로 없는 것 같군요. 瀛表(영표, 해외란 뜻), 瀛海(영해, 큰 바다란 뜻) 등을 들 수 있겠네요.

洲는 氵(물 수)와 州(고을 주)의 합자예요. 물 한가운데 형성된 고을이란 뜻이에요. 사람이 사는 섬이란 의미지요. '섬 주, 뭍 주'라고 읽어요. 본래 州 하나만으로 섬이란 의미를 나타냈는데 후에 氵를 추가하여 '물 한가운데 형성된'이란 의미를 좀 더 구체화했지요. 洲가 들어간 예는 무엇이 있을까요? 洲島(주도, 섬이란 의미), 洲渚(주저, 모래톱) 등을 들 수 있겠네요.

閣은 門(문 문)과 各(각각 각)의 합자예요. 열어 놓은 문 양쪽 각각을 고정시키는 말뚝이란 의미예요. 문밖에 구멍을 파놓고 문을 연 다음 이곳에 말뚝을 꽂아 열어 놓은 문을 고정시켰는데 이 말뚝의 이름을 閣(각)이라고 부른 거예요. 아파트 현관문에 달린 말발굽을 생각하시면 되겠네요. 지금은 문을 고정시키는 말뚝이란 의미로 사용하지 않고 말뚝처럼 기둥을 높이 세워 지은 집이란 뜻으로 사용하죠. '누각 각, 대궐 각'이라고 읽어요. 閣이 들어간 예는 무엇이 있을까요? 樓閣(누각), 閣僚(각료, 장관 자리에 있는 공직자) 등을 들 수 있겠네요.

정리 문제를 풀어 볼까요?

1. 다음의 한자를 허벅지에 열심히 연습하시오.

　　瀛 바다 영　　　洲 섬 주　　　閣 누각 각

2. (　)안에 들어갈 알맞은 한자를 손바닥에 써 보시오.

　　樓(　) (　)渚 (　)海

3. '영주각'으로 3행시를 지어 보시오.

16.
광한루원 현판(4)

이곳은 두 남녀가 일 년에 한 번 만난다는 눈물의 장소예요. 네, '오작교(烏鵲橋)'예요. 烏는 까마귀 오, 鵲은 까치 작, 橋는 다리 교예요. 까마귀와 까치가 놓은 다리라는 뜻이죠. 그 전설은 너무 유명해서 굳이 말씀드릴 필요 없을 것 같군요.

이 다리도 송강 정철 선생이 광한루를 손보면서 놓았다고 해요. 다리 밑을 흐르는 물은 은하수를 상징한 것이지요. 광한루에 은하수와 오작교를 보탬으로써 아름다운 밤하늘의 세계를 오롯이 지상에 구현한 것이지요. 남다른 문학적 감수성을 갖고 있었던 정철 선생이었기에 이런 낭만적 구조물을 만들지 않았나 싶어요. 광한루에 오작교와 은하수가 없었다면 광한루는 조금 밋밋했을 것 같아요.

한자를 좀 자세히 알아볼까요?

烏는 까마귀를 그린 거예요. 鳥(새 조)에서 눈에 해당하는 一 이 생략된 모양으로 표현됐죠. 온통 검은색이기에 몸의 색깔과 눈의 색깔이 구분이 안 돼 이렇게 표현했어요. 까마귀 오. 烏가 들어간 예는 무엇이 있을까요? 烏合之卒(오합지졸), 烏飛梨落(오비이락) 등을 들 수 있겠네요.

鵲은 昔(㫪의 약자, 새소리 책)과 鳥의 합자예요. 昔昔(책책, 까치 소리를 표현한 의성어)하고 우는 까마귀 닮은 새라는 뜻이에요. 까치 작. 鵲이 들어간 예는 무엇이 있을까요? 鵲報(작보, 기쁜 소식이란 뜻), 鵲巢鳩居(작소구거, 까치집에 비둘기가 산다는 뜻으로 남의 지위를 빼앗는다는 의미로 사용함) 등을 들 수 있겠네요.

橋는 木(나무 목)과 喬(높을 교)의 합자예요. 물 위를 걸어 다닐 수 있도록 물 위에 높게 설치한 목재 구조물이란 의미예요. 다리 교. 橋가 들어간 예는 무엇이 있을까요? 鐵橋(철교), 橋梁(교량) 등을 들 수 있겠네요.

정리문제를 풀어 볼까요?

1. 다음의 한자를 허벅지에 열심히 연습하시오.

烏 까마귀 오   鵲 까치 작   橋 다리 교

2. (   )안에 들어갈 알맞은 한자를 손바닥에 써 보시오.

　　鐵(　) (　)報 (　)合之卒

3. '오작교'로 3행시를 지어 보시오.

17.
광한루원 현판(5)

사진은 금수정(錦水亭)을 찍은 거예요. 남원의 젖줄인 요천강(蓼川江)을 한눈에 볼 수 있는 금암봉(金巖峯) 정상 부근에 있어요. '금수(錦水)'는 '비단 결 같은 물'이란 뜻으로 요천강을 비유적으로 표현한 말이에요.

부끄러운 얘기지만, 전 처음에 이곳이 광한루가 아닌가 생각했어요. 누각도 멋있지만, 무엇보다 조망(眺望)이 좋은 곳에 있어 광한루라면 당연히 저 곳이겠거니 생각한 것이지요.

금수정은 일제 강점기에 세워진 누각이라고 해요. 인터넷을 찾아보니, 금수정이 있는 금암봉 정상에 일제가 신사(神社)를 지어 놓고 참배를 강요하자 이현순(李炫純) 등이 신사 참배를 거부하고자 의도적으로 이곳에 금수정을 지었다고 나와 있더군요. 신사 참배를 하는 척하면서 이곳에 눙치고 앉아 시문을 지으며 답답한 심사를 해소했다는 것이죠.

글쎄요? 저는 좀 의아스럽더군요. 일제강점기에 이만한 건물을 이만한 장소에 지으려면 관계 당국(일제)의 협조가 있어야 가능했을 텐데 과연 이 건물을 지은 분들이 그런 항일 의식을 갖고 있었을까요? 또 눙치고 앉아 시문을 지으며 신사 참배를 거부하면, 관계 당국(일제)이 좌시했을까요? 제가 보기엔, 별 신빙성 없는 견해가 아닌가 싶더군요.

금수정에 올라보니 시문이 있더군요. 한 컷 찍었어요. 풍경을 그린 것이 아니고 건축과 관련된 것이라 좀 아쉽더군요. 아쉬운 대로 같이 한 번 읽어 보실까요(사진 오른쪽 부분)?

이 정자 짓기 위해 땅 고르느라 몇 해를 보냈던가
요천강 흐르는 중심에 신묘한 터전 있으니
지리산 일맥(一脈)의 정기가 모인 곳
하늘이 오래전부터 간직해온 굴지의 정지(汀地)라네
모임을 시작한 우리는 이미 머리가 허여 세고
자리를 이은 후배들은 눈빛이 새로워라

단청한 누각 날 듯한 모습으로 있으니
구경하는 행인들 넋 놓고 바라보네.

이 시를 봐도, 앞서 제가 짐작했던 것처럼, 항일 의식 운운은 신빙성이 없는 말 같다는 생각이 들어요.

錦자만 좀 자세히 알아볼까요?

錦은 金(쇠 금)과 帛(비단 백)의 합자예요. 황금(黃金)처럼 대단히 값나가고 고귀한 비단이란 뜻이에요. 본래 이 직물은 한나라 시대 하남성 양읍에서 생산되던 직물을 가리키던 것이었어요. 후에 보편 명사화되었지요. 비단 금. 錦이 들어간 예는 무엇이 있을까요? 錦繡江山(금수강산), 錦江(금강) 등을 들 수 있겠네요.

정리 문제를 풀어 볼까요?

1. 다음의 한자를 허벅지에 열심히 연습하시오.

錦 비단 금

2. 다음을 손바닥에 한자로 써 보시오

금수강산

18.
어떤 전설

"여보, 괜찮아요?"

"으음, 상처가 좀 심하긴 하지만 그런대로 견딜 만… 으으윽!"

박인일과 부인 채 씨는 합천에서 왜구에게 붙잡혀 왜국으로 이송 중이었다. 인일은 승선한 왜구의 인원이 적은 것을 알고 탈출할 수 있겠다는 생각을 했다. 인일은 채 씨에게 자신의 계획을 귓속말로 전하며, 왜구를 상대하는 동안 잘 숨어 있으라고 당부했다. 채 씨는 평소 남편이 담대하고 주밀한 것을 잘 알기에 크게 걱정하지 않으며 고개를 끄덕였다.

인일은 왜구들이 한눈을 파는 사이 손목 포승줄을 풀고 가만히 앉아 있었다. 그때 한 왜구가 인일 가까이 다가와 뱃전에다 오줌을 지렸다. 왜구는 인일에게 등을 보였다. 인일은 즉시 옆에 널브러져 있던 각목 하나를 들어 왜구의 뒤통수를 내리쳤다. 오줌을 지리던 왜구는 외마디 소리 하나 지르지 못하고 그대로 고꾸라졌다. 인일은 넘어진 왜구의 허리춤에서 칼을 빼내 들고 다른 왜구들을 향해 돌진했다. 7~8인 정도를 예상했는데, 생각지 못 했던 왜구들이 여기저기서 튀어 나왔다. 15명은 족히 되었다. 순간 인일은 당황했다. 그러나 바로 정신을 차리고 왜구를 향해 몸을 날렸다.

순식간에 4~5인을 제거하고 나머지 인원과 일진일퇴를 벌였다. 힘겹게 다 물리치고 남은 한 왜구와 대치했다. 왜구는 두려운 기색을 보이면서도 인일이 지친 것을 알고 요리조리 피하며 계속 인일을 힘겹게 만들었다. 그러다 한순간 인일이 헐떡일 때 인일의 왼팔을 칼로 내리쳤다. 인일은 외마디 비명을 지르며 바닥에 나뒹굴었다.

 왜구는 인일에게 다가와 칼을 높이 쳐들었다. 분노로 눈이 이글거리고 있었다. 순간 왜구가 비명을 지르며 앞으로 고꾸라졌다. 인일은 가까스로 자신에게 넘어지는 왜구를 피했다. 쓰러진 왜구 뒤에는 처 채 씨가 피 묻은 장도를 든 채 부들부들 떨고 있었다. 채 씨는 얼른 칼을 버리고 남편에게 다가갔다.
"여보, 괜찮아요?"
"으음, 상처가 좀 심하긴 하지만 그런대로 견딜 만… 으으윽!"
 인일은 혼절했다. 깨어나 보니 배는 바다에 표류하고 있었다. 채 씨가 걱정스러운 눈빛으로 인일을 쳐다보았다. 인일은 시선을 이리저리 돌리며 정박할 곳이 있나 살펴보았다. 그러기를 한식경 드디어 육지가 눈에 보였다.

 육지에 내려 지역 이름을 물으니, 서주(瑞州, 현 서산)라고 했다. 마을 사람들은 낯선 두 사람을 경계하면서도 안 돼 보였는지 폐가 하나를 주선해 주었다. 생면부지의 땅에서 두 내외는 굶기를 밥 먹듯하며 생활했다. 그 와중에 채 씨는 아이를 갖게 되었다. 인일은 온갖 궂은 일을 마다치 않았다. 너무 몸을 사리지 않고 일을 한 탓인지, 나아가는 듯 보였던 팔의 상처가 다시

도져 일을 할 수 없게 되었다. 아내가 일감을 찾겠다고 했지만 인일은 차마 아내에게까지 일을 시킬 순 없다며, 관아를 찾아가 관전 50냥을 어렵게 빌렸다.

1년을 기한으로 관전을 갚기로 했으나, 50냥을 약 값과 얼마간의 생활비로 쓰고 난 후 하루하루 입에 풀칠하기도 힘든 인일로서는 도저히 기한 내에 돈을 갚을 수 없었다. 그사이 아내는 만삭이 가까워졌다.

관가에서는 기한 내에 인일이 빌린 돈을 갚지 않자 사령을 보내 인일을 끌어오게 했다. 사령이 인일의 집에 도착했을 때 만삭의 채 씨가 허옇게 뜬 얼굴로 툇마루에 앉아 있었다.

"주인장은 어디 갔는가?"

"이틀 후에 오겠다며, 출타하셨는데요."

"빌린 돈을 갚을 기한이 한참 지났는데, 왜 아니 갚는가?"

"그게, 나리도 보다시피 저의 집 사정이….”

"자네네 사정 딱한 줄은 알겠지만, 나도 그냥 돌아갈 순 없네. 자네라도 데려가야겠네. 채비를 하게."

"제가 홀몸이 아니라….”

"이 사람아, 자네만 어려운 게 아닐세. 나도 어려워. 어서 채비를 하게."

채 씨는 더 버틸 재간이 없어, 사령을 따라나섰다. 사령을 따라 힘겹게 따라가던 채 씨는 인지(仁旨) 즈음에 이르러 산기를 느꼈다.

"나리, 제가 몸을….”

사령은 순간 당황해하며 채 씨를 길옆 우물가 근처로 데려갔다. 채 씨는 사령에게 풀을 좀 뜯어다 달라고 부탁했다. 사령이 풀을 뜯으러 간 사이 채 씨는 아이를 해산했다. 사내아이였다. 풀을 뜯어온 사령은 눈살을 찌푸리며 산모에게 풀을 건넸다. 채 씨는 풀 위에 저고리를 벗어 놓은 뒤 아이를 눕혔다. 아이는 힘차게 울었다. 잠시 넋을 놓고 쳐다보던 사령이 채 씨에게 말했다.

"이제, 일어나게!"

"예에?"

"못 들었나? 일어나라고!"

"아이는 어떡하고요?"

"쑥이 해충을 막는 데 도움이 된다 하니, 아이에게는 쑥을 덮어 주면 될 것일세."

채 씨는 어이가 없었지만, 사령의 말을 안 들을 수도 없었다. 주변에서 쑥을 뜯어 아이에게 덮어준 후 사령을 따라나섰다. 관청에 도착하여 사령이 군수에게 인일 대신 처자를 데려왔다며 보고했다. 군수는 인일의 아내가 좀 이상해 보여, 연유를 물었다. 채 씨가 울면서 오는 도중에 해산을 했다는 얘기를 했다. 군수는 깜짝 놀라 소리쳤다.

"아니, 어떻게 이런 일이…. 네 이놈들, 당장 이 산모를 가마에 태우고 아이 있는 곳으로 가지 못할까!"

혼비백산한 사령들이 채 씨를 가마에 태우고 아이 있는 곳에 도착했을 때 사령과 채 씨는 신비한 광경을 보게 되었다. 학이 아이를 자기 새끼인 양 품고 있었다. 사람 기척이 나자 학은 공중으로 날아올라 너울너울 춤을 추다 사라졌다. 아이는 방실방실 웃고 있었다.

사진의 한자는 무학대사기념비(無學大師紀念碑)라고 읽어요. 무학 대사는 잘 아시죠? 조선 건국 과정에 깊이 관여했던 승려로 태조 이성계의 정신적 지주 역할을 했던 분이죠.

앞에 쓴 이야기는 무학 대사의 탄생 이야기예요. 이분의 탄생을 기념하여 서산시 인지면 애정리에 기념비가 세워져 있어요. 그런데 기념비 옆의 해설판 내용이 너무 소략하고 문장도 이상해서 제가 소설 형식으로 바꿔 보았어요.

무학 대사의 출가 전 이름은 '舞鶴(무학, 춤추는 학)'이었어요. 학이 보듬었기 때문에 붙여진 이름이었죠. 그런데 불가에 입문한 뒤에는 승명을 '無學(무학, 아는 것이 없다)'이라고 했어요. 어떤 연유인지는 잘 모르겠으나 舞鶴이라는 본래 이름의 외피는 빌리되 내용은 전혀 다르게 표현함으로써 출가(出家)의 의미를 부여한 것은 아닌지 모르겠어요. 출가함으로써 겉은 舞鶴이란 사람이지만 속은 전혀 다른 無學이라는 사람이란 의미로 말이죠.

기념비에 사용된 글씨체는 전서체예요. 다른 것은 그럭저럭 알아볼 만한데, 왼쪽 첫 번째 나온 無(없을 무)의 전서체 글씨는 알아보기 어려우실 것 같아요.

한자를 읽어 볼까요?

無는 없을 무, 學은 배울 학, 大는 큰 대, 師는 스승 사, 紀는 적을 기, 念은 생각 념, 碑는 비석 비라고 읽어요.

한자를 좀 자세히 알아볼까요?

無는 두 가지로 설명해요.
하나. 양손에 깃털을 들고 춤추는 모습을 그린 것이다.
둘. 大(큰 대)와 十十十十(사십. 많은 수의 의미)과 林(수풀 림)의 합자로, 숲에 큰 나무들이 많이 우거져있다는 의미이다.
'없다'란 의미는 본뜻에서 연역된 거예요. 춤춘다는 의미일 때는 손이나 팔이 없는 것처럼 보인다는 의미로 연역되었고, 나무가 우거져 있다는 의미일 때는 나무가 헤아릴 수 없을 정도로 우거져 있다란 의미로 연역된 것이지요. 지금 춤추다란 의미는 舞(춤출 무)로, 우거지다란 의미는 蕪(우거질 무)로 표현해요. 없을 무. 無가 들어간 예는 무엇이 있을까요? 無知(무지), 無謀(무모) 등을 들 수 있겠네요.

師는 본래 주나라 때의 군대 단위를 가리키는 말이었어요. 2,500명의 군사를 師라고 불렀죠. 師의 왼쪽 부분은 阜(언덕 부)의 줄임 형태이고, 오른쪽은 匝(둘레 잡)의 초기 형태예요. 높이 쌓아 올리고 둘레가 물샐틈없이 면밀하다는 의미였는데, 군사가 많고 기강이 엄밀하다는 의미로 전이되었죠. 후에 '스승'이란 의미로도 사용하게 되었는데, 처음에는 많은 군사를 지도하는 사람이란 의미로 사용하다 점차 보편적인 의미로 남을 지도하는 사람이란 의미로 사용하게 되었어요. 스승 사. 師가 들어간 예는 무엇이 있을까요? 師團(사단), 師範(사범) 등을 들 수 있겠네요.

紀는 糸(실 사)와 己의 합자예요. 본래 각 실이 하나로 통합된 모양을 나타낸 것이었어요. 己는 그 실이 꼬인 모양을 나타낸 것이에요. 실이 통합되면 꼬인 모양을 하지요. '적다(쓰다)'란 의미를 갖게 된 것은, 문자가 없던 시절, 실을 꼬아 의사를 표현한대서 나온 거예요. 결승문자를 생각하시면 되겠네요. 적을 기. 紀가 들어간 예는 무엇이 있을까요? 紀綱(기강), 紀事(기사) 등을 들 수 있겠네요.

정리 문제를 풀어 볼까요?

1. 다음의 한자를 허벅지에 열심히 연습하시오.

   無 없을 무   師 스승 사   紀 적을 기

2. ( )안에 들어갈 알맞은 한자를 손바닥에 써 보시오.

   ( )範 ( )事 ( )知

3. 위에서 소개한 이야기의 뒷이야기를 만들어 보시오.

19.
어떤 젓가락 봉투

― 春來梨花白 夏至樹葉靑 ―

동료 한 분이 명예퇴직을 하셨어요. 전체 송별회 후 몇몇이 다시 작은 송별회를 했는데, 그때 갔던 음식점에서 찍은 사진이에요. '춘래이화백 하지수엽청(春來梨花白 夏至樹葉靑)'이라고 읽어요. '봄이 오니 배꽃 하얗게 피고, 여름 오니 나뭇잎 푸르네'라고 풀이해요. 봄과 여름 풍경이 나왔으니 가을과 겨울 풍경도 있겠지요? 이 봉투에서 생략된 가을과 겨울 풍경을 그린 시구는 이래요. 秋凉黃菊發 冬寒白雪來(추량황국발 동한백설래: 가을 날씨 서늘하니 황국이 피어나고, 겨울 날씨 차가우니 흰 눈이 내리네). 『추구(推句)』라는 책에 나오는 내용이에요. 사계절의 경치를 잘 포착하여 그린 명구(名句)지요.

한자를 하나씩 읽어볼까요?
봄 춘(春), 올 래(來), 배(나무) 리(梨), 꽃 화(花), 흰 백(白), 여름 하(夏), 이를 지(至), 나무 수(樹), 잎사귀 엽(葉), 푸를 청(靑). 문득 이 글씨를 보면서 명퇴하는 동료 분의 청춘 시절이 떠오르더군요.

한자를 좀 자세히 알아볼까요?

梨는 利(이로울 리)와 木(나무 목)의 합자예요. 이로움을 주는 열매라는 의미예요. 배는 소화를 돕는 이로운 과일이죠. 배(나무) 리. 梨가 들어간 예는 무엇이 있을까요? 梨棗(이조, 배와 대추), 梨雪(이설, 배꽃이란 의미) 등을 들 수 있겠네요.

夏는 두 가지 설이 있어요.
하나, 매미를 그린 것이다. 여름을 대표하는 곤충인 매미를 통해 여름을 표현했다(지금은 매미를 蟬(매미선)으로 표현하지요).
둘, 해이한 상태로 수족을 드러낸 모습을 그린 것이다. 더위에 지친 모습을 표현하여 여름이란 의미를 나타냈다.
둘 다 일리가 있는 것 같아요. 여름 하. 夏가 들어간 예는 무엇이 있을까요? 夏季(하계), 盛夏(성하, 무더운 여름) 등을 들 수 있겠네요. 夏는 '중국인'이란 의미로도 사용해요. 이때는 頁(머리 혈)과 臼(양손을 그린 모양)와 夊(다리를 그린 모양)의 합자로 보아 만능의 솜씨(臼)를 지닌 사람이란 의미로 풀이해요. 주변 민족을 얕보는 표현인 夷(이, 활만 잘 쏘는 족속) 戎(융, 창만 잘 쓰는 족속) 蠻(만, 벌레 같은 족속) 狄(적, 개 같은 족속)에 비겨 우월감을 표현한 글자라고 볼 수 있지요. 중국을 나타내는 의미의 夏가 들어간 예로는 華夏(화하, 중국이란 의미)를 들 수 있어요.

至는 새가 지상으로 내려오는 모양을 그린 거예요. 一은 지상을 의미하고 나머지는 새가 지상으로 내려오는 모양을 그린 거예요

(혹은 화살이 땅바닥에 꽂힌 모양을 표현한 것이라 보기도 해요). 이를 지. 至가 들어간 예는 무엇이 있을까요? 至近(지근), 至誠(지성, 여기서 至는 '지극하다'란 의미예요) 등을 들 수 있겠네요.

樹는 나무(木)를 세워 심는다는 의미예요. 木 오른쪽 부분은 음을 담당해요. 나무 수. 樹가 들어간 예는 무엇이 있을까요? 街路樹(가로수), 樹木(수목) 등을 들 수 있겠네요.

葉은 ++(풀 초)와 枼(잎 섭)의 줄임 글자의 합자예요. 초목의 잎사귀를 의미해요. 枼만으로도 의미를 나타낼 수 있는데, ++(풀 초)를 부가시킨 형태예요. 잎사귀 엽. 葉이 들어간 예는 무엇이 있을까요? 落葉(낙엽), 葉書(엽서) 등을 들 수 있겠네요.

정리 문제를 풀어 볼까요?

1. 다음의 한자를 허벅지에 열심히 연습하시오.

梨 배(나무) 리 夏 여름 하 至 이를 지 樹 나무 수 葉 잎사귀 엽

2. ( )안에 들어갈 알맞은 한자를 손바닥에 써 보시오.

( )近 ( )季 落( ) ( )雪 街路( )

3. 다음을 읽고 풀이해 보시오.

春來梨花白 夏至樹葉靑

20.
어느 군부대

00산 일출 위에 나래를 펴고
폭음도 우렁차게 하늘을 찌른다
목숨을 바치리라 조국을 위해
싸우며 지키리라 겨레를 위해
조국의 하늘은 우리가 지킨다
우리는 정예의 00 전투비행단

사진은 공군 모 전투비행단의 별칭을 적은 입석이에요. 부대 입구에 우람하게 서 있어 한 컷 찍었어요.

한자를 하나씩 읽어 볼까요?
 용 룡(龍) 별 성(星) 돈대 대(臺), 용성대라고 읽어요.
 龍星은 28수(宿, 宿은 별자리 수라고 읽어요. 보통은 잘 숙이라고 읽지요) 중 동방에 해당하는 별자리고, 臺는 흙과 돌을 높게 쌓아 평평하게 하여 천문을 관찰하거나 적의 동태를 감시하는 축조물을 가리켜요. 따라서 龍星臺는 '동방(우리나라)의 하늘을 지키는 초소'란 의미예요. 위 노래에 나오는 '조국의 하늘은 우리가 지킨다'와 관련 있는 이름이지요.

한자를 좀 자세히 알아볼까요?

星은 본래 晶(맑을 정)과 生(날 생)의 합자예요. 맑고 밝은 빛을 발산하는 별이란 의미지요. 晶은 하늘의 별이 맑고 밝게 빛나는 모습을 표현한 거예요. 지금은 줄여서 日 하나로 표현하고 있지요. 별 성. 星이 들어간 예는 무엇이 있을까요? 恒星(항성), 유성(流星) 등을 들 수 있겠네요.

臺는 之(갈 지)와 高(높을 고)와 至(이를 지)의 합자예요. 위로 올라가게 높이 쌓아 올려 그곳에 머물러 있을 수 있게 만든 장소란 의미지요. 돈대 대. 臺가 들어간 예는 무엇이 있을까요? 舞臺(무대), 臺灣(대만) 등을 들 수 있겠네요.

정리 문제를 풀어 볼까요?

1. 다음의 한자를 허벅지에 열심히 연습하시오.

星 별 성   臺 돈대 대

2. (　　)안에 들어갈 알맞은 한자를 손바닥에 써 보시오.

   (　　)灣　　流(　　)

3. '용성대'를 한자로 쓰시오.

21.
어떤 두부

두부 좋아하시나요? 생두부? 부침 두부? 전 둘 다 좋아해요. 마땅한 반찬이 없을 때 이따금 생두부를 따뜻한 물에 살짝 데쳐서 양념간장에 찍어 먹곤 해요. 부침 두부는 따뜻한 것보다 좀 차가운 게 더 맛있어요. 하루 정도 묵혔다 먹으면 쫄깃쫄깃하니 씹는 맛이 좋죠.

아내가 좀 비싼 두부를 사 왔다기에 구경하다가 한자가 있어서 사진을 찍었어요. 뭐라고 읽을까요? 짙을 농(濃), 두터울 후(厚), 콩 두(豆), 썩을 부(腐), '농후두부'라고 읽어요. '진한 두부'라는 의미겠지요. 왜 이런 이름을 붙였을까요? 포장지에 설명이 돼 있더군요. "140알의 콩을 더 넣어 1.7배 더 진합니다." 140알이라… 이게 얼마만큼의 양일까 싶어 집에 있는 콩을 한 줌 집어 알 수를 세 봤어요. 그랬더니 대략 140알이더군요. 결국 이 두부는 보통 두부보다 콩 한 줌을 더 넣은 것인데, 이것 가지고 '농후 두부'라니….

다른 두부와 차별화를 시키긴 해야겠는데 단가가 비싸 콩을 무작정 많이 넣을 순 없어 딱 한 줌 더 넣었는데, 그것을 곧이곧대로 표현하면 소비자들에게 호소력이 없어 140알로 표현했을 기업의 고뇌가 느껴지기도 하지만, 너무 얄팍한 상술이라는 생각이 들더군요.

한자를 좀 자세히 알아볼까요?

濃은 氵(물 수, 여기서는 이슬의 의미)와 農(농사 농)의 합자예요. 이슬이 많이 내렸다는 뜻이에요. 짙다는 의미는 여기서 연역된 것이지요. 農은 음을 담당해요. 짙을 농. 濃이 들어간 예는 무엇이 있을까요? 濃淡(농담), 濃度(농도) 등을 들 수 있겠네요.

厚는 石(돌 석)과 高(높을 고)가 결합된 거예요. 모양이 많이 변형됐죠. 높이가 높은 돌은 두께도 두껍다는 의미예요. 두터울 후. 厚가 들어간 예는 무엇이 있을까요? 重厚(중후), 厚顔無恥(후안무치) 등을 들 수 있겠네요.

豆는 제기의 일종으로 고기를 담는 그릇을 그린 거예요. 一은 뚜껑, 口는 담는 부분, 丄는 밑받침을 그린 거예요. 콩이 싹을 틔웠을 때 그 모양이 이 제기의 모양과 유사하여 콩이란 뜻으로도 사용하게 되었지요. 콩 두. 豆가 들어간 예는 무엇이 있을까요? 豆乳(두유), 豆太(두태, 콩과 팥) 등을 들 수 있겠네요.

腐는 府(곳집 부)와 肉(고기 육)의 합자예요. 사람의 손길이 잘

닿지 않는 곳(府)에 고기를 놓았다가 부패하여 벌레가 생겼다란 의미예요. 썩을 부. 腐가 들어간 예는 무엇이 있을까요? 腐敗(부패), 腐蝕(부식) 등을 들 수 있겠네요.

정리 문제를 풀어 볼까요?

1. 다음의 한자를 허벅지에 열심히 연습하시오.

濃 짙을 농   厚 두터울 후   豆 콩 두   腐 썩을 부

2. ( )안에 들어갈 알맞은 한자를 손바닥에 써 보시오.

( )乳   重( )   ( )淡   ( )敗

3. 두부 요리를 하나 소개해 보시오.

22.
시집가는 날

"살기 좋은 집처럼 포근한 남편이 되겠습니다.
몸에 맞는 옷처럼 편안한 아내가 되겠습니다."

얼마 안 있으면 결혼할 직장 후배가 책상 위에 청첩장을 갖다 놓았어요. 문구가 살뜰하더군요. 사진은 제가 결혼할 때 선물 받았던 액자의 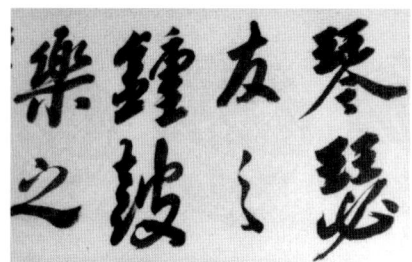 글씨예요. 청첩장을 받고 보니 불현듯 옛 생각이 나서 찍었네요. 금슬우지 종고락지(琴瑟友之 鐘鼓樂之)라고 읽어요. "금슬처럼 우애롭고 종북처럼 화락하라"라고 풀이해요. 『시경』에 나오는 글귀로, 서로 음의 조화를 맞추는 금슬과 종고처럼 사이좋게 살라는 의미지요. 이렇게 살려고 노력은 하는데 아직도 불협화음이 많아 액자를 볼 때마다 자꾸 반성하게 돼요.

한자를 하나씩 읽어 볼까요?
거문고 금(琴), 거문고 슬(瑟), 벗 우(友), 갈(어조사) 지(之), 쇠북 종(鐘), 북 고(鼓), 즐거울 락(樂), 갈(어조사) 지(之).

之는 여기서 특별한 의미 없이 글자 수를 맞추며 시의 어기(語氣)를 조절하는 역할을 해요.

한자를 좀 자세히 알아볼까요?

瑟은 珡(거문고 금)의 약자와 必(반드시 필)의 합자예요. 必에는 '절제'란 의미가 내포돼 있어요. 거문고와 유사한 현악기로 욕망을 절제하고 바른 심성을 키우는 악기란 의미예요. 복희씨가 만들었다고 전해져요. 거문고 슬. 瑟이 들어간 예는 무엇이 있을까요? 琴瑟(금슬), 瑟瑟(슬슬, 바람 소리를 표현한 의성어) 등을 들 수 있겠네요.

之의 아랫부분인 ㇏은 땅을 의미하고 나머지 윗부분은 발을 의미해요. 이쪽에서 저쪽으로 걸어간다는 의미예요. 갈 지. 之가 들어간 예는 무엇이 있을까요? 단어로는 들 만한 게 없네요. 문장으로 예를 들어야겠네요. 將何之(장하지, 장차 어디로 가려는가?) 정도를 들 수 있겠네요. 之는 '가다'라는 뜻보다 '~의'란 소유격 조사와 '그'란 지시대명사의 쓰임으로 더 많이 사용해요. 이때는 '어조사 지'라고 읽어요. 이 경우 雲雨之情(운우지정, 구름과 비의 정. 남녀 간의 의 좋은 정분을 의미), 연심이어생지(淵深而魚生之, 연못물이 깊으면 물고기들이 그곳에 산다) 등을 예로 들 수 있겠네요.

鼓는 북을 치는 모습을 그린 거예요. 士는 북의 장식물, 口는 북, 丌는 북 받침대, 攴는 손에 북채를 든 모습을 그린 거예요. 북 고. 鼓

가 들어간 예는 무엇이 있을까요? 鼓動(고동), 鼓吹(고취) 등을 들 수 있겠네요.

정리 문제를 풀어 볼까요?

1. 다음의 한자를 허벅지에 열심히 연습하시오.

瑟 거문고 슬   之 갈 지   鼓 북 고

2. (　)안에 들어갈 알맞은 한자를 손바닥에 써 보시오.

將何(　) 琴(　) (　)吹

3. 다음을 읽고 풀이해 보시오.

琴瑟友之 鐘鼓樂之

결혼하는 후배에게 뭔가 의미 있는 선물을 주고자 한시를 하나 지어 봤어요. 글자가 생경하지만 이해하고 받아 주겠죠?

婚姻編二姓　혼인은 이성의 결합이라
友愛亦恭加　우애와 공경이 필요하다네
瑟鼓和諧樂　금슬처럼 종고처럼 화해하고 즐겁다면
偕螽何惑耶　해로와 자손 번창 그 어찌 의심하리

23.
어떤 짬뽕 그릇

'○○○짬뽕' 드셔 보셨나요? 체인점으로 운영되는 짬뽕집인데, 아내가 하도 맛있다고 하기에 한 번 먹으러 가봤어요. 매운맛과 순한 맛 두 종류가 있는데, 순한 맛을 주문했어요.

"어때?"

"그다지…"

"…"

그러나 제 입맛만 별종인가 봐요. 주변엔 손님이 넘쳐나더군요.

그릇 한쪽을 장식한 멋진 글씨가 인상 깊어 사진을 찍었어요. 무슨 내용일까요?

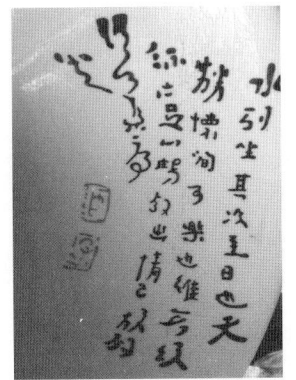

이건 왕희지의 '난정기(蘭亭記)'를 짜깁기 한 내용이에요. 그래서 그럴까요, 약간 문맥이 어색해요. 대략 의미를 풀이하면 이래요. "물가에 차례로 앉았나니 이 날은 하늘이 청명하고 뜻이 담박하여 즐길 만하였다. 비록 사죽(絲竹)의 악기가 없어도 그윽한 정을 펼칠만하였다. 하여 차례로 각자의 흥을 서술하였다(水列坐其次 是日也 天赫懷間 可樂也 雖無絲竹 亦足以暢敍幽情也 故列敍以興爲述)."

'난정기'는 일가 친족들이 난정에 모여 가졌던 즐거운 모임을 그린 산문이에요. 전반부는 그 즐거운 모임에 대한 내용을, 후반부는 즐거움 뒤에 오는 슬픔을 그리고 있지요. 서예작품으로도 널리 알려져 있어요. 짬뽕 그릇에 이 글을 쓴 이유는 무엇일까요? 모처럼 만에 외식을 나왔으니 맛있게 먹고 즐겁게 놀다 가라는 의미 아닐까 싶네요.

한자를 한 번 읽어 볼까요?
글자 수가 많으니 조금씩 띄어서 읽어 보도록 하시죠.

水列坐其次	물 수 / 벌일 렬 / 앉을 좌 / 그 기 / 차례 차
是日也	이 시 / 날 일 / 어조사 야
天赫懷間	하늘 천 / 빛날 혁 / 품을 회 / 사이 간
可樂也	가할 가 / 즐거울 락 / 어조사 야
雖無絲竹	비록 수 / 없을 무 / 실 사 / 대 죽
亦足以暢敍幽情也	또 역 / 족할 족 / 써 이 / 펼 창 / 베풀 서 / 그윽할 유 / 뜻 정 / 어조사 야
故列敍以興爲述	연고 고 / 벌일 렬 / 펼 서 / 써 이 / 흥 흥 / 할 위 / 지을 술

한자를 좀 자세히 알아볼까요?

列은 歹(뼈 발라 낼 과)와 刂(칼 도)의 합자예요. 뼈에 붙은 살을 발라내듯 칼을 가지고 물건을 분해한다는 의미예요. 벌이다란 의미는 여기서 연역된 거예요. 분해하여 늘어놓았다는 의미로요. 벌일 렬. 列이 들어간 예는 무엇이 있을까요? 伍列(오열), 대열(隊列) 등을 들 수 있겠네요.

次는 二(두 이)와 欠(모자랄 흠. 하품 흠 이라고도 하죠)의 합자예요. 최고(선)보다 모자란 두 번째란 의미예요. 보통 버금 차라고 읽지요. 차례란 의미는 여기서 연역된 거예요. 두 번째 차례란 의미로요. 차례 차. 次가 들어간 예는 무엇이 있을까요? 次席(차석), 目次(목차) 등을 들 수 있겠네요.

是는 日(날 일)과 正(바를 정)의 합자예요. 차별 없이 비추는 태양처럼 바르다(옳다)란 의미예요. 是가 지시대명사의 의미인 '이'란 뜻으로도 사용하게 된 것은 是가 가진 음을 차용한 데서 비롯됐어요. 즉, '이 시'라는 말은 있는데 글자가 없는 상태에서 是와 소릿값이 같으니 是를 '이 시'로도 사용하게 된 것이죠. 是가 들어간 예는 무엇이 있을까요? 是日也放聲大哭(시일야방성대곡, 이날을 목 놓아 통곡한다는 의미예요. 을사조약을 비판한 장지연 선생의 논설 제목이죠), 是是非非(시시비비) 등을 들 수 있겠네요.

赫은 赤(붉을 적)이 중첩된 것으로, 붉은 불꽃이 매우 선명하고 강렬하다는 의미예요. 赤은 大(큰 대)와 火(불 화)의 결합으로, 커다란 불꽃의 색깔[붉은색]이란 의미예요. 빛날 혁. 赫이 들어간 예는 무엇이 있을까요? 赫赫(혁혁), 赫怒(혁노, 발끈하고 성냄) 등을 들 수 있겠네요.

懷는 忄(마음 심)과 褱(품을 회)의 합자예요. 물건을 품속에 간직하듯 항상 잊지 않고 생각한다는 의미예요. 품을 회. 懷가 들어간 예는 무엇이 있을까요? 懷抱(회포), 懷妊(회임, 임신을 높여 부르는 말) 등을 들 수 있겠네요.

雖는 虫(벌레 충)과 唯(대답할 유, 부를 때 즉시 응답하는 말이에요. '예!' 정도의 의미지요. 唯는 '오직 유'로도 많이 사용하죠)의 합자예요. 본래는 즉시 응답하는 것처럼 감각이 예민한 파충류(도마뱀)의 일종을 가리키는 글자였어요. 雖가 '비록'이란 의미로 쓰이게 된 것은, 앞서 설명한 是와 마찬가지로, 雖가 가진 음을 차용한 데서 비롯됐어요. 즉, '비록 수'라는 말은 있는데 글자가 없는 상태에서 雖와 소릿값이 같으니 雖를 '비록 수'로도 사용하게 된 것이지요. 雖가 들어간 예는 무엇이 있을까요? 부사적 쓰임이라 문장을 예로 들어야겠네요. 雖有智慧不如乘勢(수유지혜불여승세, 비록 지혜가 있더라도 시세를 타는 것만 못하다. 시세를 타야 공을 이룰 수 있다는 의미예요) 정도를 들 수 있겠네요.

絲는 실타래를 그린 거예요. 幺는 실을 꼰 부분이고 小는 꼬고 난 나머지 부분을 그린 거지요. 보통 糸 한 자로 표기하지요. 실 사. 絲가 들어간 예는 무엇이 있을까요? 絲事(사사, 길쌈), 絲不如竹竹不如肉(사불여죽죽불여육, '현악기는 관악기만 못하고 관악기는 육성만 못 하다'란 뜻으로 음악은 자연에 가까울수록 좋다는 의미예요) 등을 들 수 있겠네요.

亦은 사람의 의미인 大에 양쪽 겨드랑이를 의미하는 ╱╲을 추가한 거예요. 겨드랑이란 뜻이에요. 亦이 '또'라는 뜻으로 사용하게 된 것은 是나 雖의 경우와 같아요. 또 역. 亦이 들어간 예는 무엇이 있을까요? 亦是(역시) 정도를 들 수 있겠네요.

足은 잘 아시죠? 口는 넓적다리와 정강이를 뜻하고, 止는 발바닥과 발등·발가락을 뜻해요. '만족하다'란 의미는 본뜻에서 연역된 거예요. 발(하체)이(가) 튼튼하여 흡족하다란 의미로요. 족할 족. 足이 들어간 예는 무엇이 있을까요? 手足(수족), 滿足(만족) 등을 들 수 있겠네요.

以는 巳(그칠 이, 이미 이)를 뒤집어 놓은 거예요(모양이 약간 달라졌죠). 본래 '그치지 않고 계속하여 사용한다.'란 의미지요. 以를 보통 '써 이'라고 읽는데, 이때 '써'는 '수단, 방법'이란 의미예요. 본뜻에서 연역된 의미라고 할 수 있지요. 以가 들어간 예는 주로 '써 이'로 사용된 예예요. 무엇이 있을까요? 事親以孝(사친이효, 어버이를 효로써 섬긴다. 화랑의 세속 오계 중 한 덕목이죠). 以心傳心(이심전심) 등을 들 수 있겠네요.

暢은 申(펼 신)과 昜(陽(볕 양)의 옛 글자)의 합자예요. 햇볕처럼 막힘없이 펼쳐져 있다는 의미지요. 펼 창. 暢이 들어간 예는 무엇이 있을까요? 暢達(창달), 和暢(화창) 등을 들 수 있겠네요.

敍는 余(나 여)와 攴(칠 복)의 합자예요. 강제로(攴) 차례를 세운다란 의미예요. 余는 음을 담당해요(소릿값이 변했죠. 여→서). 베풀다란 의미는 본뜻에서 연역된 것이지요. 차례대로 베푼다는 의미로요. 베풀 서. 敍가 들어간 예는 무엇이 있을까요? 敍述(서술, 차례대로 진술함), 敍事(서사, 사실을 서술함) 등을 들 수 있겠네요.

幽는 山(뫼 산)과 幺(작을 요)의 중첩 자가 합쳐진 거예요. 작은 것은 그 자체도 알아보기 힘든데, 깊은 산 중에 들어 있어 더더욱 알아보기 힘들다는 의미예요. 이런 것을 '그윽하다'고 하지요. 그윽할 유. 幽가 들어간 예는 무엇이 있을까요? 幽靈(유령), 深山幽谷(심산유곡) 등을 들 수 있겠네요.

故는 古(옛 고)와 攴(칠 복)의 합자예요. 드러난 현상의 배후에 필연적으로(攴) 있는 오래된(古) 이유란 의미예요. 연고 고. 故가 들어간 예는 무엇이 있을까요? 緣故(연고), 故事成語(고사성어, 어떤 사건을 매개로 만들어진 말) 등을 들 수 있겠네요.

述은 辶(걸을 착)과 朮(術의 약자, 길 술)의 합자예요. '큰 길(朮)을 따라 걸어간다.'란 의미예요. '큰 길을 따라 걸어간다.'란 의미는 단순한 물리적인 의미뿐만 아니라 '선인이 밝혀 놓은 대도(大道)를 따라 일을 수행한다'란 추상적 의미이기도 해요. 지을 술. 述이 들어갈 예는 무엇이 있을까요? 祖述(조술, 선인의 주장이나 학설을 본받아 서술함), 著述(저술) 등을 들 수 있겠네요.

정리문제를 풀어 볼까요?

1. 다음의 한자를 허벅지에 열심히 연습하시오.

列 벌일 렬   次 차례 차   是 이 시   赫 빛날 혁   懷 품을 회
雖 비록 수   絲 실 사   亦 또 역   足 족할 족   以 써 이
暢 펼 창   敍 베풀 서   幽 그윽할 유   故 연고 고   述 지을 술

2. ( )안에 들어갈 알맞은 한자를 손바닥에 써 보시오.

( )是 目( ) 和( ) 伍( ) 祖( ) ( )述 ( )靈

( )抱 赫( ) 滿( ) 事( ) ( )有智慧不如乘勢

( )不如竹竹不如肉 ( )心傳心 ( )日也放聲大哭

3. 다음을 읽고 느낌을 말하시오.

　　영화 9년 늦봄, 회계군의 산음현에 있는 난정에 모두 모이니 계제사를 행하기 위함이었다. 여러 선비와 늙은이 젊은이 모두 함께 모였다. 높은 산과 험준한 고개와 우거진 수풀과 곧게 뻗은 대나무가 있고, 또 맑은 개울이 있어 좌우에 빛났다. 곡수에 잔을 흘려두고 차례를 지어 앉으니 비록 사죽의 관현악의 성대함은 없으나, 술 한 잔에 시 한 수로 그윽한 정을 펴기에는 족하였다. 이날 하늘은 빛나고 대기는 맑아 은혜로운 바람이 가벼이 움직이니, 우주의 큼을 우러러 바라보고, 만물의 풍성함을 굽어살피어, 눈을 놓고 생각을 달리매 보고 들음에 걸릴 바 없으니, 이야말로 진실로 즐거운 일이었다.

무릇 사람이 한 세상을 살아감에 있어 혹은 마음속에 품은 생각을 가지고 한 칸 방 안에서 벗과 만나 이야기를 나누기도 하고, 혹은 그윽한 느낌에 의지하여 육체의 밖을 마음껏 노닐기도 하는 것이다. 비록 그 나아감과 물러남이 아주 다르고, 고요하고 날뜀은 같지 않지마는, 자기의 마음에 맞는 즐거움을 만나면 느긋한 생각에 스스로 만족하여 다가오는 늙음을 깨닫지 못하고 지낸다. 그 즐거움마저 염증이 나면 벌써 감정은 일을 따라 변해가는 것이니, 여기서 깊은 회포만 계속되는 것이다. 엊그저께 즐겨 하던 일도 이렁저렁하는 동안에 어느새 그만 지나간 묵은 자취가 되어버리는 것이니, 더욱 그 때문에 감회가 일어나지 않을 수 없는 것이다. 하물며 목숨이 길거나 짧거나 마침내 모두가 자연의 조화를 따라 다함에 돌아감에랴. 옛사람이 이르기를 "살고 죽음이 또한 큰일이다."하였으니, 어찌 슬픈 일이 아니겠는가?

　　매양 옛사람의 감흥을 일으키는 까닭은 살펴보면 꼭 내 마음과 같아서, 일찍이 남의 글을 보고 어딘가 마음이 슬퍼져서 그 회포를 달랠 수 없지마는, 사람이 죽고 사는 일을 하나로 보는 것도 허망한 말이요, 팽조와 같이 오래 사는 것과 일찍 죽어버리는 것이 같다고 하는 것도 또한 망령된 글이라 하겠다. 미래의 사람이 현재를 보는 것이 또한 현재 사람이 옛날을 보는 것과 같을 것이니, 슬픈 일이다. 그러므로 이곳에 모인 사람들의 이름을 순서대로 적고, 그 말한 바를 기록하노니, 비록 세상이 바뀌고 일이 달라지더라도, 그 회포를 일으키는 데 있어서는 같은 것이다. 이 뒤에 이 글을 보는 이도 또한 그 느낌이 없지 않으리라.

김달진 역, '난정기'

24.
어느 화장품 가게

사진은 서울 종로에서 찍은 것인데, 저는 처음에 이 간판의 매장이 외국계 화장품 매장인 줄 알았어요. 나중에 알고 보니 국내 모 화장품 회사의 브랜드숍이더군요.

이 브랜드숍에서 파는 ○○○크림은 6초에 하나씩 팔린대요. 유커들에게 특히 인기라는군요. 진즉에 이런 정보를 알았으면 하나 사다가 와이파이(아내의 별칭) 님께 드리는 건데….

It's skin 옆에 있는 한자는 It's skin을 중국어로 번역한 거예요. 중국 발음으로는 '이싸이', 우리 발음으로는 '이사'라고 읽어요. 伊는 저 이, 思는 생각 사 예요. 중국어로 번역한 것은 단

순히 유사한 음가로만 번역한 것이 아니라 살짝 의미도 담은 것 같아요. 伊思를 굳이 번역하면 "나는 저것만 생각나!" 정도의 의미가

되거든요. 고객이 제 발로 찾아오도록 만드는 뜻이잖아요? 번역할 때 상당히 신경을 많이 썼을 것 같아요.

한자를 좀 자세히 알아볼까요?

伊는 人(사람 인)과 尹(다스릴 윤)의 합자예요. 본래는 물 이름으로, 우임금이 사람들에게 유익을 주도록 우선하여 다스린 물이란 의미예요. 처음에 이 물은 사람들에게 피해를 많이 주는 물이었는데 우임금이 치수사업을 통해 사람들에게 유용한 물로 탈바꿈시켰다고 해요. '저'라는 지시대명사의 뜻으로 사용하게 된 것은 동음(同音)을 빌미로 차용한 데서 비롯된 거예요. 저 이. 伊가 들어간 예는 무엇이 있을까요? 伊人(이인, 저 사람), 黃眞伊(황진이) 등을 들 수 있겠네요.

思에서 윗부분 田은 사람의 두뇌를 그린 것이고, 아래의 心은 사람의 심장을 그린 거예요. 머릿속으로 생각하고 가슴으로 느껴 사물의 이치를 통찰한다는 의미예요. 생각 사. 思가 들어간 예는 무엇이 있을까요? 深思(심사), 思考(사고) 등을 들 수 있겠네요.

정리 문제를 풀어 볼까요?

1. 다음의 한자를 허벅지에 열심히 연습하시오.

伊 저 이   思 생각 사

2. (　)안에 들어갈 알맞은 한자를 손바닥에 써 보시오.

　　(　)人　(　)考

3. 화장(품)과 관련한 에피소드가 있으면 소개해 보시오.

25.
어느 양복점 간판

"○○아, 우리 바둑 둘까?"

□□는 탁자 밑에 있던 바둑판과 바둑알을 꺼냈다. 푹신한 등받이 의자에서 몸을 일으켜 우리는 바둑을 두기 시작했다. 말이 바둑일 뿐 실제는 알까기였다. □□의 아빠는 한참 작업 중이셨다. 목에 줄자를 걸고 한 손에는 ㄱ자형 자 또 한 손에는 얇은 원형 분필을 들고 작업대 위에 펼쳐놓은 옷감을 연신 재며 표시를 하고 계셨다.

서울에 갔다가 어느 양복점 간판 사진을 찍었는데, 문득 어릴 적 생각이 나더군요. 한자를 읽어 볼까요? 나(우리) 아(我)·벌일 라(羅)·깁 사(紗), 아라사라고 읽어요. 예전에는 양복점을 '△△라사'라고 많이 불렀지요. 제가 자주 놀러 갔던 친구 아버지의 양복점 이름도 '국제라사'였어요. 양복점을 라사라고 부른다는 것은 알지만, 라사의 의미는 정확히 몰라 인터넷을 찾아봤더니 이렇게 나오더군요.

    포르투갈의 모직물 라샤(RAXA)에서 온 말로, 양털 또는 거기에 무명, 명주, 인조 견사 따위를 섞어서 짠 모직물을 말한다. 보온성이 풍부하여 겨울용 양복감, 코트 감으로 쓰인다. 한국에서는 이 말이 모직물을 다루는 상점의 이름으로도 쓰인다. 오래된 양복점의 경우 XX라사, ○○라사 이름을 많이 갖고 있다. (인용 출처: https://namu.wiki/w/%EB%9D%BC%EC%82%AC)

    그러면 이 양복점의 이름 아라사(我羅紗)는 무슨 뜻일까요?
    아(我)가 나 또는 우리의 의미이고 라사(羅紗)가 양복점의 의미이니 '우리 양복점' 정도의 뜻일 것 같아요. 그런데 보통 '러시아(Russia)'를 한역(漢譯)하여 '아라사'라고도 하지요(물론 이 경우는 한자 표기가 다르죠. 俄羅斯라고 표기해요). 이렇게 보면 이 양복점의 이름 '아라사'는 이 두 가지 의미를 다 포함하여 사용한 것이 아닐까 싶어요. 이 양복점의 이름 '아라사'는 '우리 러시아 양복점' 정도로 풀이하면 될 것 같아요.

    한자를 좀 자세히 알아볼까요?

    我는 두 가지로 설명해요.
    하나. 본래 톱을 그린 것인데, 가차(假借)하여 1인칭 대명사로 사용하게 되었고 톱은 후일 鋸(톱 거)로 표기하게 되었다.
    둘. 手(손 수)와 戈(창 과)의 합자로 창을 들고 자신을 지킨다는 의미에서 1인칭 대명사의 의미를 갖게 되었다.

둘 다 일리가 있죠? 나 아. 我가 들어간 예는 무엇이 있을까요? 彼我(피아), 我軍(아군) 등을 들 수 있겠네요.

羅는 罒(그물 망)과 維(맬 유)의 합자예요. 실을 매어 만든 새잡는 그물이란 의미예요. 벌이다란 의미는 여기서 연역된 거예요. 그물을 펼쳐놓았다란 의미로요. 벌일 라. 羅가 들어간 예는 무엇이 있을까요? 網羅(망라), 羅列(나열) 등을 들 수 있겠네요.

紗는 糸(실 사)와 少(沙의 약자, 모래 사)의 합자예요. 직조된(糸) 옷감의 구멍이 모래처럼 미세한 비단이란 의미예요. 깁 사. 紗가 들어간 예는 무엇이 있을까요? 紗窓(사창, 규방의 창문. 그 '사창'이 아니에요. 그 '사창'은 私娼이라고 표기해요), 紗帽冠帶(사모관대) 등을 들 수 있겠네요.

정리 문제를 풀어 볼까요?

1. 다음의 한자를 허벅지에 열심히 연습하시오.

   我 나 아   羅 벌일 라   紗 깁 사

2. (   )안에 들어갈 알맞은 한자를 손바닥에 써 보시오.

   (   )列   (   )帽冠帶   彼(   )

3. 양복(장)과 관련한 에피소드가 있으면 소개해 보시오.

겨울 길에
주운
漢字

01.
우엉차

식탁 위에 우엉차 봉투가 놓여 있기에 찍었어요. 한자 부분은 당연히 우엉차라고 읽겠거니 싶었는데, 우엉차가 아니고 '우방차(牛蒡茶)'라고 읽더군요. 牛는 소 우, 蒡는 우엉 방, 茶는 차 차예요(茶의 본래 음은 '다'예요. '차'는 속음이죠). 우엉에 대한 자료를 찾아보니 이렇게 소개가 되어 있더군요.

방(牛蒡)·대방자(大方子)·흑풍자(黑風子)라고도 한다. 곧은 뿌리가 흙 속에서 30~60cm로 깊게 뻗어 나가 비대해지는데 원기둥 모양의 육질이며 긴 막대기처럼 생겼다. 뿌리 끝에서 나온 줄기는 자주색을 띠며 곧게 서서 자란다. 관상용·식용·약용으로 이용된다. 어린잎과 뿌리는 식용한다. 약으로 쓸 때 뿌리와 씨는 탕으로 하여 사용한다. 잎은 약간 볶거나 물에 쪄서 말려 산제로 하거나 생즙을 내어 사용한다. 뿌리는 술을 담가서도 쓴다. 주로 피부과·운동계·치과 질환을 다스린다. (인용 출처: http://100.daum.net/encyclopedia/view/56XX12400710)

내용을 보니, 여성분들한테 좋은 차 같아요. 그래서 안사람이 사다 놓고 먹는가 봐요.

한자를 좀 자세히 알아볼까요?

牛는 정면으로 바라본 소의 모습을 그린 거예요. 위 머리와 뿔을 표현한 것이고, 중간의 一은 목덜미 위로 불거진 어깨 근육을 표현한 것이며, ㅣ은 꼬리를 표현한 것이에요. 소 우. 牛가 들어간 예는 무엇이 있을까요? 牛乳(우유), 牛馬車(우마차) 등을 들 수 있겠네요.

蒡은 ++(풀 초)와 旁(두루 방)의 합자예요. 우엉이란 의미는 ++에서 담당하고 旁은 음만 담당해요. 우엉 방. 牛蒡(우방) 외에는 달리 들만한 예가 없네요.

茶는 ++(풀 초)와 余(나 여)의 합자예요(지금은 茶를 쓸 때, 余에서 一자 하나를 빼고 쓰죠). 쌉싸름한 풀 혹은 그 풀로 우려낸 음료란 뜻이에요. 余는 음을 담당하는데, 음가가 좀 변했죠(여→다). 차 다(차). 茶가 들어간 예는 무엇이 있을까요? 茶道(다도), 雪綠茶(설록차) 등을 들 수 있겠네요.

정리 문제를 풀어 볼까요?

1. 다음의 한자를 허벅지에 열심히 연습하시오.

牛 소 우   蒡 우엉 방   茶 차 차(다)

2. ( ) 안에 들어갈 알맞은 한자를 손바닥에 써 보시오.

  ( )房 ( )蒡 牛( )

3. 차에 관한 에피소드가 있으면 소개해 보시오.

02.
/
착하게 살자

"여보, 빨간 불!"

서둘러 브레이크를 밟았다. 간신히 섰다. 한숨을 돌리는데…
"꽝!"
앞자리에 앉았던 아이가 앞으로 튕겼다. 목덜미가 뻐근했다. 문을 열고 나왔더니 상대편은 사색이 돼 있었다. 뒤를 보니 범퍼가 쑥 들어갔다. 바퀴와 범퍼가 거의 밀착 상태였다. 틈을 벌렸다. 운행할 만했다. 약간의 수리비를 받고 보냈다. 처가에 갔더니, "그게 뭐냐!" 고들 흥분했다.

수년 후.

"어어어…" "꽝!"

야간 도로. 시야가 안 좋았다. 무단 횡단하는 할아버지를 뒤늦게 발견했으나 이미 늦었다. 정신이 없었다. 문을 열고 나왔더니 할아버지가 일어서셨다. 괜찮다며 가란다. 안된다며, 병원으로 모셨다.

연락을 받고 온 사람들. 자녀보다 친척들이 더 흥분했다. 경찰에서 조사받았으나 별일 없이 끝났다.

사진은 처 작은 아버지 댁에 걸려있는 액자를 찍은 거예요. 적선지가 필유여경(積善之家 必有餘慶)이라고 읽어요. "선을 쌓은 집에는 반드시 남은 경사가 있다."란 의미지요. 『주역』에 나오는 글귀예요. 이와 짝을 이루는 글귀도 『주역』에 나오지요. 적불선지가 필유여앙(積不善之家 必有餘殃). "불선을 쌓은 집에는 반드시 남은 재앙이 있다." 당대에 쌓은 선과 불선의 여파는 그 자손들이 누리게 된다는 교훈이에요.

이 액자를 대하니 과거 교통사고 피해와 가해 경험이 떠올라 적어 봤어요. 액자의 내용과 일치하는 것은 아니지만, 피해 당사자에게 관대하게 했던 것이 가해 당사자가 됐을 때 좋은 보답으로 돌아오지 않았나 싶어서요.

한자를 좀 자세히 알아볼까요?

積은 禾(벼 화)와 責(구할 책, 꾸짖을 책으로도 많이 사용)의 합자예요. 벼 등의 곡물을 널리 구해 저장해 놓는다는 의미예요. 쌓을 적. 積이 들어간 예는 무엇이 있을까요? 蓄積(축적), 過積(과적) 등을 들 수 있겠네요.

　善은 羊(양 양)과 言(말씀 언)의 합자예요. 서로 말하는 것이 양처럼 화순(和順: 온화하고 순함) 하다는 의미예요. 이런 것이 '착한' 거죠. 착할 선. 善이 들어간 예는 무엇이 있을까요? 善行(선행), 선심(善心) 등을 들 수 있겠네요.

　必은 八(여덟 팔, 八은 넷씩 둘로 나눠 놓았다는 의미예요)과 弋(杙의 약자, 말뚝 익)의 합자예요. 분리의 한계점을 정하는 말뚝이란 의미예요. '반드시'란 의미는 여기서 연역된 것이지요. 반드시 필. 必이 들어간 예는 무엇이 있을까요? 必勝(필승), 必然(필연) 등을 들 수 있겠네요.

　餘는 食(먹을 식)과 余(나여)의 합자예요. 余는 음을 담당해요. 풍족하게 먹어 배가 부르다는 의미예요. '남다'라는 의미는 여기서 연역된 것이지요. 배가 부르기에 더 먹을 수 없어 남겼다란 의미로요. 남을 여. 餘가 들어간 예는 무엇이 있을까요? 餘談(여담), 餘裕(여유) 등을 들 수 있겠네요.

정리 문제를 풀어 볼까요?

　1. 다음의 한자를 허벅지에 열심히 연습하시오.

積 쌓을 적　善 착할 선　必 반드시 필　餘 남을 여

2. ( )안에 들어갈 알맞은 한자를 손바닥에 써 보시오.

　　( )談　蓄( )　( )勝　( )心

3. 다음을 읽고 풀이해 보시오.

　　積善之家 必有餘慶

03.
/
낙조

어허, 저거 물이 끓는다. 구름이 마구 탄다.
둥둥 원구가 검붉은 불덩이다.
수평선 한 지점 위로 머문 듯이 접어든다.

이태극 시인의 '서해상의 낙조' 일부분이에요.
간월도를 찾아, 시인이 보았던 그만큼의 낙조는 아니어도, 그런대로 한 폭의 그림 같아 셔터를 눌렀어요.
　이런 낙조 앞에 서면 절로 '삶의 마무리'에 대해 생각하게 되죠. 삶을 마감할 때는 조용히 그리고 깨끗하게 가야 한다는.

　다소 낯선 단어인 '원구'와 '낙조'를 한자로 좀 알아볼까요?
　圓은 둥글 원, 球는 공 구, 落은 떨어질 락, 照는 비출 조예요. 圓球는 둥근 공, 落照는 저물녘의 해라는 뜻이지요.

　한자를 좀 자세히 알아볼까요?

圓은 囗(에워쌀 위)와 員(둥글 원)의 합자예요. 말 그대로 둥글게 에워쌌다는 의미예요. 후에 둥글다는 의미로만 사용하게 됐죠. 둥글다는 의미에는 결함이 없고 온전하다는 의미가 내포되어 있어요. 둥글 원. 圓이 들어간 예는 무엇이 있을까요? 圓滿(원만), 半圓(반원) 등을 들 수 있겠네요.

球는 玉(구슬 옥)과 求(裘의 약자, 갓옷 구)의 합자예요. 갓옷(안감을 짐승의 털 가죽으로 댄 옷)이 속을 비우고 사람의 몸을 감싸 추위를 막아 주듯, 옥의 내부를 비워서 소리를 내게 만든 악기[옥경(玉磬)]란 뜻이에요. '공'이란 의미는 여기서 연역된 것이지요. '공'은 내부가 비어 있잖아요? 공 구. 球가 들어간 예는 무엇이 있을까요? 野球(야구), 球技(구기) 등을 들 수 있겠네요.

落은 艹(풀 초)와 洛(물이름 락)의 합자예요. 洛은 음만 담당해요. 초목이 시들어 떨어진다는 의미예요. 떨어질 락. 落이 들어간 예는 무엇이 있을까요? 凋落(조락, 시들어 떨어짐), 墜落(추락) 등을 들 수 있겠네요.

照는 灬(불 화)와 昭(밝을 소)의 합자예요. 불빛을 환하게 하여 비춘다는 의미예요. 비출 조. 照가 들어간 예는 무엇이 있을까요? 照明(조명), 照度(조도, 빛의 밝기를 나타내는 정도) 등을 들 수 있겠네요.

정리 문제를 풀어 볼까요?

1. 다음의 한자를 허벅지에 열심히 연습하시오.

   圓 둥글 원   球 공 구   落 떨어질 락   照 비출 조

2. ( )안에 들어갈 알맞은 한자를 손바닥에 써 보시오.

   ( )滿 ( )明 ( )技 墜( )

3. '낙조'로 2행시를 지어 보시오.

04.
어떤 입석

서산의 팔봉산 입구에 있는 입석을 찍은 거예요. 읽어 볼까요? 홍엽만산지만인락 팔봉산운지세고무(紅葉滿山之萬人樂 八峰山雲之世苦無). 해석을 해 볼까요? "홍엽(단풍)이 산에 가득하니 모든 이들 즐거워하고, 팔봉산에 구름이니 세상 근심 없어라."

그런데 왠지 한문 원문이 어색해 보여요. 之의 쓰임이 그렇고 八峰山雲이 그렇고 世苦無가 그래요. 之는 불필요한 허사 같고, 八峰山雲은 '팔봉산에 구름이 인다'라고 해석하기에는 좀 부족한 표현 같고, 世苦無는 無世苦라고 해야 어법에 맞을 것 같거든요. 이 입석의 글을 이렇게 고치면 어떨까 싶더군요. 홍엽만산만인락 팔봉운심무세고(紅葉滿山萬人樂 八峰雲深無世苦). "단풍이 온 산에 가득하니 찾아오는 모든 이들 즐거워하고, 팔봉에 구름 깊으니 세상 근심 모두 사라진 듯하구나." 잘난 체 좀 해봤어요.

한자를 읽어 볼까요?

붉을 홍(紅), 잎사귀 엽(葉), 가득할 만(滿), 뫼 산(山), 어조사 지(之), 일만 만(萬), 사람 인(人), 즐거울 락(樂), 여덟 팔(八), 봉우리 봉(峰), 뫼 산(山), 구름 운(雲), 어조사 지(之), 인간 세(世), 쓸 고(苦), 없을 무(無).

紅과 苦 두 자만 좀 자세히 알아볼까요?

紅은 糸(실 사)와 工(장인 공)의 합자에요. 工은 음을 담당하는데, 음가가 좀 바뀌었죠(공→ 홍). 붉은색의 견직물(糸)이란 의미예요. 붉을 홍. 紅이 들어간 예는 무엇이 있을까요? 同價紅裳(동가홍상, 같은 값이면 다홍치마), 紅衣將軍(홍의장군, 곽재우 장군을 가리키죠) 등을 들 수 있겠네요.

苦는 ++(풀 초)와 古(옛 고)의 합자예요. 古는 음을 담당하죠. 본래는 도꼬마리란 약재를 가리키는 말이었어요. 그래서 ++로 뜻을 삼았지요. 후에 이 약재의 맛이 써서 '쓰다'라는 뜻도 갖게 되었지요. 쓸 고. 苦가 들어간 예는 무엇이 있을까요? 甘呑苦吐(감탄고토, 달면 삼키고 쓰면 뱉는다는 의미로 세상의 야박한 인심을 가리킬 때 사용하죠), 苦衷(고충) 등을 들 수 있겠네요.

정리 문제를 풀어 볼까요?

1. 다음의 한자를 허벅지에 열심히 연습하시오.

   紅 붉을 홍   苦 쓸 고

2. (   )안에 들어갈 알맞은 한자를 손바닥에 써 보시오.

   (   )衣將軍   甘呑(   )吐

3. 다음을 읽고 풀이해 보시오.

   紅葉滿山萬人樂

05.
/
어떤 거석

오가는 길에 "나, 대단한 봉사합니다."라고 홍보하는 거석(巨石)이 있기에 한 장 찍었어요. 이름하여 초아(超我)의 봉사(奉仕). 글자 그대로 풀이하면 '나의 한계를 뛰어넘는 봉사'인데, 한 마디로 "나, 대단한 봉사합니다."이지요. 봉사란 오른손이 하는 일을 왼손이 모르게 해야 하는데 이렇게 자신(들)의 봉사활동을 요란하게 홍보하는 것은 왠지 좀 아쉬워요.

한자를 하나씩 읽어 볼까요?
超는 뛰어넘을 초, 我는 나 아, 奉은 받들 봉, 仕는 섬길 사예요.

한자를 좀 자세히 알아볼까요?

超는 走(달릴 주)와 召(부를 소)의 합자예요. 뛰어넘어 달려간다는 의미예요. 召는 음을 담당하는데(음이 약간 변했죠. 소→초) 뜻도 일부분 갖고 있어요. 부르면 대개 바로 응하죠. 그같이 지체하지 않고 바로 행동에 옮긴다는 의미로 본뜻을 보충하고 있어요. 뛰어넘어 달려간다는 것은 지체하지 않고 바로 행동에 옮기는 거 아니겠어요? 뛰어넘을 초. 超가 들어간 예는 무엇이 있을까요? 超越(초월), 超過(초과) 등을 들 수 있겠네요.

我는 두 가지로 설명해요.
하나. 본래 톱을 그린 것인데, 가차(假借)하여 1인칭 대명사로 사용하게 되었고 톱은 후일 鋸(톱 거)로 표기하게 되었다.
둘. 手(손 수)와 戈(창 과)의 합자로 무기를 소지하고 자신을 지킨다는 의미에서 '나'란 의미를 갖게 됐다.
둘 다 일리가 있죠? 나 아. 我가 들어간 예는 무엇이 있을까요? 我執(아집), 自我(자아) 등을 들 수 있겠네요.

奉은 두 손으로 구슬(혹은 물건)을 받들고 있는 모양을 그린 거예요. 받들 봉. 奉이 들어간 예는 무엇이 있을까요? 奉獻(봉헌), 奉養(봉양) 등을 들 수 있겠네요.

仕는 人(사람 인)과 士(선비 사)의 합자예요. 예비 관리인 사가 벼슬에 나아가기 위해 공부한다는 의미예요. 여기서 '벼슬하다' '섬기다' 등의 의미가 나왔지요. '섬기다'의 본래 의미는 벼슬하여 군주를 받든다는 뜻이에요. 섬길 사. 仕가 들어간 예는 무엇이 있을까요? 仕宦(사환, 벼슬), 출사(出仕) 등을 들 수 있겠네요.

정리 문제를 풀어 볼까요?

1. 다음의 한자를 허벅지에 열심히 연습하시오.

   超 뛰어넘을 초   我 나 아   奉 받들 봉   仕 섬길 사

2. ( )안에 들어갈 알맞은 한자를 허벅지에 써 보시오.

   ( )養 ( )宦 彼( ) ( )過

3. 가장 기뻤던 봉사의 순간을 말해 보시오.

06.
어느 문중의 공동묘지

백범 김구 선생의 '나의 소원' 첫머리에 이런 대목이 있지요.

네 소원이 무엇이냐 하고 하느님이 물으시면 나는 서슴지 않고, "내 소원은 대한 독립이오." 하고 대답할 것이다. 그다음 소원이 무엇이냐고 하면 나는 또, "우리나라의 독립이오." 할 것이요, 또 그다음 소원이 무엇이냐 하는 셋째 물음에도 나는 더욱 소리 높여서, "나의 소원은 우리나라 대한의 완전한 자주독립이오." 하고 대답할 것이다.

참으로 위대한 분이라 아니할 수 없다는 것을 느끼게 돼요. 확실히 저 같은 사람은 선생의 발뒤꿈치도 못 미칠 위인이에요. 왜냐고요? 만일 하느님이 네 소원이 무엇이냐고 물으시면 저는 이렇게 말하고 싶거든요.

앓지 않고 지내다 죽을 무렵 자식들을 불러 "애들아, 나 갈란다." 한 뒤 죽고 싶습니다.

김구 선생님까지 끌어들이며 이상한 얘기를 한 것은 '죽음'과 관계된 곳을 지났기 때문이에요. 어디냐고요? 어느 문중의 공동묘지요! 사진의 한자(南平文氏世葬阡)를 읽어 볼까요? 남녘 남, 평평할 평, 글월 문, 성씨 씨, 인간 세, 장사지낼 장, 두렁 천, '남평문씨세장천'이라고 읽어요.

남평 문 씨가 대대로 장사지내러 가는 곳, 한마디로 남평 문 씨 공동묘지란 의미지요. 阡은 본래 남북으로 통하는 밭 샛길이란 뜻인데(동서로 통하는 밭 사잇길은 陌(맥)이라고 하지요), 무덤으로 가는 길이란 의미로도 사용해요. 사진의 한자에서는 그런 의미로 사용됐지요. 이 세장천에 모인 문 씨 일가는 행복할 것 같아요. 왜냐고요? 문중 일가들이 한 곳에 모였으니 오순도순 얼마나 즐겁겠어요!

한자를 좀 자세히 알아볼까요?

平은 于(어조사 우)와 八(여덟 팔)의 합자예요. 于에는 기(氣)가 펼쳐진다는 의미가 있고, 八에는 (넷씩 둘로) 나뉜다는 의미가 있어요. 두 의미를 합치면, '기가 고르게 분산되어 펼쳐지다'란 의미가 되죠. 구체적으로는 말을 할 때 발산되는 기운이 화평(和平) 하다란 의미예요. 일반적으로 사용하는 이 글자의 뜻 '평평하다'란 의미는 여기서 연역된 것이지요. 평평할 평. 平이 들어간 예는 무엇이 있을까요? 公平(공평), 平等(평등) 등을 들 수 있겠네요.

　氏는 나무뿌리를 그린 거예요. 一은 땅, 一 밑에 있는 것은 나무뿌리, 一 위에 있는 것은 나무 밑동에서 돋아난 새싹을 표현한 것이에요. 성씨란 의미는 여기서 연역된 것이에요. 나무뿌리와 새싹을 특정 성씨의 조상과 자손으로 환치시킨 것이지요. 성씨 씨. 氏가 들어간 예는 무엇이 있을까요? 氏族(씨족), 姓氏(성씨) 등을 들 수 있겠네요.

　葬은 ⺾(풀 초)와 死(죽을 사)와 ⺾(풀 초)의 합자예요. 시신을 풀로 싸서 매장한다는 의미예요. 장사지낼 장. 葬이 들어간 예는 무엇이 있을까요? 葬禮(장례), 埋葬(매장) 등을 들 수 있겠네요.

　阡은 阝(언덕 부)와 千(일천 천)의 합자예요. 앞서 말씀드린 대로 '남북으로 난 밭 사잇길'이란 의미지요. 밭 사잇길은 농지보다 높은 두렁 위에 만들기에 높다란 의미의 阝를 썼고, 길은 이리저리 여러 갈래로 나있기에 많다는 의미의 千을 사용했지요. 두렁 천. 阡이 들어간 예는 무엇이 있을까요? 阡陌(천맥, 동서남북으로 난 밭 사이의 길), 阡阡(천천, 무성한 모양. 이 경우 阡은 芊(풀무성할 천)과 같은 의미예요) 등을 들 수 있겠네요.

정리 문제를 풀어 볼까요?

1. 다음의 한자를 허벅지에 열심히 연습하시오.

　　平 평평할 평　　氏 성씨 씨　　葬 장사지낼 장　　阡 두렁 천

2. (　)안에 들어갈 알맞은 한자를 손바닥에 써 보시오.

　　(　)陌　(　)和　(　)族　(　)禮

3. 남평 문씨 중에서 가장 유명한 인물은 누구일까요?

07.
부자 되세요

네 시작은 미약하였으나 네 나중은 심히 창대하리라.

음식점에 가면 많이 보게 되면 액자예요. 성경의 잠언 구절인데, 이 말의 진짜 의미를 한마디로 표현하면 "돈 많이 벌어!"겠지요. 차마 노골적으로 그런 말을 할 수 없어 성경 구절을 빌어 에둘러 표현한 것이지요. 이게 우리 문화인 것 같아요. 긍정적으로 보면 체면을 중시하는 것이고, 부정적으로 보면 이중적인 것 아닌가 싶어요.

사진의 한자는 공희발재(恭喜發財)라고 읽어요. 중국어로는 꽁시파차이라고 읽고요. "부자 되길 축원합니다"란 의미예요. 중국 음식점에 가면 많이 보게 되는 글귀지요. 전가통신(錢可通神, 돈은 신과도 통한다)의 고사를 만들어 낸 나라이니, 이 정도의 축원이야 대수롭지 않겠지요. 이게 중국 문화인 것 같아요. 적어도 돈에 관한 한 중국은 이중적인 태도를 안 보이는 것 같아요. 그러나 부정적으로 보면 너무 체모(體貌)가 없다는 생각도 들고요.

우리 문화가 나을까요? 중국 문화가 나을까요? 돈이 만능인 자본주의 시대이니, 얼핏 생각하면, 중국의 문화가 나을 것 같다는 생각도 들지만 전 우리 문화에 더 점수를 주고 싶네요. 돈은 수단이지 목적일 수 없다는 생각이 들기 때문이지요. 체면을 중시하는 것이 결코 돈을 경시하는 것이 아니고, 돈을 부차적으로 생각한다는 것 아니겠어요?

한자를 하나씩 읽어 보실까요?
恭은 공손할 공, 喜는 기쁠 희, 發은 필 발, 財는 재물 재예요. 恭喜는 중국어로 '축하하다'는 의미이고, 發財는 '돈을 벌다, 부자가 되다'란 의미예요. 恭喜發財를 굳이 한문 식으로 하나씩 풀이하면 '재물이 피어나기를 삼가 기쁜 마음으로 축원합니다' 정도의 의미예요.

한자를 좀 자세히 알아볼까요?

恭은 心(마음 심)과 共(함께 공)의 합자예요. 여럿이 함께 일을 할 적에 마음을 단속하고 조심하여 행동거지를 바르게 한다는 의미예요. 공손할 공. 恭이 들어간 예는 무엇이 있을까요? 恭敬(공경), 恭遜(공손) 등을 들 수 있겠네요.

喜는 壴(鼓의 약자, 칠 고. 보통 '북 고'로 많이 사용하죠)와 口(입구)의 합자예요. 허벅지를 치면서 크게 웃고 떠든다는 의미예요. 기쁠 희. 喜가 들어간 예는 무엇이 있을까요? 歡喜(환희), 喜喜樂樂(희희낙락) 등을 들 수 있겠네요.

發은 弓(활 궁)과 癶(짓밟을 발)의 합자예요. 풀을 밟아 길을 평탄하게 하듯이 활의 균형을 잘 유지하고 시위를 당겨 화살을 쏜다는 의미예요. '피다'란 의미는 여기서 연역된 것이지요. 화살을 쏘듯이 꽃봉오리를 펼쳐낸다는 의미로요. 필 발. 發이 들어간 예는 무엇이 있을까요? 出發(출발), 發射(발사) 등을 들 수 있겠네요.

財는 貝(조개 패)와 才(재주 재)의 합자예요. 才는 본래 초목의 싹을 그린 것인데, 보통 材(재목 재)와 같은 의미로 쓰여요. 여기서도 그런 의미로 사용됐지요. 화폐 가치를 지니는[貝] 재목처럼 쓸모 있는[才] 물건이란 의미예요. 곡식, 옷감, 보석 등을 아우르는 의미지요. 재물 재. 財가 들어간 예는 무엇이 있을까요? 財物(재물), 財閥(재벌) 등을 들 수 있겠네요.

정리 문제를 풀어 볼까요?

1. 다음의 한자를 허벅지에 열심히 연습하시오.

恭 공손할 공   喜 기쁠 희   發 필 발   財 재물 재

2. (　)안에 들어갈 알맞은 한자를 손바닥에 쓰시오.

(　)物　(　)射　歡(　)　(　)敬

　　당나라 때 장연상이란 관리가 있었어요. 고위층이 연루된 큰 사건을 맡아, 부하들에게 10일 안에 조사를 끝마치라는 엄명을 내렸어요. 다음 날 누군가 그의 책상에 3만 관의 돈을 뇌물로 놓아두고 사건을 덮어 달라고 부탁했어요. 장연상은 크게 노하여 조사에 박차를 가하라고 명령했지요. 그러자 그다음 날에는 5만 관이, 다음 날에는 10만 관의 뇌물이 그의 책상 위에 놓여 있었어요. 장연상은 "10만 관이라는 돈은 귀신과도 통할 수 있는 액수이다. 이를 거절했다가는 내게 화가 미칠까 두려우니 그만두지 않을 수 없다."라며 사건을 흐지부지 종결시켰어요.

　　전가통신(錢可通神)의 유래예요. 문득 재벌에 약한 우리나라의 법조인들이 떠오르네요. 이들도, 장연상처럼, 신의 노여움을 살까 봐 그런가 봐요.

08.
어느 건강 식당

"**당**신이 왜 나보다 건강한 지 그 이유를 알았어!" 최근에 아내에게 한 말이에요. 아내보다 음식도 가려먹고 가급적이면 좋은 것을 먹어보려 노력하는데 이상하게 그렇지 않은 아내보다 특별히 건강하지 않은 이유가 뭘까 오랫동안 생각하다 내린 결론이었어요. 그러면 아내가 저보다 건강한 이유는 뭘까요? 그건 아내가 저보다 대인 관계가 좋고 매사를 긍정적으로 생각한다는 점이에요. 건강은 절대적으로 정신 건강이 우선인 것 같아요. 동의하시는지요?

제가 최근에 깨달은 또 하나 건강법은 '가급적 외식 금지'예요. 이건 외식을 해보면 알 수 있어요. 외식을 한 날은 이상하게 뒷맛이 개운치 않고 자꾸 물을 찾게 돼요. 과다한 조미료 섭취 때문이지요. 집밥을 먹으면 이런 일이 없지요. 소찬일망정 집밥 이상의 건강식이 없다는 것을 새삼 깨닫게 됐어요.

그런데 간월도를 찾게 되었던 날 부득이 외식을 하게 되었어요. 일행이 있었기 때문이죠. 간월도의 별미는 '굴밥'이에요. ○○○굴밥 집을 들어서는데 문 입구에 사진(다음 쪽)의 문구가 붙어 있더군요. 읽어 보실까요?

그렇죠! 건강식당(建康食堂) 인증점(認證店)이에요. 가운데의 일본어는 '노'라고 읽어요. '~의'라는 뜻이지요. 건강 식당이란 인증을 받은 음식점이라 그랬을까요? 먹고 난 뒤 비교적 물을 덜 찾았고 입맛도 별반 텁텁하지 않았어요. 건강식당이란 인증을 받을 만하다는 생각이 들더군요. 그랬을까요? 가격은 좀…. 가격 저렴하고 조미료 덜 쓰는 식당은 아무래도 흔치 않겠죠?

建康食堂 認證店 한자들의 뜻과 음을 알아볼까요?
建은 세울 건, 康은 편안할 강, 食은 밥(먹을) 식, 堂은 집 당, 認은 인정할 인, 證은 증명(거) 증, 店은 가게 점이에요.

한자를 좀 자세히 알아볼까요?

建은 聿(律의 약자, 법 률)과 廴(끌 인)의 합자예요. 廴은 발을 끈다는 뜻인데, 옳은 것을 따라간다는 의미가 내포되어 있어요. 建은 옳게 여기고 따라야 할 조정의 법도를 세운다는 의미예요. 그런데 건강하다의 '건'은 이 建(세울 건)을 사용하지 않고 健(굳셀 건)을 사용해요. 식당에서 한자를 잘못 사용하여 표기했어요. 建이 들어간 예는 무엇이 있을까요? 建設(건설), 建築(건축) 등을 들 수 있겠네요.

食은 A(集(모을 집)의 옛 글자)과 皀(쭉정이 조)의 합자예요. 여러 종류의 곡식을 모아서 익힌 밥이란 뜻이에요. '먹다'란 의미는 여기서 연역된 것이지요. '밥을 먹다'란 의미로요. 밥(먹을) 식. 食이 들어간 예는 무엇이 있을까요? 食事(식사), 混食(혼식) 등을 들 수 있겠네요.

認은 본래 心을 빼고 言(말씀 언)과 刃(칼날 인)의 합자 형태로 사용됐어요. 칼날에 베일까 조심하듯 말을 함부로 하지 않고 삼가며 조심한다는 의미예요. 인정하다란 의미는 여기서 연역된 것이지요. 인정이란 쉽게 하는 게 아니잖아요? 인정할 인. 認이 들어간 예는 무엇이 있을까요? 是認(시인), 認可(인가) 등을 들 수 있겠네요.

證은 言(말씀 언)과 登(오를 등)의 합자예요. 실상을 올려(추가하여) 말한다는 의미예요. 증거나 증명하다란 의미는 여기서 연역된 것이지요. 증명(거) 증. 證이 들어간 예는 무엇이 있을까요? 證言, 證人(증인) 등을 들 수 있겠네요.

정리 문제를 풀어 볼까요?

1. 다음의 한자를 허벅지에 열심히 연습하시오.

建 세울 건   食 밥(먹을) 식   認 인정할 인   證 증명(거) 증

2. (   )안에 들어갈 알맞은 한자를 손바닥에 써 보시오.

　　(　)事　是(　)　(　)設　(　)言

3. '건강식당 인증점'을 한자로 써 보시오.

09.
선운사에서(1)

선운사를 창건하신 분은 검단(黔丹) 선사로 알려져 있어요. 널리 알려진 절이 그렇듯, 선운사도 신이(神異)한 창건 설화가 전해요. 본래 선운사 자리는 용이 살던 큰 못이었는데 검단 선사가 이 용을 몰아낸 뒤 돌로 메워 터를 닦았다고 해요. 이 무렵 마을에 눈병이 심하게 돌았대요. 그런데 못에 숯을 한 가마씩 갖다 부으면 눈병이 씻은 듯이 낫곤 했대요. 이를 신기하게 여긴 마을 사람들이 너도나도 숯과 돌을 가져와 큰 못이 금방 메워지게 되었고 그 위에 선운사를 지었다고 해요.

이 이야기를 어떻게 해석해야 할까요? 열쇠는 黔丹 선사의 이름에 있는 것 같아요. 黔은 검을 검, 丹은 붉을 단 이에요. 검단은 '검붉다'란 의미인데 검붉은 것은 바로 숯 아니겠어요? 숯 그 자체는 검지만 불이 붙으면 붉잖아요. 아마도 검단 선사는 주민들에게 숯 굽는 법을 알려주지 않았나 싶어요. 검단 선사가 주민들에게 소금 굽는 법을 알려 줬다는 이야기가 전하는데, 소금 굽는 법과 함께 숯 굽는 법도 알려주지 않았을까 싶어요. 그런데 숯은 제독 기능이 있기 때문에 숯을 구우면 눈병 치료에도 일정 정도 효과가 있을 거예요. 이렇게 보면 검단 선사의 이름 '검단'도 당시 사람들이 부르던 선사의 별명 — 숯 검댕이 — 이 훗날 선사의 실명처럼 불리게 되었을 가능성이 커보여요. 위 설화는 검단 선사 덕분에 생계 수단(숯과 소금 굽는 법)을 배우고 질병을 퇴치할 수 있었던 마을 주민들이 은혜를 갚기 위해 선사의 절 창건을 도왔다는 내용이 윤색된 것이 아닐까 싶어요.

그렇다면 선사는 왜 소금 굽는 법과 숯 굽는 법을 알려줬을까요? 이 해답은 '용'에 있는 것 같아요. 용은 토속 신앙을 상징하죠. 불교라는 외래 신앙을 전파하기 위해서는 토속 신앙을 물리침과 동시에 새로운 문화(문명)를(을) 전파해야 하는데, 이때 선사가 전파한 것이 바로 소금 굽는 법과 숯 굽는 법이 아니었을까 싶어요.

사진의 글씨는 검단정(黔丹亭)이라고 읽어요. 선운사를 지나 도솔암 가는 길에 있는데, 검단 선사를 생각하며 쉬어 가라고 마련한 정자 같아요.

검단정을 지나 도솔암으로 가다 보면 멋진 소나무를 만나게 돼요.

멋진 소나무인지라 이름도 갖고 있어요. 장사송(長沙松). 안내판을 보니 장사(長沙)는 지명이라고 돼 있더군요. 현 지명인지 옛 지명인지는 명기가 안 되어 있더군요. 멋진 소나무에 붙인 이름치고는 좀 싱거워요. 長은 긴 장, 沙는 모래 사, 松은 소나무 송이에요. 수령이 600여 년 된다고 해요. 600여 년의 세월 동안 수많은 일을 목격했을 이 소나무 앞에 서니 숙연한 느낌이 들더군요. 한 번 어루만지면 그 사연들이 혈관을 타고 가슴 속으로 전해질 것만 같은데, 아쉽게도 출입을 못하게 막아 놨어요.

한자를 좀 자세히 알아볼까요?

黔은 黑(검을 흑)과 今(이제 금)의 합자예요. 今은 음을 담당해요(음가가 좀 변했죠. 금→검). 검은색이란 의미예요. 좀 더 정확하게는 엷은 검은색에 약간의 황색을 띤 색깔을 의미해요. 검을 검. 黔이 들어간 예는 무엇이 있을까요? 黔首(검수, 백성을 뜻함), 黔沈(검침, 마음이 음침함) 등을 들 수 있겠네요.

沙는 氵(물 수)와 少(적을 소)의 합자예요. 두 가지로 설명해요.
하나. 물이 적어지면 드러나는 것, 즉 모래를 뜻한다.
둘. 물에 부딪혀 잘게 쪼개진 돌, 즉 모래를 뜻한다.
둘 다 의미가 통하죠? 모래 사. 沙가 들어간 예는 무엇이 있을까요? 土沙(토사), 沙漠(사막) 등을 들 수 있겠네요. 沙는 砂로도 표기해요.

정리 문제를 풀어 볼까요?

1. 다음의 한자를 허벅지에 열심히 연습하시오.

   黔 검을 검   沙 모래 사

2. (   )안에 들어갈 알맞은 한자를 손바닥에 써 보시오.

   (   )漠   (   )首

3. '검단정'과 '장사송'을 한자로 써 보시오.

10.
선운사에서(2)

우리 불교의 특징 중 하나가 미륵(彌勒) 신앙이죠. 미륵은 내세불(來世佛)이에요. 왜 내세불을 선호하는 걸까요? 그건 그만큼 현실이 괴롭다는 것을 반증하는 걸 거예요. 그러기에 현실의 괴로움을 치유해줄 내세불인 미륵불을 선호하는 것이죠. 미륵 신앙이 우리의 전통이란 것은 그만큼 우리의 역사가 고난의 역사였다는 것을 반증해요. 특히 민중들에게. 그렇지 않은가요?

사진은 도솔암(兜率庵)이라고 읽어요. 도솔은 미래불인 미륵보살이 성불하기를 기다리고 있는 곳이죠. 이 도솔암에는 마애미륵보살이 유명해요.

마애불의 배꼽 부분에 검단선사의 비결이 있었는데 동학지도자 손화중이 가져갔다고 전해요.

오랜 세월 민중들의 고통을 지켜보며 제자리를 지키고 있는 미륵 마애불을 보노라니, 언제나 민중을 하늘같이 보는 지도자가 나올까 되묻게 되더군요. 미륵불은 바로 민중을 하늘같이 보는 지도자의 다른 표현이란 생각이 들어요.

한자를 좀 자세히 알아볼까요? 도솔암의 현판 한자와 함께 도솔과 관련 있는 미륵에 대해서도 알아보도록 하죠.

兜는 兒(아이 아)와 卯(鍪의 옛 글자, 투구 무)의 합자예요. 兒는 어린아이의 머리를 특별히 강조하여 표현한 글자인데, 여기서는 그 머리에 강조를 두고 있어요. 이 글자는 머리를 보호하기 위하여 쓰는 투구라는 뜻이에요. '투구 두'라고 읽어요. 兜가 들어간 예는 무엇이 있을까요? 쉽게 찾을 수 있는 예가 없네요. 兜籠(두롱, 가마), 兜鍪(두무, 투구) 정도를 들 수 있겠네요.

率은 본래 새 잡는 그물을 그린 거예요. 위아래의 十은 손잡이를, 가운데의 幺는 그물을, 양쪽의 冫은 그물의 무늬를 표현한 것이에요. 지금은 이 뜻으로는 사용하지 않고, '거느리다' '비율' 등의 의미로 사용하죠(거느릴 솔, 비율 률). 率이 들어간 예는 무엇이 있을까요? 統率(통솔), 比率(비율) 등을 들 수 있겠네요.

兜率은 위 현판에서 '두솔'로 읽지 않고 '도솔'로 읽어요. 도솔로 읽는 兜率은 산스크리트어 tusita의 음역이에요. 의역하여 지족천(知足天)이라고도 하지요. 불교의 우주관에 따르면 세계의 중심은 수미산이며, 그 꼭대기에서 12만 유순 위에 도솔천이 있다고

해요. 이곳은 석가모니가 보살일 당시에 지상에 내려갈 때를 기다
렸던 곳이자 미래불인 미륵보살이 설법하면서 지상으로 내려갈 시
기를 기다리는 곳이라고 해요. 선운사에는 도솔암이 있고 이곳에는
마애미륵불이 있는데, 도솔천을 지상에 구현한 것이라고 볼 수 있
어요.

  彌는 弓(활 궁)과 爾(璽의 약자, 도장 새)의 합자예요. 도장을 잘
보관하듯 활의 줄을 풀러 활을 잘 보관한다는 의미예요. '활 부릴
미'라고 읽어요. '그칠 미, 퍼질 미' 등으로도 많이 사용하죠. 이 경
우는 모두 본뜻에서 연역된 것으로 볼 수 있어요. 활줄을 풀러 놓았
다는 데서 '퍼지다', 보관한다는 데서 '그치다' 등의 의미를 갖게 된
것이지요. 彌가 들어간 예는 무엇이 있을까요? 본뜻보다는 연역된
뜻으로 사용된 예가 더 많아요. 彌縫策(미봉책, 임시변통), 彌滿(미
만, 가득 참) 등을 들 수 있겠네요.

  勒은 革(가죽 혁)과 力(힘 력)의 합자예요. 力은 본래 근육의 힘줄
을 표현한 거예요. 마소의 목에서 고삐에 걸쳐 얽어매는, 근육의 힘
줄 모양과 비슷한, 가죽으로 만든 끈이란 뜻이에요. '굴레 륵'이라고
읽어요. 勒이 들어간 예는 무엇이 있을까요? 勒絆(늑반, 고삐), 勒奪
(늑탈, 위력이나 폭력을 써서 억지로 빼앗음) 등을 들 수 있겠네요.

  미륵(彌勒)은 산스크리트어 Maitreya를 음역한 것이에요. 미륵은
인도의 브라만 집안에서 태어나 석가의 가르침을 받다가 석가로부
터 다음 세상의 부처로 수기(受記)를 받았다고 해요. 석가의 후계

자로 낙점을 받은 것이지요.

정리 문제를 풀어 볼까요?

1. 다음의 한자를 허벅지에 열심히 연습하시오.

   兜 투구 두(도)　率 거느릴 솔　彌 그칠 미　勒 굴레 륵

2. (　)안에 들어갈 알맞은 한자를 손바닥에 써 보시오.

   (　)絆　(　)縫策　兜(　)

3. 다음 시를 읽고 느낌을 말해 보시오.

도솔암 입구 상점에서 찍은 거예요.

11.
어떤 화장품

"**가**슴이
답답해~"

수년 전 아내가 갑자기 몸보신하라고 홍삼액 한 상자를 사 왔어요. 적지 않은 비용을 지불했을 텐데, 더없이 고맙더군요. 환한 웃음을 지으며 고맙다고 치하했지요. 팩 하나를 꺼내 마셨어요. 달달하고 씁쌀하니 맛이 괜찮더군요. 그런데, 웬걸, 조금 있다가 가슴이 답답해지고 얼굴에 화기가 올라오는 거예요. 일종의 부작용이 생긴 거죠. 가슴이 답답하다고 호소하니 아내가 불퉁스럽게 말했어요. "누구는 없어서 못 먹는데, 줘도 못 먹으니…." 이후 그 홍삼 진액은 다용도실 한구석에 놓였다가 처가로 이송되었어요. 처음부터 안뜯고 보내 드렸으면 더 좋았을텐데… 죄송스럽더군요.

사진의 한자는 동인비(彤人祕)라고 읽어요. 彤은 붉을칠 동, 人은 사람 인, 祕는 신비할 비이니까 '붉은 칠한 사람의 신비'란 의미가 되겠네요.

무슨 말인지 이해가 안 되죠? '동인(彤人)'은 '홍삼(紅蔘)'과 같은 의미예요. 紅과 彤은 똑같이 '붉다'란 의미이고, 蔘은 人(사람)과 비슷한 모양을 한 식물이기 때문이죠. 따라서 동인비(彤人祕)를 이해하기 쉬운 말로 풀이하면 '홍삼의 신비'라고 할 수 있어요. '홍삼비(紅蔘祕)'라고 표현하면 너무 식상한 표현이라 낯설게 표현한 것 같아요. 홍삼비보다는 동인비가 한결 더 우아하고 신비스러운 느낌이 들긴 하죠? 동인비는 홍삼을 활용한 한방 화장품이에요. 고가일 것 같더군요. 길거리를 지나다 사진을 찍었는데, 가게 주인이 뚱하게 쳐다보더군요. 살짝 묵례하고 지나쳤어요. 그러면서 뜬금없이 든 생각. '홍삼이 안 맞는 사람은 저 화장품도 안 맞을까?'

한자를 좀 자세히 알아볼까요?

彤은 丹(붉을 단)과 彡(터럭 삼)의 합자예요. 彡에는(털을 묶은 붓으로) 무늬를 그린다는 의미가 들어 있어요. 붉은색을 칠하여 꾸민다는 의미예요. 붉은칠 동. 彤이 들어간 예는 무엇이 있을까요? 彤弓(동궁, 공이 있는 제후에게 천자가 하사하던 활), 彤闈(동위, 궁전의 별칭) 정도를 들 수 있겠네요. 일상적인 예는 들 만한 게 없어요.

祕는 示(神의 약자, 귀신 신)과 必(閟의 약자, 닫힐 비)의 합자예요. 귀신이 아니면 알기 어려운 신비스러운 일이란 의미예요. 必은 음을 담당하면서 뜻도 일부분 담당하고 있어요. 알기 어려운 신비스러운 일은 개방된 상태가 아니라 닫혀있는 상태란 의미로요. 신비할 비. 祕가 들어간 예는 무엇이 있을까요? 祕訣(비결), 祕密結社(비밀결사) 등을 들 수 있겠네요. 祕는 秘로 표기하기도 해요.

정리 문제를 풀어 볼까요?

1. 다음의 한자를 허벅지에 열심히 연습하시오.

    彤 붉은칠 동   祕 신비할 비

2. (　)안에 들어갈 알맞은 한자를 손바닥에 써 보시오.

    (　)訣　(　)弓

3. 알레르기 반응을 일으키는 음식이 있으면 소개해 보시오.

12.
/
뚫다

1만 시간의 법칙이라는 게 있죠. 하루에 3시간씩 대략 10년 정도 투자하면 그 분야의 전문가가 된다는 것이죠. 언젠가 이 말에 혹하여(?) 한 번 도전한 적이 있는데, 10일 정도 하다 포기했어요. 끈기를 가지고 한 가지 일에 매진한다는 것이 결코 쉬운 일이 아니란 것을 새삼 깨달았죠. 무슨 일을 하다가 그만뒀냐고요? 비밀!

하루 3시간씩 10년을 투자하려면 우선 하려는 일이 몸에 배어야 하는데, 하려는 일이 몸에 배려면 최소 6개월 이상은 걸린다고 해요. 우리의 뇌를 3등분 하여 올드 브레인(기층)·미들 브레인(중간)·뉴 브레인(상단)으로 나눌 수 있는데 올드 브레인이 행동과 연결된다고 해요. 6개월은 생각이 올드 브레인까지 내려와 각인되어 자연스럽게 행동으로 연결되는 최소의 시간인 것이지요.

그런데 왜 갑자기 자기계발 얘기를 하냐고요?
사진(다음 쪽)의 한자 내용이 이와 관련 있어서예요.

한자를 읽어 보실까요?

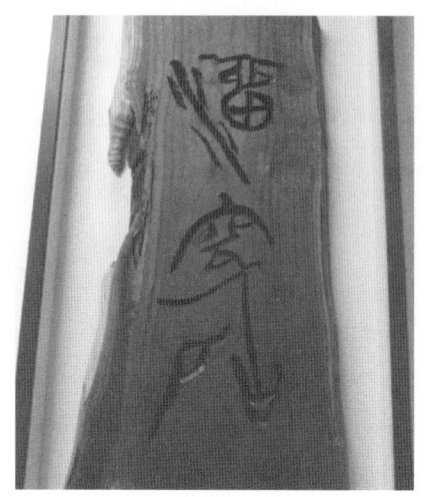
전서체로 써서 알아보기가 쉽지 않군요. 첫 번째 글자는 溜로 '방울져떨어질 류'라고 읽어요. 두 번째 글자는 穿으로 '뚫을 천'이라고 읽어요. 세 번째 글자는 石으로 '돌 석'이라고 읽어요. 붙여서 읽으면 '유천석'이라고 읽겠죠? 뜻은 "물방울이 돌을 뚫는다"예요.

미약한 물방울도 지속적으로 떨어지면 단단한 돌도 뚫을 수 있다는 의미로, 꾸준한 노력의 가치와 성과를 비유한 말이지요. 자기 계발과 관련성이 깊은 내용이라고 할 수 있겠죠?

한자를 좀 자세히 알아볼까요?

溜는 氵(물 수)와 留(머무를 류)의 합자예요. 留에는 '그치다'란 의미가 내포되어 있어요. 흡사 그쳐있는 것처럼 물이 한 방향으로만 계속하여 떨어져 내린다란 의미예요. 방울져떨어질 류. 溜가 들어간 예는 무엇이 있을까요? 溜滴(유적, 떨어지는 물방울), 飛溜(비류, 급히 떨어지는 낙숫물) 등을 들 수 있겠네요.

穿는 穴(구멍 혈)과 牙(어금니 아)의 합자예요. 구멍을 뚫어 쌍방을 통하게 하듯이 음식물을 씹어서 입과 식도 사이로 통하게 만든다는 의미예요. 뚫을 천. 穿이 들어간 예는 무엇이 있을까요? 穿孔

(천공, 구멍을 뚫음), 穿鑿(천착, 깊이 살펴 연구함) 등을 들 수 있겠네요.

石은 언덕[厂] 밑에 있는 돌[口]을 그린 거예요. 돌 석. 石이 들어간 예는 무엇이 있을까요? 石塔(석탑), 鐵石(철석, 쇠와 돌) 등을 들 수 있겠네요.

정리 문제를 풀어 볼까요?

1. 다음의 한자를 허벅지에 열심히 연습하시오.

   溜 방울져떨어질 류   穿 뚫을 천   石 돌 석

2. ( )안에 들어갈 알맞은 한자를 손바닥에 써 보시오.

   鐵( ) ( )滴 ( )孔

3. 꾸준한 노력을 강조하는 격언을 하나 소개해 보시오.

13.
거산

굴곡진 현대사 '민주화의 큰 산'지다

　모 일간지의 헤드라인이에요. 거산(巨山) 김영삼 대통령이 돌아가셨죠(2015년). 김영삼 대통령은 반독재 민주화 운동의 상징적인 인물이죠. 그러나 일 정치인으로서의 김영삼에게는 그런 타이틀 — 신문의 헤드라인 같은 — 이 어울릴지 몰라도 대통령으로서의 김영삼에게는 그런 타이틀이 어울리지 않는 것 같아요. 많은 사람은 김영삼 대통령을 'IMF를 초래한 무능한 대통령'으로 기억하고 있죠. IMF의 초래에 대해서는 여러 분석이 있지만 분명한 건 그 이후 우리 사회가 고용 불안정과 양극화로 치닫게 됐다는 거예요. 김영삼 대통령을 아름답게 기억하기 어려울 수밖에 없죠.

　박정희와 전두환을 좋게 평가하는 사람들이 항상 말하는 것이 '경제 성장'이죠. 만약 그들에게 그런 공(功)이 없었다면 그 누구도 그들을 좋게 평가하지 않을 거예요. 그나마 그런 공이 있기 때문에 좋게 평가하는 거지요. "백성은 먹을 것을 하늘로 삼는다."는 옛말은 이런 점에서 여전히 유효한 것 같아요. 말로는 "배부른 돼지보다 배고픈 소크라테스가 되겠다."라고 하지만 실제는 배부른 돼지가 되고 싶은 것이 국민의 마음 아닌가 싶어요. 너무 과한 말일까요?

사진은 어떤 관광버스의 상호예요. 巨는 클 거, 山은 뫼 산, '거산'이라고 읽어요. 말 그대로 '큰 산'이란 뜻이죠. 사진을 찍은 날 묘하게 거산(巨山) 김영삼 대통령이 돌아가셨다는 소식을 들었어요. 김영삼 대통령에 대해서 한마디 하라는 신의 계시(?)가 아닌가 싶어 되먹지 못한 소리를 몇 마디 주절거렸네요.

한자를 좀 자세히 알아볼까요?

巨는 工과 ㅋ의 합자예요. 工은 보통 '장인 공'으로 읽는데, 본래는 곡척(曲尺, 구부러진 자)을 그린 거예요. ㅋ은 손을 나타낸 거고요. 둘을 합치면, 손에 곡척을 들고 있는 모양을 그린 거라고 설명할 수 있겠네요. '자 거'라고 읽어요. 巨는 보통 '클 거'라고 읽는데 이는 본뜻에서 연역된 거예요. 자가 크다는 의미로요. 巨가 들어간 예는 무엇이 있을까요? 巨大(거대), 巨軀(거구) 등을 들 수 있겠네요.

山은 산봉우리와 골짜기를 그린 거예요. 뫼 산. 山이 들어간 예는 무엇이 있을까요? 深山(심산), 名山(명산) 등을 들 수 있겠네요.

정리 문제를 풀어 볼까요?

1. 다음의 한자를 허벅지에 열심히 연습하시오.

   巨 클 거   山 뫼 산

2. (   )안에 들어갈 알맞은 한자를 손바닥에 써 보시오.

   (   )大   深(   )

3. 김영삼 대통령의 공과를 하나씩 소개해 보시오.

14.
어떤 팥 과자

이 과자 좋아하시나요? 저는 그리 썩… 아내가 사 왔기에 하나 먹어 봤는데, 역시나…. 어렸을 때 소풍 갈 적에 이따금 사 갔던 기억이 나네요.

자, 이 과자의 이름은? 네, 연양갱(鍊羊羹)이에요. 鍊은 이길 련('이기다'란 의미는 물을 붓고 반죽하여 만든다는 의미예요), 羊은 양 양, 羹은 국 갱이에요. 직역하면 '이긴 양고기 국'이란 뜻이죠. 이긴 양고기 국이라니, 우리가 먹는 그 과자와는 너무 거리가 먼 이름 아네요?

양갱의 원조는 羊肝餠(양간병)으로 양의 간을 닮은 떡이었어요. 양간병은 중국에서 만들어 먹던 떡으로, 주재료는 팥과 설탕이었죠. 그런데 이 떡이 禪(선)과 함께 일본에 전해지는 과정에서 '肝'과 '羹'의 음이 일본어로는 모두 kan으로 같은 바람에 혼동되어 '羊肝'이 '羊羹'이란 문자로 와전되어 쓰이게 된 것이에요. 그리고 일본에서 와전된 말이 일제 강점기 때 우리나라에 들어온 것이고요. 그리고 이 양갱이 처음에는, 중국에서처럼, 떡의 형태로 찐 것이었는데 후일 한천(우무)을 추가하여 반죽 형태로 만들어져 '鍊'이란 말이 덧붙게 된 것이에요. (이상 http://cafe.daum.net/culturevi 참조)

연양갱이 출시된 것이 70년이라고 하니, 굉장히 오래된 과자예요. 일제강점기 때까지 합치면 근 100년이 되었다고 할 수 있겠네요. 입맛이라는 게 참 무서운 것이에요. 한 번 길들여지면 좀처럼 바뀌지 않으니 말이지요. 이 과자도 어찌 보면 일제가 남기고 간 잔재라고 할 수 있을 텐데, 이토록 오래가는 것을 보면, 식민지의 잔재를 청산한다는 것이 지난(至難)한 일이라는 것을 새삼 느끼게 돼요. 너무 비약이 심한가요?

한자를 좀 자세히 알아볼까요?

鍊은 金(쇠 금)과 柬(가릴 간)의 합자예요. 철광석을 녹여 불순물을 가려내고 정제된 쇠를 얻는다는 의미예요. 보통 '(쇠)불릴 련'으로 읽죠. '이길 련'은 여기서 연역된 것이에요. 鍊이 들어간 예는 무엇이 있을까요? 鍛鍊(단련), 製鍊(제련) 등을 들 수 있겠네요.

羹은 羔(새끼양 고)와 美(아름다울 미)의 합자예요. 맛있는 새끼양고기로 훌륭하게 맛을 낸 음식[국]이란 의미예요. 국 갱. 羹이 들어간 예는 무엇이 있을까요? 菜羹(채갱, 나물국), 羹飪(갱임, 떡국) 등을 들 수 있겠네요.

정리 문제를 풀어 볼까요?

1. 다음의 한자를 허벅지에 열심히 연습하시오.

    鍊 이길 련   羹 국 갱

2. (　)안에 들어갈 알맞은 한자를 손바닥에 써 보시오.

    茱(　)   鍛(　)

3. 일제가 남긴 음식 문화 한 가지를 말해 보시오.

15.
어느 사당

남당: 인성(人性)과 물성(物性)은 다르다고 봅니다.

외암: 그 근거는 무엇입니까?

남당: 성(性)은 이(理)가 기(氣) 안에 들어와 있는 것으로 기의 품수(稟受)에 따라 인(人)과 물(物)이 달라지듯, 성도 다를 수밖에 없다고 생각합니다. 외암은 어떻게 생각하시는지요?

외암: 저는 인성과 물성이 같다고 봅니다. 남당도 말씀하셨다시피 성은 이가 기안에 들어와 있는 것입니다. 비록 기의 품수에 따라 인과 물이 다르다고는 하나, 본원적인 이는 차이가 없다고 생각합니다. 따라서 인성과 물성은 같다고 봅니다.

18세기 조선 유학은 인물성동이(人物性同異)란 주제를 놓고 치열한 논전을 벌였지요. 그 논쟁을 촉발시킨 두 인물은 남당(南塘) 한원진(韓元震)과 외암(巍巖) 이간(李柬)이에요. 둘 다 한 스승 — 권상하(權尙夏) — 밑에서 배웠지만, 견해가 달랐지요. 두 사람은 이 주제를 놓고 근 10년에 걸쳐 서신을 통해 논전을 펼쳤지요. 이들의 논전을 호락(湖洛) 논쟁이라고도 하는데, 남당을 지지하는 이들이 주로 호서지방(충청도)에 거주했고 외암을 지지하는 이들이 주로 낙하지방(서울 근교)에 거주했기 때문이에요.

우연히 남당 한원진 선생의 사당을 들리게 되었어요. 서산에서 광천으로 가는 길에 남당 선생의 사당인 '양곡사(暘谷祠)'를 안내하는 간판이 있기에 잠시 들
러 보았지요. 한 시대를 풍미한 논전의 주인공을 모신 사당치고는 너무 고즈넉하여 쓸쓸하기조차 하더군요.

서원이나 향교 혹은 이런 사당을 들를 때마다 드는 생각인데, 보존에만 신경 쓸 것이 아니라 재활용에 더 신경을 써야 하지 않을까 싶어요. 대학이나 관계 기관과 연계하여 뭔가 학술적으로 의미 있게 활용할 수 있는 방안을 찾았으면 좋겠어요.

暘谷祠의 暘은 해돋이 양, 谷은 골짜기 곡, 祠는 사당 사예요. 暘谷은 동네 이름인데 '양지바른 곳' 혹은 '해 돋는 곳'이란 의미예요. 치열한 논전의 주인공을 모신 사당치고는 그 이름이 너무 소박해요.

한자를 좀 자세히 알아볼까요?

暘은 日(해 일)과 易(陽의 옛 글자. 볕 양)의 합자예요. 구름이 걷히고 해가 나와 밝게 비춘다는 의미예요. 해돋이 양. 暘이 들어간 예는 무엇이 있을까요? 일상적인 예로는 들 만 한 게 없고, 드문 예로 暘烏(양오)를 들 수 있겠네요. 暘烏는 태양의 이칭(異稱)이에요.

谷은 골짜기를 표현한 것이에요. 八과 八은 골짜기를 그린 것이고 口는 골짜기로 들어가는 입구를 표현한 것이에요. 골짜기 곡. 谷이 들어간 예는 무엇이 있을까요? 谿谷(계곡), 峽谷(협곡) 등을 들 수 있겠네요.

祠는 示(祀의 약자, 제사 사)와 司(詞의 약자, 말씀 사)의 합자예요. 제물은 별로 마련하지 못하고 축원의 말만 길게 하는 봄철의 제사란 의미예요(봄철은 번식과 파종의 시기이기 때문에 제물을 마련하기 어렵죠). 사당이란 의미는 본뜻에서 연역된 거예요. 제사를 드리는 장소란 의미로요. 사당 사. 祠가 들어간 예는 무엇이 있을까요? 祠堂(사당), 祠宇(사우) 등을 들 수 있겠네요.

정리 문제를 풀어 볼까요?

1. 다음의 한자를 허벅지에 열심히 연습하시오.

暘 해돋이 양   谷 골짜기 곡   祠 사당 사

2. (   )안에 들어갈 알맞은 한자를 손바닥에 써 보시오.

　　谿(   ) (   )烏 (   )堂

3. '인물성 동이'에 대한 본인의 생각을 말해 보시오.

16.
/
어떤 숟가락 통

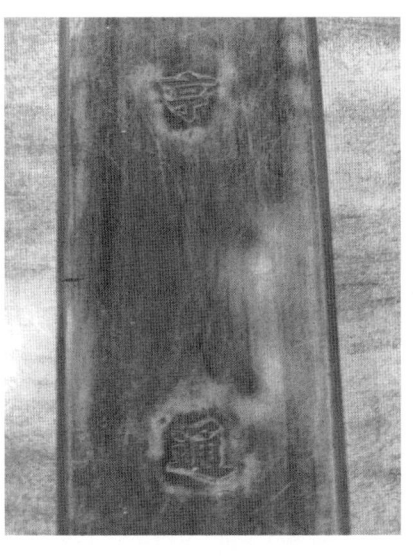

사진은 어느 칼국수집에 갔다가 찍은 거예요. 숟가락 통 뚜껑에 쓰여 있는 글씨예요. 亨은 형통할 형, 通은 통할 통, 형통이라고 읽어요. 말 그대로 "잘 통한다"란 의미지요. 음식점에서 '형통'은 무엇일까요? 손님이 많이 오는 거겠죠. 통 뚜껑이 온통 상처투성이인 걸 보면 이 음식점은 '형통'한 것 같아요. 손님이 많아 자주 사용하다 보니 생긴 상처일 테니까요.

우리는 보통 '형통'이라고 하면 아무런 장애 없이 모든 일이 순조롭게 풀리는 것을 떠올리는데, 그건 이상(理想)으로나 가능하지 현실로는 불가능한 거예요. 타인(물)과 교통(交通)하는데 어찌 순조롭게 일이 풀리겠어요. 타인(물)과의 교통에 장애가 따르는 것은 당연한 거예요. 왜냐고요? 본인도 본인 자신을 모르는 경우가 허다

한데 하물며 타인(물)을 어떻게 알아 잘 통할 수 있겠냔 말이지요. 타인과의 교통은 고통스러울 수밖에 없는 거예요. 이런 점에서 '형통'이란 상처 위에 피는 꽃이라고 할 수 있어요. 상처를 입으면서도 상대를 이해하려 노력한 산물이 '형통'이니까요. 사진의 숟가락 통이 그것을 온몸으로 보여주고 있잖아요?

한자를 좀 자세히 알아볼까요?

亨은 高(높을 고)의 줄임 형태와 豆(제기 두)의 줄임 형태가 결합한 글자예요. 제기에 음식을 가득 담아[高] 신에게 드린다는 의미예요. 형통하다란 의미는 여기서 연역된 거예요. 신에게 풍성한 음식을 드린 일로 신의 축복을 받아 일이 잘 풀린다는 의미로요. 형통할 형. 亨이 들어간 예는 무엇이 있을까요? 亨途(형도, 평탄한 길), 吉亨(길형, 길하여 사물이 잘 형통함) 등을 들 수 있겠네요.

通은 辶(걸을 착)과 甬(湧의 약자, 샘솟을 용)의 합자예요. 막힘없이 솟아 나오는 샘처럼 아무런 제약을 받지 않고 다닌다는 뜻이에요. 통할 통. 通이 들어간 예는 무엇이 있을까요? 通行(통행), 通路 (통로) 등을 들 수 있겠네요.

정리 문제를 풀어 볼까요?

1. 다음의 한자를 허벅지에 열심히 연습하시오.

亨 형통할 형   通 통할 통

2. (　)안에 들어갈 알맞은 한자를 손바닥에 쓰시오.

　疏(　) 吉(　)

3. 형통과 불통의 경험을 한 가지씩 소개해 보시오.

17.
독서를 권함(1)

어디서 많이 본 글씨 아닌가요?
원래의 형태(아래 사진)로 보실까요?

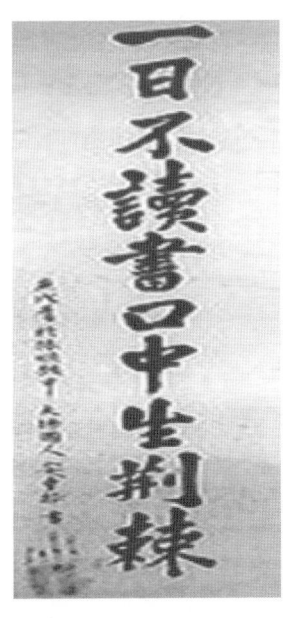

네, 안중근 의사의 글씨로 널리 알려진 바로 그 내용이에요. 일일부독서구중생형극(一日不讀書口中生荊棘)이라고 읽지요. "하루라도 글을 읽지 않으면 입속에서 가시가 돋는다."라는 뜻이지요. 지금은 글을 읽는다고 하면 '눈으로 읽는 것'을 말하지만, 과거에는 글을 읽는다고 하면 '소리 내어 읽는 것'을 말했지요. 하여 하루라도 글을 읽지 않으면 입에 가시가 돋는다고 한 것이에요. 지금 같으면 눈에 가시가 돋는다고 해야 와 닿을 것 같네요.

한 글자씩 읽어 볼까요?

한 일(一), 날 일(日), 아닐 부(不), 읽을 독(讀), 글(책) 서(書), 입 구(口), 가운데 중(中), 날 생(生), 가시 형(荊), 가시(나무) 극(棘).

듣기론, 안 의사께서는 사형 당일까지도 책을 읽으셨다고 하더군요. 만일 이것이 사실이라면 안 의사의 이 유묵(遺墨)은 그분의 지행일치를 보여주는 가슴 서늘한 작품이에요. 한갓 붓을 희롱한 작품이 아닌 것이지요.

최근에 새삼스럽게 발견한 것인데 눈으로만 읽는 것하고 소리 내어 읽는 것 하고는 확실히 차이가 읽는 것 같아요. 특히 시(詩)가 그런 것 같아요. 좀 저질 비유인데, 시는 읽으면 읽은 만큼 옷을 벗는 것 같더군요. 시의 속살을 보려면 많이 읽는 게 좋겠다는 걸 확실히 알겠더군요. 좀 빗나간 얘기지만, 시집이 안 팔리는 이유를 알겠어요. 요즘처럼 바쁜 시대에 누가 시를 반복하여 읽겠어요. 그렇다고 시의 속살을 다 드러내어 표현하면 그건 시가 아니니, 이래저래, 요즘 시대에 시는 외면당할 수밖에 없는 처지인 듯싶어요.

한자를 좀 자세히 알아볼까요?

讀은 言(말씀 언)과 賣(價의 줄임 글자, 팔 육)의 합자예요. 물건을 팔 때 손님을 소리쳐 부르며 파는 것처럼 계속 소리를 내어 글을 읽는다는 의미예요. 읽을 독. 讀이 들어간 예는 무엇이 있을까요? 朗讀(낭독), 讀破(독파) 등을 들 수 있겠네요.

書는 聿(붓 율)과 曰(諸의 줄임 글자, 모두 제)의 합자예요. 만사(萬事, 여러 가지 일)를 죽백(竹帛, 대나무나 비단)에 붓으로 써 놓은 것[글]이란 의미예요. 글(책) 서. 書가 들어간 예는 무엇이 있을까요? 經書(경서), 書籍(서적) 등을 들 수 있겠네요.

荊은 ++(풀 초)와 刑(형벌 형)의 합자예요. 형벌을 받을 때 고통스러운 것처럼 사람에게 고통을 가하는 풀이란 의미예요. 가시 형. 荊이 들어간 예는 무엇이 있을까요? 荊蠻(형만, 중국 남방의 오랑캐), 荊布(형포, 가난한 사람이 입는 옷) 등을 들 수 있겠네요.

棘은 나무에 가시가 빽빽이 난 모양을 그린 거예요. 冂冂은 가시, 木木은 나무를 그린 것이지요. 가시(나무) 극. 棘이 들어간 예는 무엇이 있을까요? 棘人(극인, 친상 중에 있는 사람의 자칭), 棘針(극침, 살을 에는 듯한 바람의 형용) 등을 들 수 있겠네요.

정리 문제를 풀어 볼까요?

1. 다음의 한자를 허벅지에 열심히 연습하시오.

讀 읽을 독 書 글(책) 서 荊 가시 형 棘 가시(나무) 극

2. (　)안에 들어갈 알맞은 한자를 손바닥에 써 보시오.

朗(　) (　)籍 (　)布 (　)針

3. 독서에 관한 격언 하나를 소개해 보시오.

18.
독서를 권함(2)

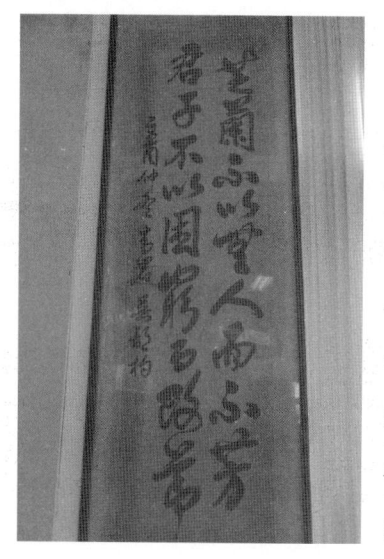

뭔가 좀 있어 보이지 않나요? 색깔도 그렇고 글씨도 그렇고. 가격이 얼마나 되냐고요? 이런, '진품 명품'을 너무 많이 보셨군요. 골동품 같은 것만 보면 가격으로 환산하시려고 하니(윽, 죄송! 농담입니다). 낙관에 신유 중동(辛酉 仲冬)이라고 되어 있으니 고작 34년 된 작품이고 작가가 청암(靑岩) 오운표(吳韻杓)라고 되어 있는데 지명도가 없는 분이라, 골동품으로서의 가치는 전무해요. 허탈하시겠어요.

액자의 글씨를 읽어 볼까요? 지란불이무인이불방(芝蘭不以無人而不芳) 군자불이곤궁이개절(君子不以困窮而改節). 뜻은 "영지와 난초는 사람이 없다 하여 향기를 아니 내지 않고, 군자는 곤궁하다 하여 절개를 고치지 아니한다."예요. 『공자가어』에 나오는 말인데 원문을 약간 줄여서 표현했어요(원문은 '芝蘭生於深林 不以無人而不芳 君子修道立德 不以困窮而改節'이에요).

독서는 왜 할까요? 이 액자의 내용을 빌려 말한다면 군자(인격자)가 되기 위해서라고 할 수 있어요. 독서의 목표를 군자 되기 위함에 놓는다면 어떤 책을 대해도 — 좋은 책이든 나쁜 책이든 — 다 도움이 될 거예요. 좋은 책은 좋은 책대로 나쁜 책은 나쁜 책대로 의미를 가려낼 수 있을 테니까요. 아울러 많은 책을 읽으려 하기보다는 깊이 있는 이해에 더 치중할 것 같아요. 이런 독서 태도는 요즘처럼 책이 넘치는 시대에 뒤떨어진 것 같지만 사실은 더 절실한 독서 태도가 아닌가 싶어요. 정보를 선별하고 깊이 있는 인식이 가능하기 때문이죠. 독서와 인격을 연결하는 것은 여전히 중요한 독서 태도가 아닌가 싶어요.

한자를 하나씩 읽어 볼까요?

영지 지(芝), 난초 란(蘭), 아니 불(不), 써 이(以), 없을 무(無), 사람 인(人), 말이을 이(而), 아니 불(不), 향내 날 방(芳), 임금 군(君), 아들 자(子), 아니 불(不), 써 이(以), 곤할 곤(困), 궁할 궁(窮), 말이을 이(而), 고칠 개(改), 마디 절(節).

한자를 좀 자세히 알아볼까요?

芝는 ++(풀 초)와 之(갈 지)의 합자예요. 복용하면 몸이 가벼워지고 수명이 연장되는 신비한 풀이란 뜻이에요. 영지(靈芝)가 몸에 좋다는 건 잘 아시죠? 之는 음만 담당해요. 영지 지. 芝가 들어가는 예는 무엇이 있을까요? 靈芝(영지), 芝蘭之交(지란지교, 친구 사이의 청아하고 고상한 교제) 등을 들 수 있겠네요.

蘭은 ⺿(풀 초)와 闌(가로막을 란)의 합자예요. 향내라는 풀이란 의미예요. 난초는 본뜻에서 연역된 거예요. 향내 나는 풀 중 대표적인 식물로 난초를 든 것이지요. 闌은 음만 담당해요. 난초 란. 蘭이 들어간 예는 무엇이 있을까요? 蘭香(난향), 蘭客(난객, 좋은 벗) 등을 들 수 있겠네요.

   困은 나무[木]가 자유롭게 성장하지 못하고 제재[口]를 받고 있는 모습을 표현한 거예요. 여기서 '곤하다(힘들다)'란 의미가 나온 것이지요. 곤할 곤. 困이 들어간 예는 무엇이 있을까요? 困難(곤란), 困惑(곤혹) 등을 들 수 있겠네요.

   窮은 穴(구멍 혈)과 躬(몸 궁)의 합자예요. 몸 하나가 들어갈 만한 협착한 구멍처럼 집에서 더 이상 올라갈 수 없는 가장 높은 곳에 있는 나무, 즉 마룻대를 의미해요. 마룻대는 더는 올라갈 수 없는 가장 높은 곳에 있기 때문에 여기서 '궁하다, 다하다'란 의미가 나왔어요. 궁할 궁. 窮이 들어간 예는 무엇이 있을까요? 窮極(궁극), 窮乏(궁핍) 등을 들 수 있겠네요.

   改는 자식(己, 子의 변형)을 꿇어 앉혀 놓고 손에 매를 들고(攵) 때리는 모습을 나타낸 거예요. 그렇게 하여 잘못을 고친다(고치게 한다)는 의미지요. 고칠 개. 改가 들어간 예는 무엇이 있을까요? 改過遷善(개과천선), 改惡(개악) 등을 들 수 있겠네요.

정리 문제를 풀어 볼까요?

1. 다음의 한자를 허벅지에 열심히 연습하시오.

　　芝 영지 지　　蘭 난초 란　　困 곤할 곤
　　窮 궁할 궁　　改 고칠 개

2. ( )안에 들어간 알맞은 한자를 손바닥에 써 보시오.

　　( )極　靈( )　( )惑　( )惡　( )香

3. 다음을 읽고 풀이해 보시오.

　　芝蘭不以無人而不芳 君子不以困窮而改節

19.
화장실

"여보, 나 화장실 가고 싶어."
"거기 요강 있잖아."
"큰 거라고!"

한때 시골 빈집을 얻어 산 적이 있는데 어려운 점 중의 하나가 밤에 화장실 가는 거였어요. 실내 화장실이 없다 보니 작은 볼 일은 방 안에서 요강으로 해결할 수 있지만 큰 볼일은 꼭 바깥 화장실에서 해결해야 했거든요. 저는 혼자서도 그럭저럭 해결할 수 있었는데 아내는 꼭 제가 함께 가야 했지요. 자다가 함께 가자고 깨우면, 이해는 하면서도, 짜증을 부렸던 기억이 나요.

사진의 한자는 화장실(化粧室)이라고 읽어요(잘 아시죠?). 化는 화할 화, 粧은 단장할 장, 室은 집(방) 실이에요. "단장(화장)을 변화시키는(고치는) 집(방)"이란 의미지요. 볼일을 보는 곳과는 좀 거리가 있어 보이는 이름이죠?

화장실에 해당하는 영어는 파우더 클라짓(powder closet)이에요. 말 그대로 '화장하는 방'이지요. 그런데 왜 이 화장하는 방이 볼일을 보는 공간이란 의미로 사용하게 되었을까요? 18~19세기 경 영국에서는 가발에 가루를 뿌리는 것이 유행이었어요. 이때 상류층 가정의 침실에는 가발에 가루를 뿌리기 위한 공간이 별도로 마련되었는데 이곳을 파우더 클라짓(powder closet)이라고 명명했어요. 그런데 가루를 뿌리고 난 뒤에는 손을 씻어야 했으므로 이곳에 물을 비치하게 됐지요. 오늘날 화장실과 같은 모습을 갖게 된 것이지요. 이후 파우더 클라짓(powder closet)은 볼일을 보는 장소란 의미로 사용하다, 물 사용에 더 중점을 두어 워터 클라짓(water closet)으로 바꿔 부르게 되었지요. 한때 화장실을 WC로 표기했던 것을 기억하는 분이 꽤 있으실 것 같아요.

요즘은 화장실을 WC로 표기하지 않고 Toilet로 표기하죠. Toilet은 프랑스어 Toile에서 유래했어요. 프랑스어 Toile는 망토를 가리키는 말이에요. 18세기까지 유럽에는 공중 화장실이 없었어요. 대신 이동 화장실이 있었는데 이것이 바로 Toile였어요. 정확히는 '망토를 두르고 양동이를 가지고 다니는 사람'이었지요. 이들을 부르면 이들이 망토를 둘러주고 부른 사람이 양동이에 볼일을 보았지요. 볼일을 보고 난 다음에는 요금을 지불해야 했고요.

중국에서는 볼일 보는 곳을 洗手間(세수간, 손 씻는 곳)이라고 부르지요. 파우더 클라짓(powder closet)을 우리는 화장을 염두에 두고 화장실이라고 번역하여 부르는 데 반해, 중국은 손 씻는 것을 염두에 두고 세수간이라고 부르는 것이 아닐까 싶어요. 볼일 보는 것을 염두에 둔다면 세수간이 더 적절한 표현이 아닌가 싶어요.

지금의 화장실이 예전의 화장실에 비해 위생적이긴 하지만 환경 측면에서는 문제가 많다고 하죠. 예전의 화장실에서 나오는 분뇨는 거름으로 재활용되었지만, 지금은 단순 쓰레기로 취급되어 폐기되고 있잖아요? 위생을 빌미로 환경을 오염시키며 돈과 자원(?)을 낭비하고 있는 것이라 할 수 있지요. 그렇다고 과거로 되돌아갈 수는 없고…. 화장실 문제는 우리 시대가 해결해야 할 큰 과제 중의 하나가 아닌가 싶어요.

한자를 좀 자세히 알아볼까요?

化는 두 가지로 설명해요.
하나. 똑바로 선 사람과 거꾸로 선 사람을 그린 것이다. 서로 뒤바뀐 모습을 그려 '변화하다'란 의미를 표현했다.
둘. 人과 匕(化의 축약형, 화할 화)의 합자로, 가르침을 받아 기질이 변했다는 의미이다.
둘 다 일리가 있죠? 화할 화. 化가 들어간 예는 무엇이 있을까요? 變化(변화), 化學(화학) 등을 들 수 있겠네요.

粧은 米(쌀 미)와 庄(농막 장)의 합자예요. 쌀가루로 얼굴에 화장을 한다는 의미예요. 庄은 음만 담당해요. 단장할 장. 粧이 들어간 예는 무엇이 있을까요? 丹粧(단장), 治粧(치장, 매만져 곱게 꾸미거나 모양을 냄) 등을 들 수 있겠네요.

室은 宀(집 면)과 至(이를 지)의 합자예요. 至에는 '(이르러) 머무르다'란 의미가 내포되어 있어요. 말 그대로 '머물러 사는 집'이란 의미예요. 집(방) 실. 室이 들어간 예는 무엇이 있을까요? 室內(실내), 居室(거실) 등을 들 수 있겠네요.

정리 문제를 풀어 볼까요?

1. 다음에 해당하는 한자를 허벅지에 열심히 연습하시오.

   化 화할 화   粧 단장할 장   室 집(방) 실

2. ( )안에 들어갈 알맞은 한자를 손바닥에 써 보시오.

   治( ) ( )學 居( )

3. 화장실에 관한 에피소드가 있으면 한 가지 소개해 보시오.

20.
어떤 법무법인

"**법**적으로 아무 문제없어요!" 이 말을 들으면 어떤 느낌이 드시는지요? 최근에 제가 사는 동네에 문제가 좀 생겼는데 한 분이 다른 분한테 이의를 달으니 이의를 받은 측에서 "법적으로 아무 문제없어요!"라며 자신이 하려는 일에 고집을 부린 일이 있었어요. 두 분은 평소에 자별하게 지내던 사이였죠. 다만 이의를 제기한 분은 좀 약자의 입장이었고, 이의를 받은 분은 강자의 입장이었어요. 저를 포함한 주변 사람들은 이의 제기를 받은 분이 좀 지나친 것 같다고 생각했어요. 이의 제기된 일은 결과적으로 '법적으로 아무 문제가 없는'분 쪽이 이겼어요. 많은 경우 '법적으로 아무 문제없다'는 말은 강자가 자신의 억지를 합리화하기 위한 발언이란 느낌이 들어요. 약자가 '법적으로 아무 문제없다'란 말을 하는 경우는 거의 없는 것 같아요.

서구는 부르주아지들이 왕권에 대항하여 자신들의 이권을 지키기 위해 근대법을 획득했기에 법이 약자 보호의 기능이 강한 반면, 우리는 일제 강점기를 거치며 피치자를 구속·억압하기 위한 수단으로 근대법을 도입했기에 강자 보호의 기능이 강하지요. 서구에서의 법은 약자를 보호한다는 인상이 강한 반면 우리나라에서의 법은 강자를 합리화시켜 준다는 인상이 강한 것은 결코 단순한 인상이 아녜요. 다 근거가 있는 인상이지요.

사진의 한자는 소헌(昭憲)이라고 읽어요. 昭는 밝을 소, 憲은 법 헌이니까 '밝은 법' 혹은 '법에 밝다' 정도의 의미가 되겠네요. 어려움을 찾아 이곳 문을 두드리면 법에 밝은 이들이 법에 어두운 이들의 어려움을 밝혀 주고 사리를 밝게 변별해 줬으면 좋겠어요. 단, 억지 부리는 이들의 이익까지 챙겨주는 일은 하지 말고요.

한자를 좀 자세히 알아볼까요?

昭는 日(날 일)과 召(부를 소)의 합자예요. 해가 밝게 비춘다는 의미예요. 召는 음을 담당하면서 뜻도 일부분 담당해요. 부른다는 것은 소리가 상대방에게 이른다는 뜻인데, 밝은 햇살이 비친다는 것은 그처럼 햇살이 사람과 사물에 이른다는 것을 뜻한다는 의미로요. 밝을 소. 昭가 들어간 예는 무엇이 있을까요? 昭詳(소상, 분명하고 자세함), 昭昭(소소, 밝은 모양) 등을 들 수 있겠네요.

憲은 害(해로울 해)의 약자와 目(눈 목)과 心(마음 심)의 합자예요. 본래의 뜻은 '민첩하다'란 의미예요. 눈과 마음으로 해로운 일들을 잘 살피고 헤아려 민첩하게 대응한다는 의미지요. '법'이란 의미는 본뜻에서 연역된 거예요. 해로운 일에 민첩하게 대응하듯, 일의 잘잘못을 민첩하게 판별해주는 것이 '법'이란 의미로요. 법 헌. 憲이 들어간 예는 무엇이 있을까요? 憲法(헌법), 憲章(헌장) 등을 들 수 있겠네요.

정리 문제를 풀어 볼까요?

1. 다음의 한자를 허벅지에 열심히 연습하시오.

昭 밝을 소   憲 법 헌

2. ( )안에 들어갈 알맞은 한자를 허벅지에 써 보시오.

( )法   ( )詳

3. 법 때문에 기뻤던 혹은 괴로웠던 일이 있으면 한 가지 소개해 보시오.

21.
/ 옥

영화 '일급 살인'을 보셨는지요? 아니면 '쇼생크 탈출'은요? 그도 아니면 '우리들의 행복한 시간'은요? 어느 하나는 보시지 않았을까 싶어요. 꽤 유명한 영화들이니까요. 이 영화들의 공통점은 감옥을 배경으로 한다는 점과 주인공이 안타까운 옥살이를 하고 있다는 점이에요. 감옥이란 공간과 죄수라는 인물은 결코 평범한 대상이 아니죠. 하여 이들을 다룬 영화는 관심을 끌 수밖에 없어요. 게다가 그곳에서 비상(非常)한 일이 생긴다면 더더욱 관심을 끌겠지요. 위 영화들은 이런 관심을 적당한 에피소드로 잘 버무려 놓았기에 흥행했을 거예요.

그러나 감옥과 죄수들의 실상은 영화와는 다를 거예요. 대부분 실제 범죄를 저지르고 그 죗값에 해당하는 옥살이를 하고 있겠지요. 그런데 감옥에 갇힌 죄수들은 과연 자신들의 잘못을 반성하고 있을까요?

좀 엉뚱한 얘기지만, 데일 카네기의 이야기해보죠. 데일 카네기는 인간관계론으로 유명한 사람이에요. 그가 인간관계론에서 중시하는 관점 중의 하나는 '상대의 잘못을 지적하지 말라!'예요. 인간은 결코 자신이 잘못했다고 반성하는 존재가 아니라는 거죠. 데일 카네기는 그 극단적인 예로 '쌍권총 크로울리'라는 인물을 들어요. 무차별 총질로 많은 사람을 살해했던 그는 형장의 이슬로 사라질 때까지도 자신의 잘못을 뉘우치지 않았다고 해요. 오히려 자신은 선한 사람인데 다른 이들이 자신을 자극해서 그런 일을 저질렀다고 주장했대요. 그러니 일반 사람이야 오죽하겠냐고, 데일 카네기는 말해요. 절대 자신이 잘못했다고 생각하지 않을 거라는 거죠. 하여 데일 카네기는 타인의 잘못을 지적하지 말라고 충고해요. 무의미하다는 것이죠. 대신 아무리 상대가 악한이라 해도 최고의 신사로 대우하라고 권하죠. 그래야 상대의 마음을 얻을 수 있다는 거예요. 이런 데일 카네기의 견해를 빌어 말한다면, 감옥에 갇힌 죄수들은 자신들의 잘못을 반성하지 않을 것 같다는 생각이 들어요. 좀 지나친 생각일까요?

중요한 것은 감옥 안의 죄수들이 자신들의 잘못을 반성하느냐 하지 않느냐가 아니라 그들을 대하는 사람들 — 간수나 일반인 — 의 태도인 것 같아요. 데일 카네기의 견해를 참작한다면, 그들이 제아무리 극악한 범죄를 저지른 사람이라 할지라도 최고의 신사로 대우할 — 말과 행동에서 — 필요가 있는 것 같아요. 어쩌면 그런 대우에서 자신들의 잘못을 뉘우칠지도 모르지요. 잘못을 했다고 막 대하면, 인간관계를 연구한 데일 카네기의 견해를 빌면, 되레 자신의 잘못을 방어하기에만 급급할 뿐 결코 뉘우치려 하지 않을 것 같아요.

사진의 한자 獄은 '(감)옥 옥'이라고 읽어요. 고창 읍성에서 찍은 거예요. 獄을 대하니 불현듯 감옥과 그곳에 있는 이들이 생각나 주절댔어요.

한자를 좀 자세히 알아볼까요?

獄은 개 두 마리가 죄인을 지키는 곳이란 의미예요. 그곳이 바로 '감옥'이죠. 犭과 犬은 둘 다 개라는 뜻이에요. 음은 '견'이고요. 가운데의 言은 辛의 변형이에요. 辛은 보통 '매울 신'이라고 하는데 본래 묵형이란 형벌에 사용되는 바늘을 그린 거예요. 이 바늘로 묵형을 당하면 고통스럽기 때문에 '맵다'라는 의미로도 사용하게 됐지요. 아울러 묵형을 당하는 죄인이란 뜻으로도 사용하게 됐는데, 獄에서는 이 의미로 사용됐어요. (감)옥 옥. 獄이 들어간 예는 무엇이 있을까요? 地獄(지옥), 監獄(감옥) 등을 들 수 있겠네요. 이번엔 정리 문제를 아니 내겠어요. 괜찮겠죠?

22.
어느 맛 집

날로 밤으로
왕거미 줄치기에 분주한 집
마을서 흉집이라고 꺼리는 낡은 집
이 집에 살았다는 백성들은
대대손손 물려줄
은동곳도 산호 관자도 갖지 못했느니라…

서산시 ○○면에는 유명한 냉면집이 있어요. 사계절 내내 냉면만 파는데 가격도 싸고 맛도 좋아 항상 문전성시를 이뤄요. 이 집과 대조를 이루는 곳이 바로 사진의 '맛집'이에요.

사람들의 출입이 뜸해서 항상 문이 닫혀 있지요. 하도 사람들의 출입이 없어 폐업했나 싶었는데, 이따금 집 앞에 소주병들이 나뒹구는 걸 보면 그렇지는 않은 듯싶더군요.

냉면집에 들렀다 집에 가는 길에 사진을 한 장 찍었어요. 낡은 건물과 맑은 하늘이 대비를 이루니 이상하게 더 쓸쓸한 느낌이 들어 처연(悽然)하기까지 하더군요. 그러면서 문득 떠오른 시가 이용악의 '낡은 집'이었어요. 이용악의 '낡은 집'이 식민지의 고단한 삶을 상징한 것이라면, 이 낡은 '맛 집'은 무한 경제 신자유주의 시대의 고단한 삶을 상징적으로 보여주는 것 같다는 생각이 들더군요.

한자를 읽어 보실까요?

味는 맛 미, 啖은 먹을 담이에요. 합치면 '먹는 맛, 혹은 맛있게 먹다' 정도의 의미가 되겠네요. 익숙하지 않은 말이라 혹시 조어(造語, 억지로 지어낸 말)가 아닌가 싶어 인터넷을 찾아보니 조어는 아니더군요. 다만 일상적인 의미 — 음식을 먹는 맛, 혹은 음식을 맛있게 먹다 — 보다는 문학적인 비유 — 대화하는 맛, 혹은 의미 있게 대화하다 — 로 사용하더군요. 만일 이 음식점의 주인이 味啖이란 상호를 이런 일상적인 의미와 문학적인 의미의 중의(重意)로 사용했다면 평범한 주인은 아닐 것 같아요.

한자를 좀 자세히 알아볼까요?

味는 口(입 구)와 未(아닐 미)의 합자예요. 맛이란 의미예요. 맛은 입을 통해 감지되기에 口로 뜻을 삼았고, 未는 음만 담당해요. 맛 미. 味가 들어간 예는 무엇이 있을까요? 調味料(조미료), 吟味(음미) 등을 들 수 있겠네요.

啖은 口(입 구)와 炎(탈 염)의 합자예요. 불꽃과 불빛이 뒤섞여 타듯 음식물을 뒤섞어 저작(咀嚼, 씹음) 하여(口) 삼킨다는 의미예요. 먹을 담. 啖이 들어간 예는 무엇이 있을까요? 일상적인 예는 찾기 어렵고, 啖嘗(담상, 맛봄)·啖食(담식, 게걸스럽게 먹음) 등 드문 예만 들 수밖에 없군요.

이번엔 정리 문제를 아니 내겠어요. 대신에 '외딴집'의 나머지 부분을 마저 읽어 보도록 하죠.

재를 넘어 무곡을 다니던 당나귀
항구로 가는 콩실이에 늙은 둥글소
모두 없어진 지 오랜
외양간엔 아직 초라한 내음새 그윽하다만
털보네 간 곳은 아무도 모른다.
찻길이 놓이기 전
노루 멧돼지 족제비 이런 것들이
앞뒤 산을 마음 놓고 뛰어다니던 시절
털보의 셋째 아들
나의 싸리말 동무는
이 집 안방 짓두광주리 옆에서
첫 울음을 울었다고 한다.
"털보네는 또 아들을 봤다우
송아지래도 붙었으면 팔아나 먹지"
마을 아낙네들은 무심코
차가운 이야기를 가을 냇물에 실어 보냈다는
그날 밤

저릎등이 시름시름 타들어 가고
소주에 취한 털보의 눈도 일층 붉더란다.
갓주지 이야기와
무거운 전설 가운데서 가난 속에서
나의 동무는 늘 마음 졸이며 자랐다.
당나귀 몰고 간 애비 돌아오지 않는 밤
노랑 고양이 울어
종시 잠 이루지 못하는 밤이면
어미 분주히 일하는 방앗간 한구석에서
나의 동무는
도토리의 꿈을 키웠다.
그가 아홉 살 되던 해
사냥개 꿩을 쫓아다니는 겨울
이 집에 살던 일곱 식솔이
어디론지 사라지고 이튿날 아침
북쪽을 향한 발자국만 눈 위에 떨고 있었다.
더러는 오랑캐령 쪽으로 갔으리라고
더러는 아라사로 갔으리라고
이웃 늙은이들은
모두 무서운 곳을 짚었다.
지금은 아무도 살지 않는 집
마을서 흉집이라고 꺼리는 낡은 집
제철마다 먹음직한 열매
탐스럽게 열던 살구
살구나무도 글거리만 남았기에
꽃 피는 철이 와도 가도 뒤울안에
꿀벌 하나 날아들지 않는다.

23.
/
어떤 산

충남 홍성에서 청양(青陽) 쪽으로 국도를 타고 가다 보면 비봉이라는 지역을 지나게 돼요. 이 지역을 지나다 사진을 찍었어요. 어떻게 읽을까요?

네, 비봉산(飛鳳山)이에요. 飛는 날 비, 鳳은 봉새(황) 봉, 山은 뫼 산이니까 "날아가는 봉황의 형상을 한 산"이란 뜻이에요.

비봉산이 있는 비봉면에서는 연초(2015년) 뉴스를 뜨겁게 달궜던 한 인물이 태어났어요. 누굴까요? 이완구 전 국무총리예요. 이 전 총리의 고향은 청양군 비봉면 양사리예요. 그런데 이런저런 자료를 뒤적이다 보니 이 전 총리가 일찍 그만두게 될 예언을 한 자료가 있더군요.

천자는 봄철(1~3월)에 동쪽에 있는 청양당(青陽堂)에서 제후들의 조회를 받는다. 여름(4~6월)엔 남쪽에 있는 명당(明堂)에서 제후들의 조회를 받는다. 가을(7~9월)엔 서쪽에 있는 총장당(總章堂)에서 제후들의 조회를 받는다. 겨울(10~12월)에는 북쪽에 있는 현당(玄堂)에서 제후들의 조회를 받는다. 이 총리는 부하들의 조회를 받는 위치에 있다. 그런데 그의 출신지가 청양이다. 천자가 청양당에서 조회를 받는 것은 봄 한 철이다. 따라서 이 총리는 짧은 기간만 총리에 재임할 가능성이 크다. (이상 http://www.jeonnam.go.kr/mbs/jeonnam/jsp/board/view.js 참조 정리)

2월에 이 글을 썼는데, 이 전 총리는 정말 묘하게도 3개월 한 철만 총리직을 수행하고 사임했지요. 이런 것 때문에 사람들이 점이나 예언에 호감을 갖나 봐요.

한자를 좀 자세히 알아볼까요?

飛는 새가 양 날개를 펼치고 공중으로 비상하는 모습을 그린 거예요. 사진의 飛는 전서체예요. 날 비. 飛가 들어간 예는 무엇이 있을까요? 飛行(비행), 飛上(비상) 등을 들 수 있겠네요.

鳳은 凡(무릇 범)과 鳥(새 조)의 합자예요. 凡은 음을 나타내는데 소릿값이 좀 변했죠(범→ 봉). 신조(神鳥, 신령스러운 새)라는 의미예요. 사진의 鳳은 예서체예요. 봉황에서 鳳은 수컷, 凰은 암컷을 뜻해요. 봉새(황) 봉. 鳳이 들어간 예는 무엇이 있을까요? 鳳雛(봉추, 봉의 새끼. 아직 세상에 두각을 나타내지 않은 영재), 鳳姿(봉자, 봉새의 모습. 봉새와 같은 거룩한 풍채) 등을 들 수 있겠네요.

정리 문제를 풀어 볼까요?

1. 다음의 한자를 허벅지에 열심히 연습하시오.

    飛 날 비   鳳 봉새(황) 봉

2. ( )안에 들어갈 알맞은 한자를 손바닥에 써 보시오.

    ( )行 ( )姿

3. 자신이 태어난 고향의 산 이름과 유래를 소개해 보시오.

24.
어느 여인의 시

우리 고전 문학사에서 여류 문인들의 작품은 많지 않죠. 여성의 문학 창작을 그리 달가워하지 않았기 때문일 거예요. 그러다 보니 교육의 기회도 없고, 교육의 기회가 없으니 더더욱 창작이 어려웠겠죠. 상황이 이러니 이따금 발견되는 여류 문인들의 작품에 관심을 아니 가질 수 없어요.

근자에 발굴된 여류 문인의 작품 중에 '청취당집(淸翠堂集)'이 있어요. 해주 오 씨의 작품인데, 이 분은 안성에서 22살에 서산 경주 김 씨 일문에 시집와 일곱 해 남짓 결혼 생활 후 타계하신 분이에요. '청취당집'에는 182수의 시가 있는데, 상당히 높은 수준의 작품으로 평가받아요. 특별한 것은 이 분의 문학적 성취가 고난 속에서 이루어졌다는 점이에요. 이 분은 6세 이전에 부모를 여의고 조모의 손에서 컸고 시집도 재취로 왔으며 자식을 둘 두었는데(타계하던 해에 아들 하나를 다시 낳음) 모두 잃었고 타계하기까지 유종(乳腫, 젖에 종기가 생겨 곪는 병)으로 고생을 했어요. 남편은 과거를 포기한 사람이었고 시집의 형편은 어려웠지요. 고난으로 점철된 생애를 문학으로 승화시켰다고 해도 과언이 아닐 거예요.

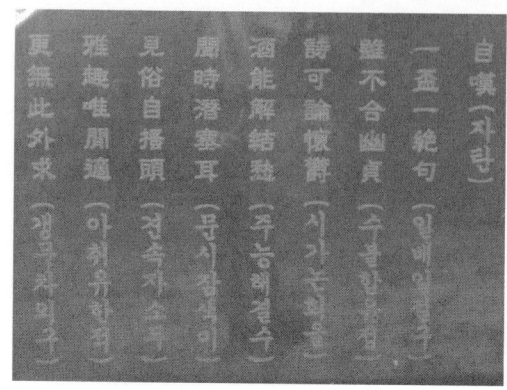

최근 제가 즐겨 찾는 팔봉산에 이분의 시비가 세워졌어요(이분의 무덤이 팔봉면에 있거든요). 사진은 시비의 일부분이에요. 무슨 내용인지 한 번 읽어 볼까요?

스스로 탄식하며

술 한 잔에 시 한 수
정숙함엔 합당치 않으나
시는 울적한 회포 논할 수 있고
술은 능히 맺힌 근심 풀어낸다네
세상일 들릴 땐 몰래 귀를 막고
속된 것 볼 때면 머리를 긁적이지
고아한 취미는 오직 한가로이 자적함일 뿐
이 밖에 다시 무엇을 구하리오

문희순 역

제목과 둘째 구만 빼고 읽으면 여인의 시라기보다는 산림처사(山林處士)의 시라 해도 무방할 것 같아요. 산림처사의 시는 세상사와 거리를 둔 자족적 내용이 주를 이루죠. 이 시의 내용도 그런 모습을 보여요. 그런데 제목과 둘째 구를 집어넣으면 산림처사의 시와는 판이한 내용이 돼요. 우선, 제목이 '스스로 탄식함'이에요. 산림처사의 자족적 내용과는 거리가 먼 제목이죠. 둘째 구는 자신이 여인임을 밝히고 있어요. 여인의 덕목에 산림처사의 작시(作詩)와 음주(飮酒)는 적합한 덕목이 아니죠. 자신도 그것을 인정하고 있어요.

따라서 이 시의 내용은, 산림처사처럼 자신이 선택하여 세상사와 거리를 두고 자족하는 것이 아니라, 불가피한 선택으로 세상사와 거리를 두고 술과 시로 자족할 수밖에 없는 자신의 불우한 처지를 그리고 있다고 볼 수 있어요. 산림처사의 외피를 빌어 정반대의 내용을 담았다고 볼 수 있죠. 보통 솜씨가 아니라고 보여요.

시의 내용으로 견강부회하면, 이 분은 대단히 자의식이 강하고 진취적인 기상을 가졌던 분이 아니었을까 싶어요. 시대가 수용하기에는 그 그릇이 너무 컸던 분 같아요.

한자를 읽어 볼까요?

自嘆 스스로 자 / 탄식할 탄
一盃一絶句 한 일 / 잔 배 / 한 일 / 끊을 절 / 글귀 구
雖不合幽貞 비록 수 / 아니 불 / 합할 합 / 그윽할 유 / 곧을 정
詩可論懷鬱 시 시 / 가할 가 / 논할 론 / 품을 회 / 막힐 울
酒能解結愁 술 주 / 능할 능 / 풀 해 / 맺을 결 / 근심 수
聞時潛塞耳 들을 문 / 때 시 / 몰래 잠 / 막을 색 / 귀 이
見俗自搔頭 볼 견 / 세속 속 / 스스로 자 / 긁을 소 / 머리 두

雅趣唯閒適　　우아할 아 / 뜻 취 / 오직 유 / 한가할 한 / 알맞을 적
更無此外求　　다시 갱 / 없을 무 / 이 차 / 바깥 외 / 구할 구

낯선 한자를 좀 자세히 살펴볼까요?

鬱은 나무가 우거져 있다는 의미예요. 林(수풀 림)으로 그 의미를 표현했고, 나머지 부분은 음을 담당해요. 막힌다는 의미는 본뜻에서 연역된 거예요. 우거져서 잘 통하지 못한다는 의미로요. 막힐 울. 鬱이 들어간 예는 무엇이 있을까요? 憂鬱(우울), 鬱火(울화) 등을 들 수 있겠네요.

潛은 물속으로 들어가 이동한다는 의미예요. 氵(물 수)로 그 의미를 표현했고, 나머지 부분은 음을 담당해요. 몰래란 의미는 본뜻에서 연역된 거예요. 물속으로 남모르게 이동한다는 의미로요. 몰래 잠. 潛이 들어간 예는 무엇이 있을까요? 潛水(잠수), 潛在(잠재) 등을 들 수 있겠네요.

搔는 扌(손 수)와 蚤(벼룩 조)의 합자예요. 벼룩이 기어가듯이 손으로 긁는다는 의미예요. 긁을 소. 搔가 들어간 예는 무엇이 있을까요? 搔癢(소양, 가려운 곳을 긁음), 搔擾(소요, 여기저기서 들고일어남. 騷擾와 통용) 등을 들 수 있겠네요.

趣는 走(달릴 주)와 取(취할 취)의 합자예요. 물건을 잽싸게 취하듯(取) 신속하게(走) 일에 임한다란 의미예요. 뜻이란 의미는 본뜻

에서 연역된 거예요. 자신이 뜻하는(생각하는) 방향으로 신속하게 일을 처리한다는 의미로요. 뜻 취. 趣가 들어간 예는 무엇이 있을까요? 趣味(취미), 趣向(취향) 등을 들 수 있겠네요.

適은 가다란 의미예요. 辶(걸을 착)으로 그 의미를 표현했고, 나머지 부분은 음을 담당해요. 알맞다는 의미는 본뜻에서 연역된 거예요. 알맞게(적당히) 걸어간다는 의미로요. 알맞을 적. 適이 들어간 예는 무엇이 있을까요? 適當(적당), 適合(적합) 등을 들 수 있겠네요.

정리 문제를 풀어 볼까요?

1. 다음에 해당하는 한자를 허벅지에 열심히 연습하시오.

鬱 막힐 울   潛 몰래 잠   搔 긁을 소
趣 뜻 취   適 알맞을 적

2. ( )안에 들어갈 알맞은 한자를 손바닥에 써 보시오.

( )味 ( )癢 ( )合 憂( ) ( )在

3. 다음을 읽고 풀이해 보시오.

一盃一絶句 雖不合幽貞 詩可論懷鬱 酒能解結愁
聞時潛塞耳 見俗自搔頭 雅趣唯閒適 更無此外求

25.
/
어떤 포장 갑

후한 시대의 관리 중에 양진(楊震)이란 사람이 있었어요. 그가 천거한 인물 중에 왕밀(王密)이란 이가 있었지요. 양진이 왕밀이 다스리는 지역에 무슨 일인가로 들르게 되었어요. 여러분이 왕밀의 입장이라면 양진에게 어떻게 대했겠어요? 그냥 있기 어렵지 않을까요? 왕밀도 마찬가지였어요. 그런데 이 사람 왕밀, 이상하게 낮에 찾아온 게 아니라 밤에 찾아왔어요. 왜 그랬을까요? 왕밀은 품속에 금덩이를 가지고 왔어요. 일종의 뇌물성 물건이었죠. 낮에는 주기 뭐해서 밤에 찾아왔던 거예요. 양진이 이게 웬거냐며 깜짝 놀랐죠. 그러자 왕밀이 약간 비굴한 웃음을 흘리며 아무도 아는 이가 없다고 말했어요. 양진은 어떻게 반응했을까요?

"이보게, 아는 이가 없다고? 하늘이 알고 땅(신)이 알고 내가 알고 그대가 아는데 그게 무슨 말인가! 나는 그대를 알아 벼슬에 천거했는데, 그대는 나를 모르는 것 같구먼. 섭섭하이."

왕밀은 얼굴이 빨개져 황급히 자리를 떴지요. 물론 금덩이는 도로 가지고요. 왕밀이 가져온 금덩이는 뇌물성 물건이긴 했지만, 일정 부분은 자신을 천거해준 데 대한 감사의 답례였다고 보는 게 맞지 않을까 싶어요. 그러나 자신이 공직에 있는 한 여하한 답례도 다 뇌물성 답례로 보았던 양진에게는 그조차 용납되지 않았던 것이지요. 참 꼬장꼬장한 분이에요. 저 같으면 은근슬쩍 받았을 거예요. "아이고, 뭘 이런 걸 다~"

사진의 한자는 그 옆에 음이 나와 있어서 굳이 읽을 필요가 없군요. 뜻과 음으로 읽어 볼까요? 感은 느낄 감, 謝는 사례할 사,

答은 대답할 답, 禮는 예 례 혹은 예우할 예라고 읽어요. 이따금 부조의 답례로 받는 떡 포장을 찍은 건데 문득 양진의 이야기가 생각나서 주절댔네요.

謝와 答만 좀 자세히 알아볼까요?

謝는 言(말씀 언)과 射(쏠 사)의 합자예요. 활을 쏘면 화살이 시위에서 떠나듯 상대와 이별의 말을 나누며 떠난다는 의미예요. 사례하다란 의미는 본뜻에서 연역된 것이지요. 이별할 때 대개 그간 고마웠다는 사례의 말을 하잖아요? 사례할 사. 謝가 들어간 예는 무

엇이 있을까요? 謝禮(사례), 厚謝(후사) 등을 들 수 있겠네요.

答은 竹(대 죽)과 合(합할 합)의 합자예요. 오래된 대나무 울타리에 새 대나무 울타리를 합쳐 울타리를 보수한다는 의미예요. 대답한다는 의미는 여기서 연역된 거예요. 오래된 울타리에 새 울타리를 합치듯 상대의 말에 내 말을 합친다는 의미로요. 그게 바로 대답하는 것이지요. 대답할 답. 答이 들어간 예는 무엇이 있을까요? 對答(대답), 問答(문답) 등을 들 수 있겠네요.

정리 문제를 풀어 볼까요?

1. 다음의 한자를 허벅지에 열심히 연습하시오.

   謝 사례할 사   答 대답할 답

2. ( )안에 들어갈 알맞은 한자를 손바닥에 써 보시오.

   厚( ) 問( )

3. '감사'와 '답례'를 한자로 써 보시오.

부족한 글을 끝까지 읽어 주셔서 고맙습니다. 읽어주신 것에 보답하고자 이 책 이후 길에서 주운 漢字들을 제 블로그에 계속 올릴 예정입니다. 찾아 주실 때 실망하시지 않도록 노력하겠습니다. 끝으로, 다시 한 번 부족한 글을 읽어 주신 데 대해 깊이 감사드립니다.

블로그 : http://blog.aladin.co.kr/723219143/8123024

■ 찾아보기

㈀

家 집 가	81	桂 계수나무 계	242
閣 누각 각	246	溪 시내 계	150
艮 그칠 간	130	谿 시내 계	153
看 볼 간	71	孤 외로울 고	170
間 사이 간	178	告 알릴 고	203
感 느낄 감	28	鼓 북 고	271
甲 첫째천간 갑	111/127	故 연고 고	278
江 강 강	169	苦 쓸 고	301
降 내릴 강	146	谷 골짜기 곡	340
康 편안할 강	37	曲 굽을 곡	134
皆 다 개	207	困 곤할 곤	350
改 고칠 개	350	恭 공손할 공	311
開 열 개	75	串 꼬치 찬	231
羹 국 갱	336	官 벼슬 관	62
居 거할 거	89	觀 누각(볼) 관	243
車 수레 거	194	廣 넓을 광	117/239
去 갈 거	208	槐 홰나무 괴	148
巨 클 거	333	敎 가르칠 교	187
件 건 건	178	橋 다리 교	249
建 세울 건	315	交 사귈 교	41
乾 하늘 건	44	球 공 구	298
黔 검을 검	320	救 구원할 구	124
見 볼 견	161	求 구할 구	89
慶 경사 경	48	句 굽을 구	159
敬 공경 경	161	國 나라 국	15
耕 밭갈 경	179	軍 군사 군	112
雞(鷄) 닭 계	127	窮 궁할 궁	350
		宮 대궐(집) 궁	45
		弓 활 궁	71
		倦 게으를 권	187
		闕 대궐 궐	165

貴 귀할 귀	191	彤 붉은칠 동	327
珪 홀 규	63	兜 투구 두(도)	323
棘 가시(나무) 극	347	豆 콩 두	101/268
極 다할 극	228	等 등급 등	177
勤 부지런할 근	32		
琴 거문고 금	174	ㄹ	
錦 비단 금	253		
己 자기 기	52	羅 벌일 라	286
紀 적을 기	260	落 떨어질 락	298
		欄 난간 란	161
ㄴ		蘭 난초 란	350
		來 올 래	98
內 안 내	212	兩 두 량	40/80
念 생각 념	71	力 힘 력	207
寧 편안할 녕	37	鍊 이길 련	336
濃 짙을 농	268	列 벌일 렬	274
		料 재료 료	15
ㄷ		龍 용 룡	57
		樓 다락 루	45/240
茶 차 다(차)	291	留 머무를 류	165
端 단정할 단	60	溜 방울져떨어질 류	330
丹 붉을 단	209	流 흐를 류	80
啖 먹을 담	364	勒 굴레 륵	324
答 대답할 답	376	理 다스릴 리	15
臺 돈대 대	146	里 이(마을) 리	16
帶 띠 대	174	立 설 립	61
道 길 도	88		
桃 복숭아 도	79	ㅁ	
讀 읽을 독	179/346		
東 동녘 동	111	磨 갈 마	97
洞 마을 동	74	莫 말 막	212

찾아보기 *379*

滿 가득할 만	166		鳳 봉황 봉	367
萬 일만 만	16		腐 썪을 부	268
命 명할(목숨) 명	112		浮 뜰 부	67
謀 꾀할 모	208		復 다시 부, 회복할 복	89
慕 사모할 모	113		佛 부처 불	139
木 나무 목	225		妃 왕비 비	191
畝 이랑 묘	182		祕 신비할 비	327
無 없을 무	88/259		飛 날 비	367
門 문 문	32			
彌 그칠 미	324		㈅	
未 아닐 미	29			
味 맛 미	29/363		紗 깁 사	286
民 백성 민	115		四 넉 사	79
			師 스승 사	259
			絲 실 사	276
㈁			謝 사례할 사	375
			寺 절 사	68
半 절반 반	183		沙 모래 사	320
發 필 발	312		祠 사당 사	340
芳 꽃다울 방	78		思 생각 사	35/282
蒡 우엉 방	291		仕 섬길 사	304
訪 찾을 방	143		事 일 사	178
百 일백 백	51		削 깎을 삭	63
白 흰 백	79		山 뫼 산	75/333
法 법 법	168		三 석 삼	81
碧 푸를 벽	25		蔘 인삼 삼	217
別 다를 별	57		上 위 상	199
餠 떡 병	25		象 코끼리 상	74
普 넓을 보	92		像 형상 상	98
輔 도울 보	114		生 날 생	118
寶 보배 보	137		書 글(씨) 서	169/347
奉 받들 봉	304			

敍 베풀 서	277	失 잃을 실	208
墅 별업(별장) 서	58	室 집(방) 실	355
瑞 상서로울 서	96	心 마음 심	74
石 돌 석	68/331	雙 쌍 쌍	148
仙 신선 선	143	氏 성씨 씨	308
善 착할 선	295		
雪 눈 설	140	⊙	
星 별 성	265		
城 성 성	17	我 나 아	285/304
聲 소리 성	164	芽 싹 아	101
成 이룰 성	63/130	安 편안 안	115
細 가늘 세	229	岩 바위 암	143
洗 씻을 세	74	庵 암자 암	71
所 곳(바) 소	19	崖 언덕(벼랑) 애	97
搔 긁을 소	372	液 즙 액	234
昭 밝을 소	357	罌 항아리 앵	191
笑 웃을 소	150	也 어조사 야	219
蔬 푸성귀 소	183	洋 바다 양	121
粟 조 속	191	楊 버들 양	190
率 거느릴 솔, 비율 률	323	羊 양 양	231
松 소나무 송	170	暘 해돋이 양	340
樹 나무 수	263	言 말씀 언	88
誰 누구 수	209	如 같을 여	61
雖 비록 수	276	餘 남을 여	295
水 물 수	80	亦 또 역	277
秀 빼어날 수	165	熱 더울 열	222
肅 엄숙할 숙	22	列 벌일 렬	274
述 지을 술	278	厭 싫어할 염	187
瑟 거문고 슬	271	葉 잎사귀 엽	263
是 이 시	275	瀛 바다 영	245
食 밥(먹을) 식	316	埶 재주 예	170

禮 예우할 예	104	伊 저 이	282
烏 까마귀 오	249	人 사람 인	51
五 다섯 오	28	認 인정할 인	316
午 낮(일곱째지지) 오	111	一 한 일	242
獄 (감)옥 옥	361	入 들 입	212
玉 구슬 옥	45		
王 임금 왕	75	ㅈ	
倭 왜국 왜	121		
外 바깥 외	160	鵲 까치 작	249
憂 근심 우	19	潛 몰래 잠	372
牛 소 우	291	藏 감출 장	84
雲 구름 운	80	長 긴 장	16
運 운 운	207	粧 단장할 장	354
殞 죽을 운	207	莊 별장 장	130
鬱 막힐 울	372	葬 장사지낼 장	308
雄 뛰어날 웅	208	財 재물 재	312
圓 둥글 원	298	積 쌓을 적	294
願 원할 원	93	適 알맞을 적	373
月 달 월	54	前 앞 전	194
爲 할(위할) 위	209	殿 큰집 전	32
幽 그윽할 유	278	靜 고요할 정	22
流 흐를 류	80	挺 빼어날 정	61
有 있을 유	169	政 정치 정	32
肉 고기 육	231	亭 정자 정	161
六 여섯 륙(육)	202	濟 건널(구제할) 제	118
潤 부드러울(온화할) 윤	62	除 덜 제	123
隱 숨을 은	57	帝 임금 제	25
凝 바를 응	60	第 차례 제	242
儀 짝(거동) 의	40	竈 부엌 조	160
梨 배(나무) 리	262	照 비출 조	298
以 써 이	277	足 족할 족	277

尊 높을 존	98		穿 뚫을 천	330
存 있을 존	213		阡 두렁 천	308
種 심을 종	183		千 일천 천	52
坐 앉을 좌	184		天 하늘 천	84
酒 술 주	237		淸 맑을 청	44
洲 섬(물) 주	246		靑 푸를 청	104
竹 대 죽	183		超 뛰어넘을 초	303
中 가운데 중	15		醋 초(산) 초	225
證 증명(거) 증	316		艸 풀 초	78
枝 가지 지	171		抽 뽑을 추	234
之 갈(어조사) 지	271		追 쫓을 추	112
芝 영지 지	349		畜 가축 축	203
知 알 지	213		出 날 출	234
至 이를 지	262		忠 충성 충	178
址 터 지	93		醉 취할 취	156
盡 다할 진	153		趣 뜻 취	372
縝 찬찬할 진	62		吹 불 취	174
眞 참 진	61		層 층 층	93

ⓒ

此 이 차	212		彈 탈 탄	174
次 차례 차	275		塔 탑 탑	93
茶 차 차(다)	291		湯 끓인물 탕	217
讚 기릴 찬	105		泰 통할 태	41
瓚 큰홀 찬	64		通 통할 통	160/343
倡 외칠(광대) 창	200			
蒼 푸를 창	118		ⓟ	
暢 펼 창	277			
菜 나물 채	101		八 여덟 팔	134
斥 물리칠 척	121		平 평평할 평	307

찾아보기 *383*

暴 사나울 폭	124	
瀑 폭포 폭	134	
風 바람 풍	173	
必 반드시 필	295	

懷 품을 회	276	
會 모일 회	48	
厚 두터울 후	268	
后 황후 후	216	
喜 기쁠 희	312	

ㅎ

下 아래 하	165
何 어찌(무엇) 하	89
夏 여름 하	262
學 배울 학	111
寒 찰 한	240
解 풀 해	19
嚮 향할 향	37
憲 법 헌	357
革 가죽(바꿀) 혁	112
赫 빛날 혁	275
賢 어질 현	97
血 피 혈	222
峽 골짜기 협	54
荊 가시 형	347
亨 형통할 형	343
壺 병 호	45
紅 붉을 홍	301
畫 그림 화	168
花 꽃 화	79
化 화할 화	354
孝 효도 효	178
丸 알(둥글) 환	219
黃 누를 황	101
皇 임금 황	216